Flucht ist ein feiges Wort

Werburg Doerr

Flucht ist ein feiges Wort

Die Geschichte eines Kindes, das fast alles verlor und die Freiheit gewann. 1944–1950

herausgegeben von
Anne von Moltke

Impressum

Bibliografische Informationen der Deutschen Nationalbibliothek
Die Deutsche Nationalbibliothek verzeichnet diese Publikation in der Deutschen Nationalbibliografie; detaillierte bibliografische Daten sind im Internet abrufbar über
http://dnb.d-nb.de

ISBN: 978-3-86408-296-2

Satz, Layout und Karte Fluchtroute: www.dariussamek.de

www.vergangenheitsverlag.de

"There is no way to tell
which version of a lie is the truth."
"It could be, he thinks, that it is all
a figment of his imagination"

STEVEN GALLOWAY
„The Cellist of Sarajevo"

Für
Peter-Christian,
meinen
geliebten kleinen
großen Bruder

Inhalt

Vorwort

Wir waren Kinder. Wir flohen. Wir verließen alles, was uns lieb und teuer war.
Bis auf unsere Geschwister und ein Pferdefuhrwerk, zur Hälfte gefüllt mit Futter für die Pferde, war alles weg.
In meinem ersten Buch habe ich meinen Kindern und Enkeln die bunte Welt beschrieben, die mit der Flucht verlorenging. Menschen, Heimat, Besitz und vieles mehr wie Sicherheit, Tradition, Gemeinschaft, Selbstverständnis, Zusammenhalt, Freundschaften und das ererbte und gelehrte Weltbild zerstoben nun, gingen unter oder wurden in Frage gestellt. Für mich, zwölf Jahre alt, war damals der Verlust meines eigenen Fohlens „Lampri" ein Schmerz, so tief, dass in mir noch heute, 78 Jahre danach, bei dem Gedanken daran Tränen aufsteigen.
Damals durften wir Kinder Gefühle wie Trauer, Zorn über Ungerechtigkeit, Verlassenheit oder Unsicherheit nicht zulassen. Unsere preußische Erziehung verlangte von uns, abgehärtet, tapfer, mutig, zäh und kontrolliert zu sein.
Als 12-Jährige war ich dem Geschehen dennoch wie einem überraschenden Unwetter unvorbereitet und weitgehend schutzlos ausgesetzt. In diesem Buch erzähle ich von den Turbulenzen, in die ich als Heranwachsende geriet.
Das Interesse meiner Enkel an dieser Zeit freute mich, und deshalb machte ich mir die Mühe aufzuschreiben, wie ich die fünf Jahre nach dem Zweiten Weltkrieg erlebt habe.
Der schwarze Rabe meiner preußischen Erziehung, der auf meiner Schulter saß, flüsterte „Nimm dich nicht so wichtig!" Sollte ich auf ihn hören? Oder war genau das Gegenteil richtig, von mir zu erzählen, mich preiszugeben, in mein Leben und Fühlen Einblick zu gewähren, um Verständnis für einen klei-

nen Teil menschlichen Lebens zu öffnen, der sich wiederholen kann?
Diese Ambivalenz hat mich ebenso begleitet wie auch die Frage nach der Realität. Ich erzähle, wie ich ganz persönlich die Jahre nach dem Zweiten Weltkrieg erlebt habe. Ich beschreibe Gutes und Ungutes aus meiner Sicht der Zeit. Ich habe versucht, mich in die Menschen hineinzuversetzen, die sich nicht so verhalten haben, wie ich es mir damals gewünscht habe. Ich habe versucht, ihre Beweggründe, ihre Zwänge, ihre vielleicht ererbten Lasten zu verstehen. Das ist heute möglich. Damals konnte ich es nicht.
Die altgriechische Bedeutung des Wortes ‚Katastrophe' ist ‚Wendung'. In der Tragödie bezeichnet die Katastrophe den Wendepunkt der Handlung hin zum Unglück oder eben auch zum Glück. In welche Richtung sich das Leben nach einer Katastrophe wendet, ist demnach offen und hängt wesentlich von unseren eigenen Entscheidungen ab.
Er war mit acht Jahren dem Geschehen gänzlich wehrlos ausgeliefert. Wut, Trauer oder gedankliche Verarbeitung, die den Älteren halfen, irgendwie mit dem Verlust von geliebten Menschen, Tieren, Hab und Gut umzugehen, fehlten ihm.
Er war für mich bis zu seinem Tod der beglückende Beleg dafür, dass es möglich ist, eigenen Schaden in Heil für andere Menschen zu wandeln.

Editorische Notiz: Im Folgenden werden zahlreiche Quellentexte im Original zitiert. Offensichtliche Fehler sind für die bessere Lesbarkeit korrigiert worden.

1944

„Kinderseelen
sind die Ahnung
der Fülle
des Universums
in einer
hauchdünnen
Schale."[1]

Pätzig

Unser kleines Dorf lag ungefähr fünfzig Kilometer östlich der Oder inmitten von Wäldern und Sumpfgebieten allein in der weiten, von großen landwirtschaftlichen Flächen gekennzeichneten östlichen Landschaft zwischen Pommern und Schlesien in der Neumark.

Karger Boden, Hügel, viel Sand, viele Steine, Endmoränen, schilfumwachsene Tümpel, Sümpfe, Obstbaumalleen, Kiefern-, Fichten- und Mischwälder, Kopfsteinpflaster, Birken gesäumte Sandwege, wenige geteerte Straßen, daneben Sommerwege, Straßengräben. Nichts Besonderes. Eines von vielen unbedeutenden Dörfern im Osten. Der Dreißigjährige Krieg hatte das Dorf verschont, weil es abseits der Heerstraßen auf einer sanften Anhöhe mitten zwischen zwei Seen lag. Die Seen sind heute versumpft.

In der Mitte ein Hügel, darauf eine kleine Feldsteinkirche mit Holzturm, daneben eine Dorfschule, das Haus des Bürgermeisters und das Pfarrhaus. Der Gutsherr des daneben angesiedelten Gutes, mein Vater, hatte die Kirche zur Hochzeit seiner ältesten Tochter renovieren und mit einer lichtdurchfluteten Apsis versehen lassen. Dafür hatte er auf die Renovierung der Klos im eigenen Haus verzichtet, so dass dort noch immer die Herrschaften auf Emailletöpfen mit Deckeln Platz nahmen.

Von der Kirche aus gab es drei Straßen durchs Dorf, Richtung Norden das Bauernende, Richtung Südosten das Arbeiterende und Richtung Südwesten das Schäferende. Das Bauernende wies zum Vorwerk Neuhof und zur Kleinstadt Schönfließ, sieben Kilometer entfernt, das Arbeiterende zum Schweinevorwerk Richtung Karlshöhe, das Schäferende zum Hochwald- und Sumpfgebiet Richtung Wartenberg und Warnitz. Hierzulande maß man

noch in Morgen. Die Ackerfläche um das Dorf umfasste etwa 3000 Morgen, sie war umschlossen von großen Waldgebieten. Bauerngehöfte gab es etwa zehn. Sie waren alle ähnlich aufgebaut, Dreiseithöfe, das Wohnhaus in der Mitte, rechts der Stall, links die Scheune oder umgekehrt, dahinter der Garten, davor die Dorfstraße unter alten Linden. Die Straße hatte zwei Fahrspuren, eine war mit Kopfsteinen gepflastert, die andere war ein Sandweg zur Schonung der Pferdebeine. Autos und Lastwagen fuhren hier selten. Es gab einen Hofhund an der Kette oder bellend hinter jedem Tor. Wehe, wenn man ihm zu nah kam! Abends molk die Frau die Kühe, und der Mann fütterte das Gespann aus drei Pferden. Der Hahn krähte, und die Hühner pickten auf dem dampfenden Misthaufen, die Enten und Gänse tranken aus Pfützen auf dem Hof. Eine Katze strich träge über den Hof.
Im Arbeiterende saßen abends die alten Leute gemütlich auf der Holzbank vor ihrem schlichten Häuschen aus rotem Ziegelstein. Mit dem Gehstock in der Hand ruhten sie sich in der Abendsonne aus und beobachteten das Treiben auf der Dorfstraße. Wenn es geregnet hatte, waren auf dem breiten Sandweg tiefe Fahrspuren und große Pfützen.
Die Kinder machten einen großen Bogen um den Gänserich mit seiner Herde, denn der zischte und biss. Wenn so ein großer flügelschlagender Gänserich, der einen vierjährigen Knirps deutlich überragt, mit einer Schar schnatternder Gänse im Schlepptau, hoch aufgerichtet und mit weit geöffnetem Schnabel, aus dem die rote Zunge zischend hervorschießt, auf so einen Knirps zurennt, dann vergisst dieser das sein Leben lang nicht.
Die Arbeiterwohnungen reihten sich dicht an dicht zu beiden Seiten der kurzen Dorfstraße. Sie hatten Ziegelfußböden, eine gute Stube neben der winzigen Wohnküche und ein ebenso winziges Schlafzimmer. Ein Klohäuschen stand draußen beim

Schweinestall. Die Kinder schliefen unterm Dach. Die Hühner liefen frei herum. Sie wurden nur nachts zum Schwein gesperrt, damit der Fuchs sie nicht holt. Die Kaninchen saßen in Karnickelställen, einfachen Kisten mit Pappdach und Maschendraht in den Türen. Im Garten wuchsen Kartoffeln, Gemüse und Blumen. Am Ende stand, ein Stück abgerückt und etwas größer, das Haus des Försters mit einem kapitalen Hirschgeweih über dem Eingang. Die Kinder aus dem Arbeiterende, dem Bauernende und dem Gutshof trafen sich in der Dorfschule und der Kirche. Zum Spielen aber blieben sie meistens unter sich.

Es gab ein paar kleine Betriebe im Bauernende, den Bäcker Kuhn, den Gastwirt Frädrich, den Friseur Meister Brose mit einer Art Kiosk, einen Fleischer, dessen Namen ich nicht mehr erinnere. Die Gaststätte war zugleich Gemischtwarenladen, Kinoraum und Poststation.

Zum Gut in der Mitte des Dorfes gelangte man durch ein Tor, das von drei gelb gestrichenen wie Wächterhäuschen wirkenden Säulen gesäumt war. Ein kleines Tor für die Fußgänger und ein großes für die Fahrzeuge. Dahinter ein großflächiger Hof, große Viehställe, Scheunen, Schmiede, Stellmacherei, Schlosserei und eine Brennerei. In der Mitte des Hofs aufgereiht Ackerwagen und ein großer Misthaufen, etwas weiter unten am Hang das Sägewerk mit großen Bretterstapeln, auf die Kinder nicht klettern durften, und einem riesigen Sägemehlhaufen, auf den sie sich nicht rauftrauten; und die Schäferei, ein Hof mit zwei langen Schafställen, über denen im Dachboden Heu und Stroh lag, in denen die Kinder, wenn sie dort spielen, aufpassen mussten, dass sie nicht durch die Luken zwischen die Schafe fielen.

Das Gutshaus lag direkt neben dem Hof mit weitem Blick auf die Sumpfgebiete im Süden. Es hatte einen Staudengarten und ein Rondell zum Vorfahren.

Mein Großvater hatte das Gut für meinen Vater gekauft. Einen Teil des Geldes hatte er mit seiner Pferdezucht in dem sehr viel reicheren Gut Schönrade erwirtschaftet. Der Rest der Kaufsumme wurde mit einer auf dem Gut lastenden Hypothek bezahlt. Das für dortige Verhältnisse kleine Gut war etwas heruntergekommen, als mein Vater es übernahm, und unwirtschaftlich, aber wunderschön. Mein Großvater hatte es gekauft, weil er sich in das Land und das Gut verliebt hatte.
Im Gutshaus wohnten im Januar 1944, 24 Jahre nachdem mein Großvater es gekauft hatte, meine Mutter mit ihren drei jüngsten Kindern, eine Kinderfrau, eine Hauslehrerin mit Kind, eine Haustochter, eine Sekretärin, eine Köchin, ein Zimmermädchen und vier ältere Menschen aus Berlin, die vor den Bomben geflohen waren. Der Diener und die Küchenmädchen wohnten im Dorf. Mein Vater war im August 1942 gefallen, mein ältester Bruder fiel zwanzigjährig zwei Monate später. Seitdem führte meine Mutter das Gut mit einem Verwalter und einem Förster. Im Dorf gab es nur noch wenige Männer, die meisten waren an der Front. Pätzig steht in der Erinnerung des nun erwachsenen Kindes für das Paradies auf Erden. Die strenge preußische Erziehung, gepaart mit dem bewusst christlich orientierten, verantwortungsbewussten Leben der Eltern hatte zur Folge, dass uns Kindern viel zugemutet und viel eigenständige Verantwortung für Tiere und Geräte übertragen wurde. So durfte ich mit zehn Jahren das Reitpferd meines Vaters, der im Krieg war, innerhalb der Grenzen des Gutsgeländes, also über weite Äcker und durch Wald und Wiesen reiten, wohin ich wollte, weil ich bewiesen hatte, dass ich „vernünftig mit dem Pferd umging". Niemand anderes durfte die Schimmelstute reiten. Dass das Gefahren für das Kind bedeuten konnte, nahmen die Eltern in Kauf. Die Disziplin und der Herrgott waren unser Schutz.

Mit sieben und elf Jahren durften mein jüngerer Bruder und ich im stockdunklen Wald auf einem Hochsitz übernachten, obwohl vermutet wurde, dass sich entlaufene russische Kriegsgefangene in den Wäldern versteckt hielten. Mit zwölf durfte ich einen Jauchewagen mit zwei Ackerpferden bespannen, an dem Brennereischlauch mit Schlempe beladen, die Jauche im Obstbaumgarten verteilen und natürlich die Pferde danach in den Stall zurückbringen und abschirren. Alles allein.
Wir liebten die Herausforderung, und obwohl wir nie gelobt wurden, waren wir stolz, wenn wir etwas geschafft hatten. Meine Eltern hatten das Leben im Dorf innerhalb von 24 Jahren zu einem mit Traditionen durchwobenen Ort gemacht. Ich beschreibe das in meinem ersten Buch. Storchenfest, Laienspiele, Luisenbund, Osterstiepen[2], Erntefest, Gottesdienste, Krippenspiel, Chor, Weihnachtsbescherung für die Dorfkinder und natürlich Jagden und Familienfeste mit vielen Gästen von nah und fern schmückten und ordneten das ländliche Leben. Der Nationalsozialismus und der Krieg hatten daran äußerlich erstaunlich wenig verändert.

Im Januar 1944 wusste ich es noch nicht:
Der Krieg und unsere Kindheit gingen gerade verloren. Um den Krieg war es nicht schade.
Es war eine Kindheit wie im Märchenland, wie ich sie mir schöner, herausfordernder, liebevoller, geborgener nicht vorstellen kann.
Warum war ich dann traurig? Die Sonne schien, sie fing sich bunt glitzernd in den Eiskristallen des verharschten Schnees. Die Felder, Wälder und sogar der weite Sumpf hinter den Viehweiden waren mit strahlendem Weiß überzogen. Das passte irgendwie nicht zu meiner Traurigkeit.

Ich saß auf den vereisten Treppenstufen des langgestreckten gelben Gutshauses. Es war ein schlichtes Landhaus mit grünen Fensterläden, Mansardenfenstern im Walmdach und einem kleinen Giebel über dem Eingang. Ein grauer Overall aus Segeltuch und die darunter getragene Wollhose dämpften die von unten in mich eindringende Kälte. Winterliche Kälte machte uns nicht viel aus. Wir waren, so nannten wir das, abgehärtet, auch darauf waren wir stolz.

So sehr ich auch darüber nachdachte, fand ich doch keinen mir einleuchtenden Grund für meine Traurigkeit. Es ging mir eigentlich gut. Meine Geschwister, ganz besonders mein kleiner Bruder, liebten mich, und ich liebte sie. Einige der großen Geschwister waren zwar schon aus dem Haus, aber wenn sie in den Ferien kamen, war es immer wie ein Fest. Ich liebte meine Eltern, daran zu zweifeln, wäre total absurd gewesen. Liebten sie mich, so wie sie meine Geschwister liebten? Da war ich nicht sicher. Ich war jetzt zwölf, das zweitjüngste unter ihren sieben Kindern. Meine Leistungen, so viel war klar, entsprachen nicht ihren Erwartungen, und natürlich entsprachen sie nicht den Leistungen der älteren Geschwister. Und gelobt wurden in unserem Haus immer nur die Anderen und natürlich Gott.

Die Worte meiner Mutter lösten manchmal Traurigkeit in mir aus. Sie war eine aufrechte Frau, voller würdiger Disziplin. Sie trug im Haus einen bis auf die Knöchel reichenden Trägerrock. Der kleine Stehkragen der weißen langärmeligen Bluse war mit einer Brosche, einem metallenen Eichenblatt, verschlossen. Es schien, als hätte sie sich selbst Abstand zu uns verordnet. Wunderschön war es, wenn sie uns abends vorlas, dann entstand in ihrer Stimme Wärme und Verständnis. Ich wünschte mir mehr Nähe zu ihr. Sah sie etwa in der selbst verordneten Distanz einen Zoll, welchen die Gesellschaft und ihre Position von ihr

forderten; die Ertüchtigung des jungen Menschen zum Dienen? Oder war es meine Widerspenstigkeit, die sie auf diese Weise zu korrigieren versuchte? Damals war ich mir ziemlich sicher, es war Letzteres.
In der Gegenwart meines Vaters entsinne ich mich nicht, jemals bedrückt gewesen zu sein. Er war wie ein Mantel, in dem ich mich eingehüllt, geborgen und fröhlich fühlte. In seiner Nähe war alles gut, auch dann, wenn er mich hart anfassen musste, mich forderte oder mich strafte. Was die Eltern taten, empfand ich als gerecht und sinnvoll. Ich war mir sicher, dass sie wussten, was ich brauchte, um so zu werden, wie sie es für gut hielten. Und so wollte ich unbedingt werden.

War ich jetzt, hier sitzend auf den Steinstufen, über die er so oft gegangen war, traurig, weil er tot war? Nein, nein, nein. Die Trauer um ihn war Welten von dieser Traurigkeit entfernt. Die Trauer um ihn lag in dunklen Tiefen, in die kein Mensch hinein durfte. Wenn ich an meinen Vater dachte, erfüllte mich eine warme, wohltuende Traurigkeit. Die Trauer um ihn war schmerzhaft und wunderbar zugleich. Würde ich keinen Schmerz um ihn fühlen, wäre es schlimm. Um ihn zu heulen, tat mir gut. Es bewies mir, dass ich ihn weiter liebte.
Die jetzige Traurigkeit war anders. War ich vielleicht ein schwermütiger Mensch? Es gab solche Menschen in der weiteren Verwandtschaft, die von der Großfamilie mitgetragen wurden. Der Gedanke ängstigte mich. So wollte ich nicht sein.
Meine Grübeleien wurden unterbrochen. Der Stallknecht rief, ein kleiner, älterer Mann, immer etwas schmuddelig gekleidet, der jetzt mit dem Besen in der Hand vor den Kutschstall geschlürft war. „Hau ab“, hatte er gerufen und einen mageren Köter, der sich in den Kutschstall des großen Hofes verirrt hatte,

das Laufen gelehrt. Der Hund lief mit eingekniffenem Schwanz und gesenktem Kopf davon.
Mir fiel ein, dass ich eigentlich den Auftrag hatte, den Einspänner fertig zu machen, um Pastor Reck in sein Heimatdorf zu fahren. Ich wischte meine Gedanken weg und ging zur Wagenremise, um den leichten Kutschwagen herauszuziehen und den Schimmel, das Reitpferd meines Vaters, aufzuschirren und anzuspannen. Das Pferd war immer noch wie ein gegenwärtiger Teil von ihm. So wie der Teppich in seinem Arbeitszimmer, der noch immer nach ihm roch. Plötzlich freute ich mich auf die Fahrt mit Pastor Reck durch die endlos weite verschneite Landschaft. Er war Pastor der Nachbargemeinde Warnitz und Anfang der 1930er-Jahre auch unser Pastor und zu einem Freund der Familie geworden. Er würde hinter mir im niedriger gelegenen bequemeren Sitz ein Konfirmandengespräch mit meiner Schwester führen. Ich würde zuhören dürfen. Es versprach, interessant zu werden. Wir fuhren los.
Das Gespräch war dann wohl doch nicht so spannend. Jedenfalls erinnere ich mich nicht, worum es zu Beginn in dem Unterricht ging. „Wir sind alle Pharisäer“, etwa auf halbem Wege durch die stille frostklare Luft drangen diese Worte des Pastors aus dem Zusammenhang heraus in mein plötzlich hellwaches Bewusstsein. „Ich auch?“, platzte es unkontrolliert aus mir heraus. „Du auch!“, klang es zurück. Zuerst fühlte ich mich erhoben. „Welche Ehre! Ich Pharisäer!“ Die Schriftgelehrten waren doch hoch angesehene Leute! Natürlich behielt ich den Gedanken für mich. Aber da nichts weiter kam, dämmerte mir, dass ich offenbar etwas falsch verstanden hatte. Mein Gedanke, ich könne eventuell zu dem erlauchten Zirkel der Pharisäer und Schriftgelehrten gehören, war natürlich blanker Hochmut. Ich würde immer die Geringste sein. Was hatte Pastor Reck dann gemeint,

wenn er davon sprach, dass wir alle Pharisäer wären? Wenn ich es auch war, dann konnte es eigentlich nichts Gutes heißen. Das Wort musste also irgendeinen negativen Haken haben. Aber welchen?[3] Und dann passte es auch nicht zusammen, dass Vater und Mutter und sogar Pastor Reck wie ich Pharisäer waren, die waren doch unantastbar gut und untadelig. Ich schämte mich, weil ich mit meiner Frage offenbart hatte, wie dumm ich war. Ich hatte mich bloßgestellt. Ich traute mich nicht, weiterzufragen.
Während der Schimmel zwischen kahlen Obstbäumen dahintrabte, grübelte ich weiter. Diese langen Kutschfahrten gaben reichlich Zeit, um über Gott und die Welt nachzudenken. Begriffe wie Selbstfindung, Selbstverwirklichung, Selbstwertgefühl waren noch nicht erfunden. Minderwertigkeitskomplexe dagegen, wir nannten sie Minkos, hatten wir erklärterweise alle und ich natürlich besonders, davon war ich überzeugt. Und wenn Pastor Reck doch etwas Gutes mit den Pharisäern verband, würde ich nie einer sein können.
Andere Gedanken drängten sich in den Vordergrund. Ich war in letzter Zeit unsicher geworden, konnte mich nicht für die eine oder andere von Erwachsenen geäußerte Meinung entscheiden. Vorher war alles so klar gewesen. Ich liebte Klarheit. Ich wollte gern wissen, was gut und was böse war. Zum Beispiel der Krieg. War der Krieg gut oder böse? Jeden Morgen nach der Andacht, zu der alle, die im großen Haus lebten und arbeiteten, in das Andachtszimmer zusammenströmten, wurde der Knopf am mit Rupfen[4] bespannten Radio gedreht und die Nachrichten gehört. Die Sendung fing mit Trompetenmusik und dem Heeresbericht an. Danach steckte einer von uns die Fähnchen auf der großen Landkarte um. Die Karte war bunt. Sie reichte von den Pyrenäen bis zum Ural und vom Nordpol bis zum Horn von Afrika. Jedes Fähnchen stand für eine Heeresgruppe. Immer, wenn die

deutschen Armeen in Russland, Frankreich, Afrika oder sonst wo eine neue Stadt erobert hatten, rückten die Stecknadeln mit dem Fähnchen etwas weiter nach Osten, Süden, Norden oder Westen. Dann freute ich mich wie heute beim Fußball, wenn „mein" Team gewann. Seit einiger Zeit nun wanderten die Fähnchen rückwärts. Die Deutschen verloren den Krieg. Jeder Tag begann mit Frust. So gut wie vorher war der Krieg nun nicht mehr.

Mein Vater und mein Bruder Max hatten in Russland „für das deutsche Vaterland" gekämpft. Der Gedanke, ob der Krieg richtig war oder nicht, durfte eigentlich gar nicht vorkommen. Ihn auszusprechen, war Landesverrat, aber das wusste ich wohl da noch nicht. Es hatte etwas mit Ehre zu tun. Versteht heute noch jemand, was das Wort „Ehre" damals bedeutete? Man stand mit seinem Leben für sein Vaterland ein, ganz selbstverständlich, man war Teil des Landes, mit ihm verbunden. Man stand dafür ein, wie man für sich selbst einsteht.

Das Unausdenkbare aber war geschehen. Vater war gefallen und kurz darauf Max.[5] Sie waren für uns gestorben, hatten für uns gelitten, sich für uns geopfert. Sie waren Helden, unantastbar. Auch wenn niemand dieses Opfer gewollt hatte, sich sogar bewusst dagegengestellt hatte. Nun saßen wir im gleichen Boot, wir gehörten zu ihnen. Sie hatten sich für uns geopfert, und nun opferten wir sie. Wir opferten sie dem Vaterland. Es ging nicht anders. Der Krieg war unser gemeinsamer Krieg.

Zwar hatte ich erlebt, wie mein Vater, der im Ersten Weltkrieg gekämpft hatte und wusste, was Krieg bedeutete, bis ins Mark erschrak, als der Krieg, dessen Kommen er befürchtet hatte, tatsächlich anfing. Aber würde ich, seine Tochter, nun den Krieg verkehrt finden, fiele ich ihm und den Soldaten, die jetzt noch kämpften, in den Rücken. Das konnte nicht sein. Der Krieg war da und musste gewonnen werden. Was wir selbst wollten, spielte nicht die geringste Rolle. So freute ich mich morgens, wenn wir gewannen, und war traurig, wenn wir verloren. Wir sangen „Drei Lilien, drei Lalien, die pflanzt' ich auf sein Grab, da kam ein stolzer Reiter und brach sie ab. Juppi falle falle falle falle ra. Juppi falle falle falle falle ra. Da kam ein stolzer Reiter und brach sie ab. Ach Reitersmann, ach Reitersmann lass doch die Lalien stehn, die soll ja mein Feinsliebchen noch einmal sehn. Juppi falle falle falle falle ra. Juppi falle falle falle ra. Die soll ja mein Feinsliebchen noch einmal sehn."[6]

Es fielen viele Väter und Söhne. Mutter musste im Dorf Kondolenzbesuche machen. Sie zog sich schwarz an, und man konnte beobachten, wie sich ihre Schultern zum weißen Stehkrägelchen hin zusammenzogen und ihre Schritte kurz wurden, wenn sie dazu ins Dorf ging. Als unser Vater und unser Bruder fielen, trug sie kein Schwarz. „Ich glaube an die Auferstehung der Toten", sagte sie, „ich freue mich für ihn. Ihm geht es jetzt gut."

Ende August fand die Trauerfeier für meinen Vater in Pätzig statt. Die Schwester meines Vaters schrieb am darauffolgenden Tag in einem Brief an ihre Kinder[7]:

> „Gestern Abend sind wir von Pätzig nach Hause gekommen und Ihr sollt nun gleich von allem hören. Das war keine Trauerfeier, – das war eine Siegesfeier!" und dieser Eindruck wird einen zeitlebens begleiten.
> Es war der Abschluß, der auf Onkel Hans' Leben gehörte, – es ging naturnotwendig garnicht anders. Wenn ich sein Leben jetzt in der Abrundung, in der Vollendung sehe, so scheint es mir, daß wir nicht ärmer, sondern nur noch reicher durch diesen Tod geworden sind. Und wie denke ich

immer und immer wieder an meinen Vater und seine große Freude über diesen Sohn.

Onkel Hans fiel nordwestlich Stalingrad, an der am weitesten vorgeschobenen Spitze des deutschen Heeres, in schwerem Kampf, der schließlich siegreich endete. Die feindlichen Panzer sind bis in seinen Gefechtsstand vorgedrungen. Eine Panzergranate traf ihn an Kopf, Arm und Bein. Er war gleich bewußtlos und ist nach einigen Stunden gestorben, ohne die Besinnung wieder zu erlangen. Er war wohl wirklich bereitet, er konnte schlafend eingehen in die Ewigkeit. Wenn wir uns sein Leben ansehen, so wissen wir, daß dieses Leben wirklich von Jugend auf anders gelebt wurde als andere Leben – es war immer ein Leben um zu sterben u. ein Sterben um zu leben. Von Vielen ist sein Leben wohl auch nicht verstanden worden, – so wie sein Sterben von vielen Menschen auch nicht verstanden wurde. Viele fragen: warum mußte dieser 54-jährige Mann sich aus so gesicherter guter Stellung noch an die Front melden? Er konnte nie leben ohne die volle Hingabe, – so konnte er auch in dieser Zeit nur unter der vollen Hingabe hineingehen in den Tod.---

Kutscher Erich empfing uns in Rosenthal: „Wir Pätziger können es einfach nicht glauben, daß er nicht wiederkommt, – uns ist in unserem Herrn alles genommen, – jetzt, wenn die Brunft kommt und die Hirsche anfangen zu schreien, dann werd ich es einfach nicht aushalten, denn es waren doch unser beider Hirsche!" –

Maria Bismarck empfing uns, – sie war die ganzen Tage so besonders wohltuend. Wie haben die ganzen Kleistschen Geschwister diesen Schwager lieb gehabt. Hans Jürgen sagte: „Ich habe mehr wie einen liebsten Bruder und

Freund verloren, – er war der Beste unter uns!" Auch Mutter Kleist war wieder ganz verändert und sehr wohltuend. – Und dann unser Ruthchen![8] Es läßt sich schwer beschreiben, wie sie war. 3 Mal habe ich erlebt, wie sie bis ins Innerste weinte, – sonst war sie überstrahlt von einer tiefen Glückseligkeit, ja, von einem wirklichen Fröhlichsein. Tante Ruth – Kiekow sagte: „Sie ist wirklich getröstet". Ja, so war sie auch, – sie fühlte eine Kraft, die ihr geschenkt wurde und konnte sich der Stärke dieser Kraft einfach nicht entziehen. Ihr Herz lief einfach über von Dankbarkeit, und sie räumte sich einfach nicht das Recht ein, nach 24 Jahren solcher Ehe irgendwie zu klagen oder zu „zagen".
Wir gingen den Abend gleich noch in die Kirche, wo die Kinder und einige Andere schmückten. So etwas von köstlichem Phlox habe ich noch nie erlebt, – der ganze große Raum duftete danach. Rechts und links vom Altar standen in schönen, braunen Tonkrügen die großen Sträuße feuerroten Phloxes. In der Nische, in der der Altar steht, hingen 4 Kreuze aus Eichenholz geschnitzt mit den Namen der bisher in Pätzig gefallenen Leute.
Die Kinder hatten einen Kampf mit der Mutter gekämpft, weil sie meinten, daß das Kreuz für den Vater irgendwie einen besonderen (Platz) in der Kirche haben müsste. Aber Tante Ruth hatte es anders gewollt: „Gerade hier unter dem Kreuz jetzt fast im Hintergrund, – und doch wie der Pfarrer sagte: dem Kreuz fast am nächsten, dem großen Altarkreuz."

Ruth-Alice und Klaus[9] waren in Hamburg gewesen, als die Nachricht sie traf. Ruth war mit allen Kindern, außer Maria, in Klein-Reetz. Sie selbst war im Kösliner Krankenhaus (wo sie den Morgen zu tun hatte), als die Nachricht von Hans' Tod sie erreichte. Sie ist dann gleich zurückgefahren zu den Kindern und sie sagte mir, so hätte sie sich's doch nicht vorgestellt, – verzweifelt seien die Kinder gewesen und hätten herzzerreißend geweint. Schließlich ist Hans-Werner aufgesprungen und hat die Bibel geholt: „Mutter, Du musst uns hieraus vorlesen!" und sie hat dann Epheser 3, 1 u. 2 mit ihnen gelesen. – Am allerleidsten mußte einem jetzt Maria tun; sie in ihrer (...)[10] Art konnte sich nicht drin finden. Ruth-Alice hütete so reizend mit ihr herum, man sah die Schwestern immer zusammenstehen oder in innigster Umarmung im Garten herumgehen. „Mutter, ich möchte es hinausschreien in alle Welt, ich kann nicht ohne Vater leben!" hatte sie gesagt. Hans-Werner war allein in den Wald gelaufen und hatte einen großen Busch zusammengepflückt von all seinen geliebten Waldbäumen. Der stand nun im Wohnzimmer in einem großen Tonkrug neben einem Tisch, auf dem Onkel Hans' Bild stand, – vor dem Bild lag das schwarze eiserne Kreuz der Michaelsbruderschaft, das er immer getragen hatte. Vorne lag sein Säbel und der Hohenzollernorden, – ganz im Hintergrund das schöne Bild, das Onkel Hans so liebte, wo Jesus mit seinen Jüngern nach der Abendmahlsfeier („das sie den Lobgesang gesprochen hatten") hinausgeht in die Nacht, in den schwersten Kampf seines Lebens – in den Tod – in den Sieg! –

Nach dem Abendbrot saßen wir alle noch ein bisschen zusammen in Onkel Hans' Stube, und Tante Ruth las uns seine letzten Briefe vor. Der letzte war vom 10.8., aber sie hofft noch auf ein oder zwei Briefe, die noch kommen werden. Wie diese Frau das fertig bekam, uns diese Briefe

vorzulesen, wie sie es tat – in voller Gelassenheit und Gefasstheit und in der schönen lebendigen Art, wie wirklich nur sie vorlesen kann, – das wird man glaube ich nun verstehen lernen. Und welche Fröhlichkeit spricht aus diesen Briefen, welche Freude, nun nicht mehr im Schreib- und Kartenzimmer, sondern wieder unter Gottes freiem Himmel leben und sich einsetzen zu dürfen. Sehr schwierig ist die Situation gewesen, in die er gleich hineingekommen ist, – sein Bataillon fast in Auflösung, – wirkliche Offiziere kaum noch etc.… aber die weite Kosakensteppe und das Schlafen auf nackter Erde mit dem freien Himmel über sich hat's ihm angetan …
Zum Einarbeiten haben sie ihm erst ein Bataillon gegeben, und wegen besonders guter Beurteilung hat man ihm dann schon nach drei Wochen ein Regiment gegeben. Die Nachricht hat ihn aber nicht mehr erreicht, – sie kam am Morgen, an dem er fiel. –
Abends wie alles zu Bett war habe ich dann noch ein Stündchen mit Tante Ruth zusammengesessen. Das war schön. – Und am nächsten Morgen wachte man davon auf, dass seine Förster „das Wecken" bliesen. Ich konnte nicht anders, ich musste in mein Kopfkissen schluchzen. Dann sang uns der Hauschor noch ein schönes Morgenlied. Um halb Neun war Andacht, die Tante Ruth las. Wir sangen:
„Nun bitten wir den Heilgen Geist". Bibeltext war Thessalonicher 4, 13–18. Zum Schluss Lied Nr. 150, V. 3. 9. 10.
Nach dem Frühstück las Tante Ruth dann noch im engeren Kreis die Briefe vor, in denen Onkel Hans ihr seine ganzen Gründe schreibt, warum er sich an die Front melden musste. Es ist unglaublich, wie dieser Mann alle Dinge von einer ganz hohen Warte aus und letztlich aus der Liebe

heraus sah. Ein Brief fängt ungefähr so an: „Heute Morgen ertappte ich mich dabei, daß mir der Gedanke durch den Kopf schoß, ich sei eigentlich doch ein Narr, daß ich mich aus der hiesigen angenehmen und gesicherten Stellung hinaus melden wollte an die Front. Nun weiß ich, dass ich auch schon in Gefahr stehe, angekränkelt zu werden von der weichen Luft eines höheren Stabes, – jetzt sehe ich den Weg, den ich zu gehen habe, noch klarer vor mir." –
Nachher gingen Tante Ruthchen, Maxa und ich noch etwas in den Garten und sahen dort noch einmal in die Kirche hinein. Es war ja alles wieder so ganz festlich bereitet, – ich möchte sagen, wie damals zur Hochzeit, ein genau solch warmer stiller strahlender Sommertag war es, wie damals. Die acht Kinder saßen auf der Bank vor der Mauer im Staudengarten und flochten gemeinsam dem Vater einen Kranz, leuchtend und bunt von allen Hochsommerblumen. (...)[11] gab es einen Teller dicker Suppe und Rote Grütze, die wir mit Klaus und Ruth-Alice, Hans Jürgen und Mieze vorm Haus auf den weißen Bänken sitzend verzehrten. Dann war allgemeines Ausruhen. Um drei Uhr war die Gedenkfeier. Die Charlottenhöfer waren mit Vater? und Onkel Siegfried im sechssitzigen Wagen (36 km) hatte Pferde vorausgeschickt und hatten (...)[12] gemacht. Onkel Just, Tante Erika und Ali waren auch da. Natürlich auch Manni Bredow, Fritze Cleve etc. und die sehr große Nachbarschaft. – Ich lege den Lauf der Feier bei.
Auf den Stufen, die von dem Altar herunterführen, lag das Holzkreuz mit Onkel Hans' Namen und davor eine Anzahl schöner Kränze mit Schleifen und Aufdruck. Wir Geschwister hatten unseren Platz gerade dem Altar gegenüber. Tante Ruth saß links davon mit allen ihren Kindern

im Gestühl. Der Kriegerverein, der trotz Onkel Hans' Mahnungen nie mehr zur Kirche gegangen war, erschien ohne Aufforderung, vollzählig mit allen seinen Fahnen, die an der Kanzel links des Altars ihren Platz fanden. –

Ja, und von der Feier selbst kann ich nun, glaube ich, eigentlich gar nicht viel schreiben. Sie war ein großer überwältigender Dank, sie war ein ehrfürchtiges Stillstehen vor Gottes Gnade und Gottes überschwänglicher Kraft, die sich in diesem Mann offenbart hatte. Es war wirklich ein großes Halleluja, das „ein Spott aus dem Tod ist worden". Ihr Pastor Reck, mit dem Onkel Hans und Tante Ruth ja so eng verbunden sind, hat wirklich eine große Rede gehalten, – er hat viel von Onkel Hans gesagt, aber kein Wort war zu viel oder war irgendwie persönliches „Rühmen", wie man es in solchen Stunden heut nicht mehr haben kann, sondern es war alles nur gesehen im Licht Christi, – ihm zur Ehre, ihm zum Dank, ihm zum Ruhm. Und man merkte an jedem Wort, wie diese schlichte und kraftvolle Persönlichkeit von Reck innerlich aufgewühlt war – wie es ihm Befreiung war, in dieser Stunde einmal ein großes, offenes und überwältigendes Zeugnis abzulegen von diesem Patron seiner Kirche. Er hat es allen so klar und deutlich gemacht, warum es einfach nicht anders ging, als daß dieses Mannes Leben in einem so starken und ganzen Einsatz gewesen war, – ein Einsatz nicht als Eiferer, sondern immer aus der Liebe heraus.

Noch in einem der letzten Briefe an Tante Ruth hatte er ungefähr so geschrieben „Denke bitte nicht, daß ich nur froh und leichten Herzens hinaus gehe an die Front, – nein mir ist sogar zwischendurch so richtig bange; nicht, daß ich mich fürchtete, nicht „tapfer" genug zu sein, – nein davor ist mir als altem Weltkriegssoldaten wirklich nicht bange – vielmehr aber davor, daß ich bei dem Übermaß aller meiner Verpflichtungen und Eindrücke, versäumen könnte, Liebe zu geben und Liebe zu leben."

Im Anschluß an die Rede sangen wir dann die zwei Verse aus dem Liede „Geh' aus mein Herz und suche Freud", „Ach denk ich ..." und „Welch hohe Lust ...". – Tante Ruth hatte uns vorher so reizend erzählt, wie er sich immer so gewünscht hätte, dass dies Lied mal zu seinem Begräbnis gesungen werden sollte. Und wenn Ruth lachend gemeint hatte, das könne sie ihm nicht versprechen, dazu sei es doch zu lang, war er dabei geblieben: „Dann könnt ihr es ja auf dem Weg hin und zurück zur Kirche singen". Auch dazu wäre es noch zu lang. „Na schön, – hatte er gemeint, – dann geht ihr eben immer so lange ums Rondell vom Haus herum, bis es fertig ist."

So ganz wie Onkel Hans war – man hört ihn doch ordentlich! – Nachher trat dann Langmaack, der mit Onkel Hans die Kirche gebaut hat, vor den Altar und sprach als Vertreter der Michaelsbruderschaft einige Worte, dann der Superintendent, der mit den Worten schloß „Möge diesem Mann Gottes aus seinem Hause ein Nachfolger werden" – (ich vergaß ganz zu schreiben, daß Max leider nicht da war, – aber sie hoffen auf ein baldiges Kommen!) -

Und dann kam Tante Ruth aus dem Gestühl heraus, und Pastor Reck übergab ihr das Kreuz, das sie unter den leisen Klängen von „Ich hatt einen Kameraden" im Altarraum aufhängte. Das war ein fast überwältigender Augenblick (auch für sie war es ja der gute Kamerad gewesen) und es war erschütternd, in welcher Ruhe und Zartheit und tiefer Innigkeit sie dieses Kreuz in Händen trug und ihm seinen

Platz gab. – Die Bibelstelle des Spruches, den er einst als Michaelsbruder bekommen hatte, stand darauf: „Die ihn lieb haben, müssen sein wie die Sonne aufgeht in ihrer Macht!"

Ich denke es war der Spruch, der zu Onkel Hans gehörte! – Anschließend legten die Beamten, die Förster etc. ihre Kränze nieder, jeder mit einem ganz kurzen Wort der Erinnerung. Der alte Diener Erich hielt einen Kranz mit der Aufschrift „Wilhelm und Erich ihrem unvergesslichen Herrn" und stotterte dort dazu in seiner unbeholfenen Art: „Er ist immer unser Herr gewesen und wird immer unser Herr bleiben". Auch der junge Beamte aus Klein Reetz sagte so ergreifende Worte, die ich leider nicht mehr wiedergeben kann. Volle zwei Stunden hat die ganz Feier gedauert, und sie ist glaube ich keinem zu lang geworden. Und Onkel Just meinte: „Für mich hätte sie noch viel länger dauern können".

Dann kam das übliche Kaffeetrinken – es lag Tante Ruth daran, daß alles hübsch, alles festlich war, – und man konnte es doch wieder nicht verstehen, daß Onkel Hans nicht mitten dazwischen war, in seiner ganzen Fröhlichkeit, mit der er immer die Gäste um sich hatte. Immer wieder mußte ich die entzückenden Kinder ansehen. – Tante Ruthchen sah ich nur noch ein Mal einen Augenblick allein, – sie meinte: „Ich habe bestimmt nicht viel im Leben fertig gebracht, aber das eine, das ist mir wirklich geglückt, nämlich ihn glücklich zu machen." ------

Es hielt einen mit tausend Fäden fest in dieser Pätziger Atmosphäre, aber es half ja nichts, wir mußten nun wieder fort. Nachdem Hilde die Charlottenhöfer über einen Stein fahrend in hohem Bogen aus dem Wagen geworfen hatte, hatten wir eine dreistündige wunderbare Fahrt meistens durch Wald in ganz warmer lauer Sommernacht. Wir hatten uns viel zu sagen und es schien einem irgendwie, als wenn die Schranken, die Himmel und Erde trennen, fortgerückt wären, – als wenn man wirklich in diesen Stunden begreifen könnte mit allen Heiligen – allen Entschlafenen – welche da sei die Breite und die Länge und die Tiefe und die Höhe und auch erkennen die Liebe Christi. «

Man sah hin und wieder gebeugte Gestalten und verheulte Gesichter auf der Dorfstraße. Die Mütter weinten um ihre Männer und Söhne. Auch hörten wir, dass Bomben auf die Städte gefallen waren. Bekannte verloren in einer Nacht alles, was sie hatten. Zum Heulen war das alles. Aber war das der Grund für meine Unentschlossenheit und Traurigkeit? Nein, das war es auch nicht. Zu Anfang des Krieges, vor fünf Jahren, war es anders gewesen. Damals konnte ich mich noch an das halten, was die Erwachsenen sagten und taten. Erwachsene taten, so lernte ich, im Gegensatz zu Kindern, immer das Richtige. Meine Mutter widersprach nie einem anderen Erwachsenen in Erziehungsfragen, auch dann nicht, wenn die Hauslehrerin deutlich strenger und unserer Meinung nach im Unrecht war. Jetzt war diese schöne Ordnung durcheinandergeraten. Die Erwachsenen, so erlebte ich es jetzt, waren unterschiedlicher Meinungen. Mit Erstaunen beobachtete ich nun an mir selbst, dass ich fast immer demjenigen zustimmte, der gerade seine Sache überzeugend verteidigte, egal, welche Meinung er vertrat. Hatte ich keine eigene Meinung? Wohin gehörte ich? Ich fühlte mich allein.
Pastor Reck, der die Predigt zur Gedenkfeier für meinen Vater gehalten hatte, wohnte in Warnitz, dem übernächsten Dorf. Dort hatte er seine Gemeinde. Dass er Pätzig mitversorgte, lag

daran, dass mein Vater, als Patron der Pätziger Kirche, seinem Pastor gekündigt hatte. Dieser gehörte den Deutschen Christen an. Dieser auf Hitler eingeschworene Teil der evangelischen Kirche stand im Kampf mit der Bekennenden Kirche. Die Michaelsbruderschaft, zu der mein Vater gehörte, war Teil der Bekennenden Kirche.

Meine Schwester und ich fuhren also mit dem nach Hause strebenden Kutschpferd aus Warnitz zurück durch die geliebte Landschaft. Kiefernwald auf sandigem Boden markierte die Grenze zu unserem Land. Weiche Hügelketten, jetzt schneebedeckt, streckten sich weit, nur ab und zu unterbrochen von buschumwachsenen Tümpeln, in denen im Sommer Wildenten und Schnepfen brüteten, es sich jetzt aber hie und da ein paar Hasen oder eine Rotte Sauen gemütlich gemacht haben mochten. Das Reh- und Rotwild hielt sich zu dieser Zeit des Jahres eher in einem der Sumpfgebiete versteckt. Das Pferd trabte locker auf dem vom Schnee geräumten Sandweg, der allerorts neben den asphaltierten Landstraßen angelegt war. Rechts und links der Straße wuchsen Obstbäume neben den Straßengräben, die jetzt allerdings schneegefüllt in die Ackerflächen übergingen. Die Bäume ragten knochig und kahl in den Himmel. Darüber wölbte sich der Abendhimmel, der bald, ohne irgendein störendes elektrisches Licht aus einer Straßenlaterne, in finstere Nacht übergehen würde. – Haben wir miteinander geredet? Ich weiß es nicht. Meine ältere Schwester war in meinen Augen so, wie es sich die Erwachsenen wünschten, schlau, fleißig, ordentlich, brav. Ich beneidete sie. Wenn ich mir heute die Fotos von uns beiden ansehe, vermute ich, dass auch sie manchmal ziemlich traurig war.

Ich hatte den Einspänner in die Remise geschoben, das Pferd abgeschirrt, in seinen Stand geführt und angebunden, getränkt und gefüttert. „Den Rest mach ik", hatte der Stallknecht gesagt. Ich war ins Haus gegangen. Nun lag ich im Bett und konnte mein Grübeln fortsetzen. Woran lag es, dass Tiere mir so guttaten? Auch die Landschaft tat mir wohl. Die Natur erfreute mich selbst dann, wenn es regnete oder stürmte. Die Pferde und Hunde, die Kühe und Schafe bekümmerten mich nie, auch wenn mal eins krank war, noch nicht einmal die Spatzen und Mäuse, die eine echte Plage auf dem Hof darstellten. Waren es die Menschen? Mein kleiner Bruder machte mich nicht traurig. Waren es vielleicht die Menschen, mit denen ich in besondere Konflikte geriet?

Ich hatte mir am Tag zuvor vom Vorratsregal mit einer Schöpfkelle durchs Gitter des Kellerfensters rechts neben der Freitreppe einen Apfel geangelt. Die Kellerfenster lagen versteckt hinter dem freistehenden Birnenspalier vorm Haus. Wenn es nicht zu sehr fror, wurden die kleinen Fenster tagsüber geöffnet, um die Feuchtigkeit aus den aus Backstein gebauten Kellerwänden herauszulassen. Nun fiel mir ein, dass ich ein schlechtes Gewissen hatte. Wenn ich erwischt wurde, saß das schlechte Gewissen immer zwischen meinen Schultern direkt unter der Kehle. Wenn ich nicht erwischt wurde, rutschte es tiefer und nach einer Weile verschwand es ganz.

War es das schlechte Gewissen? War es meine Blamage bei der Frage zu den Pharisäern? War es die Trauer um Vater? War es der Krieg? Waren es Konflikte mit den Erwachsenen? Hätte ich es gewusst, dann hätte ich vielleicht etwas dagegen unternommen.

So aber blieb die Traurigkeit, außer, wenn ich weg von den Menschen war, draußen war, bei den Tieren, im Wald – da war ich glücklich, da war Weite, da fühlte ich mich frei. Vielleicht liebte ich nichts und niemanden so sehr wie dieses Land, den

Acker, die Wiesen, die Wälder, den Kranich und den Storch, den Dachs und den Fuchs, die Abendglocke und das Dengeln der Sensen, den Schrei des Hirsches und den Ruf des Kuckucks, die Eichenalleen und die alten Kastanien, die Dorfschule und die Feldsteinkirche, die Glut im Schmiedeofen und das Quietschen der Schweine vorm Füttern, das Stampfen der Hufe im Pferdestall – und vor allem die Weite der sanft bis zum Horizont schwingenden Hügelketten.

Ein Pferd wirft die Last des Reiters ab und galoppiert davon. Kann ich die Last abwerfen?

Es geschah an einem der Winterabende im Januar. Es muss 1943 gewesen sein. Zuerst schien der Abend nichts Ungewöhnliches mit uns vorzuhaben. Es lag Schnee wie immer um diese Zeit. Soweit ich zurückdenken konnte, war der Winter weiß und dauerte von November bis mindestens April. Schon zur Fütterzeit war es dunkel. Die Tiere standen dampfend in den Ställen und mahlten geräuschvoll Häcksel und Hafer aus den Trögen. Im matten Licht der Stalllampen standen die Ackerpferde müde vom Mist- oder Holzfahren oder vom Schneepflügen, ihre Hufe standen in frischem Stroh. Sie rupften das Heu aus den Traufen und mampften es im gleichmäßigen Takt. Sobald die Tore geschlossen worden waren, verband sich feuchtwarmer Duft aus Fellen, trocknendem Schweiß, frischem Heu, Pferdeäpfeln und Salmiak mit der Wärme der Tiere. Der alte Pferdeknecht war schon nach Hause gehumpelt. Ich war allein. Der Stall war meine Welt, hier fühlte ich mich geborgen, so wohl, wie nirgendwo sonst, nicht in meinem Kinderzimmer, nicht in der Kirche, auch nicht (in meiner Vorstellung) auf dem Schoß meiner Mutter. Hatte ich dort jemals gesessen? Am liebsten hätte ich mich hier ins Stroh gelegt und wäre die Nacht über geblieben, allein mit ‚meinen' Pferden und meinen Gedanken.

Unsere kleine heile Welt war durch den Krieg gestört. Nicht nur die Männer, auch Ackerpferde waren eingezogen worden, manche Buchten standen leer, und in der großen Garage unter der Wohnung unseres Kutschers Erich, wo vorher unser Auto aufgebockt gestanden hatte, wohnten jetzt die russischen Kriegsgefangenen. Anderes aber war geblieben wie immer. Die Abendglocke läutete wie seit Menschengedenken, als sei die tagein tagaus wiederkehrende Ordnung ewig, und nichts könnte das ändern. Die Sonne ging morgens auf und abends unter und scherte sich nicht um Krieg oder Frieden. Am meisten fehlte mein Vater. Er fehlte überall, auf dem Hof, beim Reiten über die Felder, auf dem Hochsitz im Wald, als Respektsperson im Dorf, im Patronatsgestühl in der Kirche, auf der Ofenbank neben mir morgens bei der Andacht, am anderen Ende des langen Tisches beim Essen und beim abendlichen Vorlesen im Kinderzimmer. Die Leere, die durch seinen Tod entstanden war, begleitete immerwährend, unausfüllbar.

Schon vor fünf Minuten hätte ich aufbrechen müssen, um rechtzeitig zum Abendbrot im Haus zu sein. Ich drehte den Lichtschalter, eh ich die Stalltür öffnete. Im Stall war es nun stockdunkel. Einen Moment noch den Geräuschen lauschen, sie wurden dichter. Durch die offene Stalltür flog mir kalter Wind entgegen. Der Schnee knirschte unter meinen Füßen. Ein untrügliches Zeichen, dass es in der Nacht noch stärker frieren würde. Ich blieb vor den Viehställen stehen, hörte Ketten klirren und, sobald eins der Tiere sich bewegte, den Schlag der Hufe auf die Pflastersteine des Stalls. Aus der Brennerei fiel kurz ein matter Lichtschein, dann war der Hof wieder menschenleer.

Der weite Sumpf hinter den Kuhweiden zog mich an wie ein Magnet. Seltsam, denn er erregte zugleich Furcht in mir. Es schien, als spürte ich in mir die tiefschwarzen Wassergräben, die ihn durchzogen, obgleich sie jetzt zugefroren und mit Schnee zugedeckt waren. Das Eis dort trug nur scheinbar. Es war streng verboten, in das Sumpfgebiet hineinzugehen. Zwar war noch niemand dort ertrunken, aber „Beinah"-Geschichten machten die Runde. So war meine Mutter dort mit ihrem Reitpferd an scheinbar sicherer Stelle in diesem Winter eingebrochen und nur mit Glück wieder herausgekommen.

Obwohl der Sumpf jetzt im Schneelicht nicht dunkler war als das Wäldchen davor, fühlte es sich aus der Ferne betrachtet düster an, als könne man den schwarzen Moorschlamm in den eigenen Armen spüren. Der vom Mond bestrahlte, glitzernde, reinweiße Schnee auf den Viehweiden davor rief Märchenwelten in mir wach. Es fiel mir schwer, mich davon zu lösen.

Aus dem Gutshaus fiel matter Lichtschein durch die Glastüren auf den Terrassenboden. Ich stieg die Stufen empor und sah, was ich vermutet hatte, die Familie und alle Hausangestellten um den Esstisch sitzen. Ich holte tief Luft, um mich etwas aufzuplustern, drückte die breite Messingklinke herunter und zog die hohe, geschwungene, weißlackierte Flügeltür zu mir heran. Mein Blick fiel auf die Hanfborsten der breiten Matte, die unter meinen Füßen zwischen den Türen ausgebreitet lag. In der Erinnerung sah ich kurz die Stiefel, die hier unter dem Pelz des Weihnachtsmanns herausgeschaut hatten und verdächtig nach denen meines Vaters ausgesehen hatten. Beim Öffnen der zweiten Tür kam mir ein Schwall warmer Bratkartoffelluft entgegen. Meine Nasenflügel füllten sich mit dem köstlichen Geruch in ausgelassenem Speck gerösteter Zwiebeln. Der Duft belebte und erfüllte mich mit genüsslicher Erwartung. So leise ich konnte, umrundete ich die Türklinke und drückte die Tür zu.

„Wo warst du?"

Die Stimme meiner Mutter, sachlich, streng, doch ohne offen zugelassene Verärgerung, schnitt durch die Luft. Sie klang so ähnlich wie die eines Richters, emotionslos.
‚Wo war ich?' So zur Rede gestellt zu sein, brachte mich in Schwierigkeiten. Ich überlegte – ‚Im Stall' ‚Was hast du da gemacht?' ‚Nichts' ‚Warum?'. Alles, was mir zu sagen einfiel, hatte mindestens einen Haken, an dem sie meine Worte aufhängen, mir vorhalten und mich damit in Erklärungsnot bringen könnte. Meine Gedanken liefen nutzlos im Kreis, suchten, wanderten zurück. Um den spärlich beleuchteten Raum schien plötzlich eine undurchdringliche, schwarze Wand alle brauchbaren Antworten auszusperren. Die belebte Welt, aus der ich vor ein paar Sekunden gekommen war, wirkte wie abgetrennt, unwirklich für alle hier im Raum. Ich hatte den Schnee von meinen Füßen geklopft und die mächtigen Türen geöffnet. Und davor? Sinnlos, die Welt draußen in mein Gedächtnis zurückzurufen. Es war sowieso unmöglich, sie den Menschen hier zu beschreiben, in Worte zu fassen, was ich empfunden hatte! Wie könnte ich die Farben, Klänge, Gerüche wiedergeben? Gab es überhaupt Worte, die zu dem passten, was ich gefühlt hatte, Worte, die die hier drinnen verstünden? Zwecklos. Was ich erlebt hatte, besaß keine Worte. Worte brauchen Ohren, schweigende Zuhörer. Hier saßen Ankläger. Zu lange müsste ich nachdenken, und gelänge es mir, würden sich meine großen Geschwister amüsieren und mich später mit meinen Worten aufziehen. Es war klüger, nichts zu sagen.
Dann aber, blitzartig, beleuchtete die Frage ‚Wo warst du?' in meinem Kopf sekundenschnell doch etwas, einen Satz, jeder hier in der Runde kannte ihn: „... in dem, was meines Vaters ist! ..."[13]
Ich erschrak. Der Satz kam aus der Bibel. Der 12-jährige Jesus hatte ihn zu seiner Mutter gesagt, nachdem er ihr weggelaufen und im Tempel geblieben war. Diesen Satz auf mich selbst an-

zuwenden, war unmöglich, war Blasphemie. Ich versuchte, die Idee zu verdrängen. Aber nun hatte sie sich in meinem Kopf eingenistet. Um ein Haar hätte ich den Ansatz eines Lachers aus meiner Kehle gelassen. War vielleicht ein Grinsen über mein Gesicht gehuscht. Hatte es jemand gesehen? Frechheit pur. Meine Gesichtszüge beherrschen, niemanden in mich hineingucken lassen! Die Ungeheuerlichkeit der Idee versperrte mir den Weg zu weiterem Nachdenken. Dann aber kam schließlich doch das Nächstliegende aus meinem Mund:

„Auf dem Hof."

„Warum warst du wieder nicht pünktlich?"

Ich schwieg. Die Augen der Geschwister und der Erwachsenen, die um den langen Esstisch saßen, waren wie die Läufe einer Flinte auf mein Gesicht gerichtet. Dine, die Wachtelhündin in der Kachelofenecke, sah mich von ihrer Decke her an. Konnte sie mich lesen? Absichtlich bemühte ich mich nun, an nichts zu denken, um die Menschenaugen daran zu hindern, mich auszukundschaften. Meine Mutter stellte die Schüssel mit den dampfenden Bratkartoffeln auf ihren leeren Teller, es klirrte, ich sah auf, sie wärmte weiter ihre Hände daran. Mutter hatte immer kalte Hände, trug dagegen gestrickte Pulswärmer. Mein großer Bruder guckte amüsiert. Er hatte Spaß. Die Augen meines kleinen Bruders sahen erschrocken zu mir herüber. Das tat gut. Ich sagte so leise wie möglich und doch verständlich:

„Es tut mir leid."

„Was tut dir leid?"

„Dass ich zu spät komme."

Nun konnte ich mich vielleicht schnell zwischen der rupfenbespannten grünen Wand und den dunklen Rücken der Hausbewohner hindurch auf meinen Platz schleichen und einer weiteren Befragung entgehen.

Das „Bleib!“ meiner Mutter nagelte mich an den Fleck, auf dem ich stand. Ich musste warten, stehenbleiben, die Blicke aushalten. Die Wachtelhündin erhob sich, trottete zu mir. Zunächst unbemerkt von den Erwachsenen schob sie ihren Kopf unter meine Hand.

„Platz, Dine!“, sagte meine Mutter. Schuldbewusst verließ mich die Hündin und legte sich wieder auf ihre Decke.

„Du gehst auf der Stelle ins Bett. Du weißt, ich erwarte von dir, dass du pünktlich zum Essen da bist. Dein wiederholter Ungehorsam erfordert eine Strafe, die du dir merkst. Jemand wird dir trocken Brot ins Kinderzimmer bringen.“

Sie gab die Bratkartoffelschüssel weiter. Ich verließ den Flintenlaufblick-Platz und ging hinter den Rücken der Essenden entlang zur Tür.

Aber mein großer Bruder drehte sich blitzschnell zu mir um. Seine Zeigefinger rieben sich aneinander und seine Lippen zischten:

„Ätsch, bätsch!“

Sekundenschnell reagierte meine Zunge. Sie schoss ihm lang und scharf entgegen.

Der Gegenangriff kam prompt.

„Lala hat mir die Zunge rausgestreckt!“

Seine Stimme tönte laut, anklagend, fordernd durch den hohen Raum. In den Augen meines kleinen Bruders stiegen Tränen auf.

Der Hund hatte sich wieder aufgesetzt.

„Ist das wahr, Lala?“

Jetzt wurde auch die Stimme meiner Mutter laut.

„Ja, aber ...“

„Kein Aber, Ja oder Nein.“

„Ja.“

„Lala, entschuldige dich bei Hans-Werner!“

„Aber er hat…"
„Ich will nicht wissen, was er hat. Entweder du entschuldigst dich, oder du gehst wieder nach draußen." Die Stimme meiner Mutter schnitt.
„Wirst du dich entschuldigen?"
Mein Kopf war leer. Tränen meldeten sich an. Nur jetzt nicht heulen. Trotz stieg in mir auf.
„Nein!"
„Dann geh nach draußen und komm erst wieder, wenn du dich besonnen hast."
Im Hinausgehen erinnerte mich das Geweih eines kapitalen Hirsches oberhalb der Tür an die Protagonistin in Johanna Spyris Buch „Heidi". Sie hatte, ähnlich wie ich, einem Höckeransatz ähnelnde Rundungen an der Stirn und war besorgt, dass daraus eines Tages Hörner wachsen könnten. Ob mein Bock mir wohl auch solche Höcker bescheren würde? Die Flintenlaufblicke in meinem Rücken verfolgten mich. Ich dachte: „Alle, bis auf Peter, sind gegen mich!"
Der karge Schein der Esszimmerlampe fiel ein paar Schritte weit auf den festgetretenen Schnee der Veranda. Die Stufen am Rande führten auf das Rondell. Hinter den Kuhweiden breitete sich die Stille des Sumpfes aus, weit und unheimlich. Der Sumpf lag eingefasst durch die Silhouetten der großen alten Bäume. Verhangen der Himmel. Ich wanderte in seine Richtung. Von den Ställen her klang das Klirren der Kuhketten herüber und aus dem Dorf das Kläffen der Hunde, ihre abendliche Unterhaltung. Einige dunkle Gestalten, wahrscheinlich Gespannführer, die nach dem Füttern vom Hof zu ihren Katen heimgingen, bewegten sich wie Scherenschnitte vor dem Licht des Schnees.
In meiner Fantasie sah ich die gemütliche Wärme der Wohnküchen und das Licht in den kleinen Häusern der Arbeiterfamilien.

Sie lockten. Meine Augen nahmen die Abdrücke wahr, die ihre Schuhsohlen in der gefrorenen Schneedecke hinterlassen hatten. Jetzt saß mir der Zorn im Nacken. Er trieb meine Tränen bis unter die Augenlider. Trotz nahm von mir Besitz, und das Gefühl, verlassen zu sein, stellte sich ein. Ich ging stur weiter vorwärts. Aber gleichzeitig schien es, als zögen an meinem Rücken befestigte Gummibänder und hielten mich zurück, ließen mich nicht frei. Sie meinten es doch gut mit mir. Ich liebte sie doch. Mein Kopf wies mir den Weg nach vorn, weg von den Menschen, weg vom Haus, und der Sumpf sog geheimnisvoll lockend. Sie würden sich sorgen, aber das geschähe ihnen recht. Da plötzlich flog mir aus – nein, nicht aus heiterem – aus dem Nachthimmel in die Verlassenheit hinein ein Lied in den Kopf. Dies Lied wurde zu allen großen Anlässen wie Geburtstagen und Festen gesungen, und meine Mutter hatte es zu ihrem zweiten Lieblingslied erklärt. „Sollt ich meinem Gott nicht singen, sollt ich ihm nicht dankbar sein, denn ich seh in allen Dingen, wie so gut er's mit mir meint. Ist doch nichts als lauter Lieben, das sein treues Herze regt, das ohn Ende hebt und trägt, die in seinem Dienst sich üben. Alles Ding währt seine Zeit, Gottes Lieb in Ewigkeit." Jeder von uns konnte aus diesem Lied mehrere Strophen auswendig. „Gottes Lieb in allen Dingen"? Auch jetzt? Auch wenn ich bestraft werde und mich elend fühle? Vom Haus her wurde mein Name gerufen. Lass sie rufen. Geschieht ihnen recht. Nach einer Weile aber kehrte ich doch um. Als ich hereinkam, unterbrachen einige ihre Handarbeit für einen Moment, legten ihre Hände in den Schoß oder auf den Tisch und schauten mich an. Dine hob ihren Kopf. Mutter behielt ihr Vorlese-Buch in den Händen. Sie saß wieder kerzengerade, nun mit trauriger Stimme:

„Was hast du nur so lange draußen gemacht, Lala?"

Wieder so eine Frage, auf die man keine Antwort geben kann. Immer erwarten die Erwachsenen schnelle kurze Antworten auf ihre Fragen. Aber die Antworten sind lang und kommen von weit her. Dort, wo die schnellen Antworten herkommen, ist mein Kopf immer leer.

„Lala, wo warst du die ganze Zeit, was hast du draußen gemacht?" Mutter sprach nun etwas versöhnlicher.

„Ich habe mit Gott geredet." Pause. Jeder sah nun zu mir herüber. Ich stand da mit gesenktem Kopf. Nach einem Moment des Schweigens nahm Mutter das Buch wieder auf und sagte wie beiläufig:

„Ich denke, du gehst jetzt ins Bett."

Als ich an meinem großen Bruder vorbeikam, zischte er:

„Nu hat sie Mutter doch wieder rumgekriegt!"

Ich ging in mein Zimmer. Donti, unsere Kinderfrau, brachte mir trockenes Brot und warmen Tee. Dann lag ich im Bett, und meine Einsamkeit schien grenzenlos. Ich fühlte mich ausgeschlossen. Alle Wärme schien sich dort unten unter der Leselampe um meine Mutter zu konzentrieren. Hatte mich außer Peter überhaupt jemand lieb?

Meine Gedankenwelt damals, in die ich versuche mich zurückzuversetzen, sah ungefähr so aus: Die Welt der Erwachsenen scheint anders auszusehen als meine Welt. Meine Welt ist überwältigend schön, strahlend, bunt, reich, zum Lachen und Freuen. Ich möchte meine Welt umarmen. Manchmal ist sie auch traurig, so traurig, dass ich heule, bis ich einschlafe. Aber das macht nichts.

Die Welt der Erwachsenen ist reglementiert. Die Erwachsenen stehen wie Wächter in Schilderhäuschen, mit unbeweglichen Gesichtern bewaffnet und geschützt wie mit Lanzen, Schildern

und Helmen. Sie bewachen das Tor zu meinem Paradies. Wenn ich das Einmaleins vorwärts und rückwärts aufsagen kann, wenn ich pünktlich nach Haus gekommen bin, wenn ich nicht bockig war, wenn ..., dann öffnen sie die Tür zum Paradies für eine bemessene Zeit. Komme ich zu spät zurück in ihre Welt, schließen sie das Tor zu meinem Paradies für den nächsten Tag.
Sie erscheinen mir wie aus grauem Stein gehauene große Tiere mit stumpf glotzenden Augen und aufgestellten Ohren. Sie liegen wachsam auf ihren Sockeln. Auch wenn ich sie nicht beachte und versuche, sie zu vergessen, bleiben sie dort liegen und rühren sich nicht vom Fleck. Ich kann bocken, soviel ich will, schreien, so laut ich kann, um mich schlagen, mich taub und krank stellen. Sie bewegen sich nicht. Manchmal denke ich, vielleicht bin ich ein Findelkind.
Die Erwachsenen haben viele Worte. Sie wissen alles ganz genau. Sie sagen, dass sie auch von mir alles wissen, aber, was ich von mir denke, wissen sie nicht. Ist nun das richtig, was sie von mir denken, oder ist das richtig, was ich von mir denke? Ich muss erzogen werden. Sie sagen, sie meinen es gut mit mir, und ich zweifle nicht daran, dass das stimmt. Das „Gefängnis", in das sie mich sperren, so sagen sie, sei notwendig. Das „Gefängnis" ist für mich der Ort, wo ich darüber nachdenken soll, wie ich mich bessern kann. Ich bin unordentlich, widerspenstig, unbelehrbar und eine Not für die Erwachsenen. Deshalb, sagen sie, müssen sie mich strafen. Das aber macht mich so traurig, dass ich nicht nachdenken kann. Ich werde böse, zornig, wütend. Ich heule mich in den Schlaf und warte, bis es vorbei ist.
Ich liebe den Wald. Das Lachen in mir steigt bis unter meine Haarwurzeln und bis hinter meine Augäpfel, wenn ich den Duft des feuchten Waldbodens und das frische warme Buchenlaub in meine Nasenflügel sauge. Meine Lunge wird weit. Ich

atme tief, und die Luft durchströmt meine Schultern bis hinunter in die Fingerspitzen. Unbändige Freiheit scheint möglich, und Lust am Leben explodiert in mir. Um mich sind Pracht und Wärme und Licht und Farben, die Fülle. Hier haben die Wächter und die Steinlöwen keinen Zugriff auf mich. Und nachher ist nicht jetzt.
Ich könnte weglaufen, wegreiten, mit dem Zug wegfahren. Aber ich kann die Erwachsenen, diese wachsamen Gegenüber, die immer unbedingt und unbeirrt zusammenhalten, nicht allein lassen. Ich liebe sie, na ja, die meisten von ihnen. Ich liebe sie nicht so unbändig, wie ich die Natur liebe. Den Schmerz, den sie fühlen würden, wenn ich sie verließe, will und kann ich ihnen nicht antun. Oder ist der Grund dafür, dass ich dableibe, vielleicht der, dass ich gar nicht weiß, wo ich hinlaufen sollte? Also kehre ich zurück in meine Fesseln und bemühe mich, brav zu sein und trotzdem die Fesseln mit der Kraft, die ich aus meinem Paradies mitnehme, zu sprengen. Ich klettere und klettere immer höher in die große Linde hinterm Haus. Meine Hände und Knie sind grün vom Moos, meine Haare zerzaust von den Ästen, in denen sie sich verhaken. Mein Kleid bleibt hängen und reißt ein bisschen. Aber es gelingt. Ich erreiche den obersten Ast. Ich höre mein Herz pochen. Das Blätterdach verdeckt mich. Hier war noch niemand vor mir. Der Wipfel gehört mir. Es fühlt sich an, als sei ich hier dem Himmel ganz nah, wie ein Vogel frei. Aber Verlassensein ist nicht Freiheit. Der Abstieg ist schwerer als der Aufstieg.
Es gab noch etwas anderes, das mich faszinierte. An manchen Abenden im Winter versammelten sich die kunstbeflissenen und um geistige Bildung bemühten Bewohner des Gutshauses im Andachtsraum zu Lichtbildvorträgen. Ich kann nicht sagen, dass ich unbedingt zu den intensiv um geistige Bildung Bemühten gehörte. Wir Kinder wurden nicht gefragt, sondern ganz

selbstverständlich mit hineingenommen. Es passierte ja auch sonst abends nichts. Dennoch ergriffen mich diese Vorträge auf sonderbare Weise.

Eine Kunsthistorikerin, die, wegen der Bombenangriffe auf Berlin, evakuiert worden war, lebte schon seit einiger Zeit mit ihrer Freundin bei uns. Sie war klein und rund, hatte weißgraue Stoppelhaare auf dem Kopf und graue Augen. Dass sie in einer gleichgeschlechtlichen Beziehung lebte, war allerdings ein Tabuthema. Wir kleinen Kinder hatten keine Ahnung, dass es so etwas überhaupt gab. Die Kunsthistorikerin hatte ihren Ruf in der Berliner Gesellschaft durch ausgezeichnete kunstgeschichtliche Kenntnisse etabliert und war bemüht, diese, wo immer sie konnte, weiterzugeben.

Die Leinwand wurde ausgerollt und der Projektor aufgestellt, der Plattenspieler und die Schallplatten lagen bereit. Der Andachtsraum lag links von der Diele im Eingang, mit Kachelofen, Ofenbank und Flügel und war der gemütlichste, immer warme Raum im Haus. Er füllte sich nun mit Menschen, die auf den von ihnen selbst hereingetragenen Stühlen Platz nahmen. Nur der helle Schein, der aus dem Projektor auf die Leinwand fiel, erleuchtete nun das Zimmer. Aus dem Apparat war das Rauschen des Ventilators, der die Fotos kühlte, zu hören. Dennoch war – zu meinem Kummer – die Zeit begrenzt, in der man die Kunstblätter der Hitze des Projektorlichtes aussetzen durfte. Hielt man diese nicht ein, hob und wellte sich die Fotografie.

„Ich werde Ihnen in der jetzt beginnenden Reihe die Übereinstimmung von Malerei, Bildhauerei Musik und Architektur mit dem politischen und gesellschaftlichen Leben in Romanik, Gotik und Renaissance vor Augen führen."

Frau Dimel ließ eine Schallplatte mit gregorianischen Chorälen auflegen, schob das Schwarz-Weiß-Foto einer romanischen Basilika unter das Licht des Projektors und fuhr mit dem langen, angespitzten Zeigestock über die Leinwand, auf der die Wände einer schmucklosen Basilika erschienen: „Die karge Architektur der Romanik drückt die schlichte Art der Frömmigkeit und die Genügsamkeit der Menschen des elften Jahrhunderts nach Christus aus. Gott wurde damals noch als Freund der Menschen gesehen, ihnen nah, mit ihnen versammelt in einem Raum, noch nicht von ihnen entfernt im hohen Himmel. So hatten die Gebetsräume flache Decken. Nicht nur, weil die Steinmetze nicht wussten, wie sie große Räume mit Bögen zu überspannen vermochten, und nicht, weil sie gewohnt waren, flache Holzdecken zu bauen, sondern weil sie Gott so erlebten, einfach und schlicht wie sich selbst. Lassen Sie jetzt die Musik der Mönche auf sich wirken." So ähnlich waren ihre Worte. Dann schwieg sie, bis der Nachhall der gregorianischen Gesänge verklungen war.

„Auch die Ritter und Fürsten dieser Zeit lebten in unmittelbarer Nachbarschaft der einfachen Bevölkerung. Luxus, wie wir ihn später sehen werden, war den einfachen Menschen fremd. Ihre Hütten, ihre Kleidung, ihre Nahrung war karg. Als Leibeigene waren sie auf Gedeih und Verderb mit ihren Herren verbunden ..."

Ich fühlte mich in die Zeit der Erbauer dieser kargen Kirche versetzt. Fast ohne Fenster hätte der Kirchenraum auch unterirdisch, in Fels gehauen und versteckt gebaut sein können. Ich konnte mir vorstellen, dort zu jener Zeit mit den schlichten Menschen in einfachen, von Stricken gehaltenen Gewändern zu leben. Mir schien, als sei diese Frömmigkeit unmittelbar, schlicht, gerade und nah. So einfach, dass sie auch die Armen dieser Welt erreichte. So unverschnörkelt, dass alles Hinterhältige, Verschrobene dort keinen Platz hätte. So durchschaubar und klar, dass auch Kinder sie verstehen konnten. Auf der

Leinwand folgten Bilder von Fresken. Wie mir schien, waren es kindliche Darstellungen von wandernden, ungelenken Menschen und steif laufenden Tieren, Bäumen, Vögeln, gewellten Linien, die Wasser darstellen sollten. Dann Aufnahmen von Furcht erregenden, aus Kapitälen grinsenden Fratzen, Teufeln mit Hörnern, einer Schlange, die sich um eine dicke Säule gewunden hatte und deren lange geteilte Zunge aus ihrem breit gequetschten Kopf züngelte.

„Wir irren, wenn wir annehmen, die Künstler dieser Zeit hätten nicht die Fähigkeit gehabt, feinere, in unseren Augen kunstfertigere Werke zu schaffen. Sie schufen sie so, wie sie sich selbst und die Welt um sich herum sahen. Ihre Kunst entsprach ihrem Weltverständnis, ihrem Leben, ihrer politischen Gegenwart, ihrer Frömmigkeit. Sie glaubten an den Teufel in der Gestalt einer Schlange. Sie glaubten an die Hölle, in der Teufel Menschen in siedendem Wasser kochten." Ich folgte ihren Ausführungen gebannt.

Auf der Leinwand erschien eine Darstellung unzähliger kleiner Teufelchen mit Hörnern und Schwänzen, die mit Forken bewaffnet Menschen in Waschzuber beförderten. Unter den Kesseln loderten Feuer, und Schwaden von Dampf stiegen aus ihnen auf. Mir schienen diese Bilder nicht wirklichkeitsfern. Konnte man denn die Hölle jemals schrecklich genug darstellen? Wenn es nichts Schöneres als den Himmel gab, musste das Hässlichste die Hölle sein. Licht und Finsternis, Liebe und Vernichtung sind Gegensätze, die für mich erst dann real wurden, als ich sie selbst erlebte. Deshalb erschreckten die Bilder mich nicht. Sollten die Teufel doch grinsen und mit ihren Forken schreckliche Menschen quälen. Ich kannte solche Menschen nicht. Die waren im Mittelalter oder sonst wo. Jedenfalls weit weg, nicht real und darum uninteressant.

Der nächste Abend begann wie der letzte. Diesmal eröffneten Bachtrompeten den Vortrag. Auf der Leinwand erschien die Choransicht der Kathedrale von Chartres. Die in die Luft geschmetterten Töne der Trompeten begegneten den sich in fernen Höhen verlierenden Bündelpfeilern des Mittelschiffs. Noch nie hatte ich diese Musik gehört. Sie wurde eins mit dem Bauwerk im Lob der Herrlichkeit Gottes. In der Apsis strebten, von Säulenbündeln flankiert, fast endlos hoch gezogene Fenster aufwärts und schienen direkt in den Himmel zu weisen. „Alles", sagte die Kunsthistorikerin, „alles in der Architektur der Gotik weist nach oben. Gott ist abgerückt von den Menschen, oben im Himmel von Engeln und Heiligen umgeben. Der Mensch ist unwürdig, klein, dienend. Hunderte haben ihr Leben gelassen, um dieses Bauwerk zu errichten. Jahrhunderte haben Menschen an der Kathedrale gebaut und sie nie vollendet. Viele Gläubige haben alles, was ihnen gehörte, geopfert, damit dieses Kunstwerk zur Ehre Gottes gebaut werden konnte. Sie haben sich selbst für Gott und für uns geopfert. Ohne ihr Opfer kämen wir nicht in den Genuss, dieses unnachahmliche, unübertroffene Kunstwerk zu erleben."

Ich hörte gebannt zu. Die Kathedrale hatte mich ergriffen. Hier, in diesem zarten und zugleich strahlend erhabenen Bauwerk schien ich deutlich der Größe und Herrlichkeit Gottes zu begegnen. Nie zuvor war mir eine Beschreibung Gottes so real vorgekommen wie in diesem Bauwerk. Nur ein paar Mal in der Natur hatte mich eine solch erhebende Freude ergriffen wie im Erleben dieses Zusammenspiels von Raum und Musik. Mein Bewusstsein schien weit zu werden. Die Sehnsucht, dieser Kirche wieder zu begegnen, sie in Wirklichkeit zu sehen, packte mich. Ich wollte diese Freude wieder erleben. Konnte ich Gott irgendwo sonst so stark erleben? Aber dann: „Opfer zur Ehre Gottes". Wollte ich das, wollte Gott das?

Der Chor von Chartres verschwand. Auf der Leinwand tauchte der Bamberger Reiter auf. Beherrschend an diesem Bild war der Blick des Reiters nach vorn. Er sah ein Ziel. Es schien mir, als habe er das gleiche Ziel vor Augen wie die Bauleute von Chartres. Die Kunsthistorikerin sprach über die Rüstungen dieser Zeit, seine Haltung, sein Pferd. Schließlich erschien ein Bild mit dem Kopf des gefesselten Knaben Isaak in der Hand seines Vaters Abraham. Jedes Detail des Vortrags fügte sich für mich in eine mystische Wahrnehmung, ja mehr noch, in die mich erfüllende Überzeugung: Hier hatten Steinmetze, Architekten, Künstler nicht nur ihr Gottesbild in Stein gebannt, hier hatte Gott sich selbst dazu getan. Hier erfuhr ich einen Hauch seiner Größe und Herrlichkeit und spürte eine Ahnung von seinem Geist. Die Erbauer mussten geahnt haben, wie Gott ist. Sie hatten ihn offenbar gekannt und weitergegeben, was sie gesehen hatten. In diesen Kunstwerken war mehr, viel mehr als Stein. Sie erzählten mir etwas von dem, was ich suchte, was mich ausfüllte, weit machte. Nie in meinem Leben würde ich diese Bilder vergessen.

Die Vortragsreihe mündete in die abendlichen Passionsandachten der Karwoche. Der Tod meines Vaters und meines ältesten in Russland gefallenen Bruders waren tiefe, unüberbrückbare Einschnitte im Leben meiner Mutter, von uns Kindern und des ganzen Hausstandes. Die Reichweite des Risses, der Tod bedeutet, sank erst allmählich in unser Bewusstsein ein. Die Passionsandachten gestalteten sich ähnlich wie die Lichtbildvorträge jedoch unter anderen Vorzeichen. Liedertexte und Lesungen bezogen sich nun auf Schmerz, Sünde und Tod. „Jesu, Deine Passion will ich jetzt bedenken ...“[14] Dazu die Kreuzigung von Albrecht Dürer. „Ich bin's, ich sollte büßen, an Händen und an Füßen ...“ und die Fußwaschung aus dem Riemenschneider

Altar. „O Haupt voll Blut und Wunden, voll Schmerz und voller Hohn …“[15] Texte von Höllenangst und Sündenqualen.
Die Texte überspülten mich. Sie bedeuteten Gerechtigkeit für die heillose Welt. Es gab ja Ostern, Auferstehung danach, also Erlösung und Heil. Um mich entstand ein geistiges Gebäude, in dem ich zu wohnen begann. Jesus war für mich gestorben, weil ich sündig war. Das war einerseits wunderbar, andererseits ahnte ich, dass jede meiner Sünden die Last auf seinen Schultern am Kreuz vergrößerte. Nur wenn ich mit ganzem Herzen seine Nähe suchte, würde alles gut. Das Gefühl der Gegenwart Gottes, das mich beim Anblick des Bildes der Kathedrale von Chartres überwältigt hatte, die Passionstexte und Lieder begleiteten mich weiter und halfen mir, einen Sinn in dem in mir tobenden Durcheinander zu finden.
Hans-Werner hatte am 3. Juli seinen 16. Geburtstag und wurde zum Militär eingezogen, aber noch nicht zum Dienst an der Front eingesetzt. Die Gedenkfeiern für gefallene Männer und Söhne aus dem Dorf hatten zugenommen. Nun hingen schon acht aus Eichenholz geschnittene Kreuze in der Apsis unserer Kirche. Auf jedem stand der Name eines Gefallenen. Darunter stellten die Witwen und trauernden Mütter frische Blumensträuße aus ihren Gärten. Es waren leuchtende Zeichen ihres Liebhabens. Vielleicht brachten sie die Trauer für einen Augenblick ins Gleichgewicht? Vielleicht konnte hier der unauslöschliche Schmerz über den Tod der Einwilligung in die Erkenntnis begegnen, dass Leben von Gott gegeben und genommen wurde, jedes zu seiner Zeit.

Hier, vor diesen Kreuzen in der Kirche, verabschiedeten wir uns am 27. Januar 1945 abends bei Dunkelheit von der Heimat. Worte können die Gefühle nicht beschreiben, die in diesem letzten Satz verborgen sind.

Nur die beiden Kerzen auf dem Altar brannten auf den vom Gutstischler gedrechselten Leuchtern unter dem großen schweren Holzkreuz, das mein Vater von der Stellmacherei hierher getragen hatte, um herauszufinden, wie schwer es für Jesus gewesen sein musste, das Kreuz zu seiner Hinrichtung zu tragen. Hier war vor Weihnachten noch das Krippenspiel aufgeführt worden, das alljährlich stattfand und das wir Kinder Wort für Wort und Lied für Lied auswendig konnten. Hier waren wir Kinder alle getauft worden, hier hatten Klaus Bismarck und Ruth-Alice, meine älteste Schwester, geheiratet. Hier fanden die Gedenkfeiern für meinen Vater und meinen Bruder Max statt. Hier war vor zwei Jahren mein Bruder Hans-Werner mit seinem besten Freund Klaus Doerr[16] konfirmiert worden. Hier hatte ich gebannt den Predigten von Pastor Reck zugehört. Hier waren Freude und Trauer wie an keinem anderen Ort zuhause. Wir knieten auf den Altarstufen, und Pastor Reck reichte uns das Abendmahl, auch meinem kleinen Bruder Peter-Christian und mir, die wir noch nicht konfirmiert waren. Durch diese unglaubliche Auszeichnung erkannte ich für einen Moment die Bedeutung dessen, was uns bevorstand. Es überwältigte mich. Schriebe ich ein Märchen, würde ich über uns dort Kniende schreiben, ihr Herz wurde herausgerissen und durch ein Herz aus Stein ersetzt. Wir löschten die Kerzen und ließen die Kirche dunkel zurück. Dann gingen wir schweigend zum letzten Mal durch die Kastanienallee zurück zum Haus.

Kirche und Schule in Pätzig, Zeichnung von Klaus Doerr, dem späteren Ehemann von Lala

Gutshaus in Pätzig, Zeichnung von Klaus Doerr

Alte Postkarte aus dem Jahr 1938 mit Kirche, Gutshaus und Dorfstraße in Pätzig

Die Familie anlässlich der Taufe des jüngsten Sohnes Peter-Chrisstian. In der Mitte Hans und Ruth von Wedemeyer

Hans von Wedemeyer mit Christine auf dem Schoß, 1930

Die Mutter Ruth mit Christine, Hans-Werner, Peter und Lala, v. l.

Die Kinderfrau Donti mit Lala und Peter, ca. 1940

Maximilian von Wedemeyer
Leutnant und Bataillonsadjutant in einem Infanterie-Regiment

* 13. 1. 1922
gefallen bei Strelizy südwestlich des Ilmensees 26. 10. 1942

Hans von Wedemeyer
Major und Bataillonsführer in einem Infanterie-Regiment
Herr auf Pätzig und Klein-Reetz
* 31. 7. 1888
gefallen bei Werchnij Gniloy nordwestlich Stalingrad 22. 8. 1942

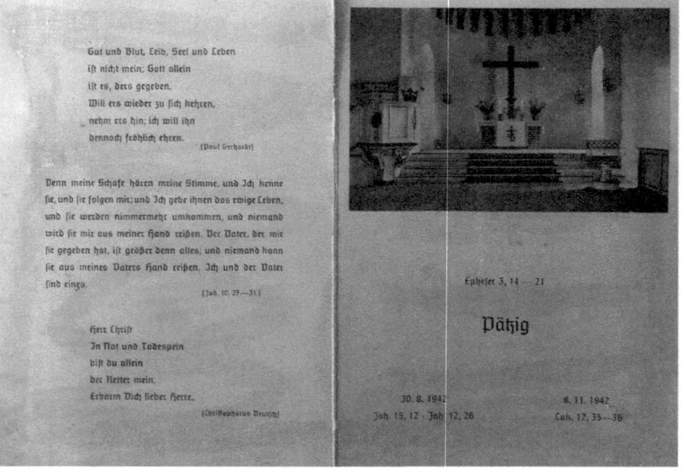

Gut und Blut, Leib, Seel und Leben
ist nicht mein; Gott allein
ist es, ders gegeben.
Will ers wieder zu sich kehren,
nehm ers hin; ich will ihn
dennoch fröhlich ehren.
(Paul Gerhardt)

Denn meine Schafe hören meine Stimme, und Ich kenne sie, und sie folgen mir; und Ich gebe ihnen das ewige Leben, und sie werden nimmermehr umkommen, und niemand wird sie mir aus meiner Hand reißen. Der Vater, der mir sie gegeben hat, ist größer denn alles; und niemand kann sie aus meines Vaters Hand reißen. Ich und der Vater sind eins.
(Joh. 10, 27—31)

Herr Christ
In Not und Todespein
bist du allein
der Retter mein.
Erbarm Dich lieber Herre.
(Christophorus Deutsch)

Epheser 3, 14—21

Pätzig

30. 8. 1942
Joh. 15, 12 · Joh. 12, 26

8. 11. 1942
Luk. 12, 35—38

Todesanzeige für den Vater Hans und den ältesten Bruder Maximilian von Wedemeyer

Lalas Elternhaus in Pätzig

Apsis der Kirche in Pätzig zur Hochzeit der ältesten Schwester Ruth-Alice mit Klaus von Bismarck

1945

„Als wär's ein Stück von mir"[17] – Abschied am 28. Januar 1945

Das Haus war in Aufruhr. Alle liefen hin und her, um irgendetwas zu suchen. Der Teppich im Herrenzimmer wurde zusammengerollt, die Unterlage weggenommen und als Dämmung in den hinter dem Haus bereitstehenden, schon mit Heuballen und Hafersäcken bis unter die Plane beladenen Treckwagen gelegt. Undenkbar, den guten Teppich solchen Strapazen auszusetzen! Maria, 20 Jahre alt, war aus Berlin gekommen. Eigentlich war sie dort nötig, um zu helfen, die Gefängnisse zu suchen und zu besuchen, in denen unter anderen Mitgliedern der Familie der Mann saß, mit dem sie sich vor Kurzem verlobt hatte: Dietrich Bonhoeffer.

Meine Mutter schrieb zwei Tage nach unserer Flucht einen Brief an Dietrichs Mutter Paula Bonhoeffer, die offenbar angeboten hatte, die Kinder aufzunehmen:

> „Liebe Frau Bonhoeffer! Pätzig, 30.1.45
> Ich mußte sehr hart gegen Sie handeln, verzeihen Sie bitte. Ich schickte Maria mit meinen drei Kindern, mit Frau Döpke und ihren zwei Kindern, mit der fieberkranken Fräulein Rath und der sehr zarten Frau Dimel trotz 12° Kälte und eisigem Ostwind im Planwagen nach Westen, Richtung Celle, wo Herrn Döpkes Verwandte in einem Dorf wohnen. – Ich brauchte sie jetzt bitternötig. Es ist eine Aufgabe, die eigentlich weit über ihre Kräfte geht. Sie hat einen Polen als Kutscher und die 3 besten Ackerpferde. Beten Sie mit darum, daß sie dieser harten Sache gewachsen ist. – Wenn alles gut geht, werden sie 14 Tage unterwegs sein. Aber inzwischen hat es sehr geschneit und

gestürmt. – Von Berlin wurde mir sehr abgeraten. Wir danken Ihnen von Herzen für die Bereitwilligkeit, die Kinder aufzunehmen. (...) Vielleicht kommt hier bald der Befehl zum gemeinsamen Treck. Wir bereiten alles im Geheimen vor. Ich hoffe, daß ich der Rettung der Menschenleben und der Bewahrung vor Panik noch dienen kann. Maria will, wenn sie die Kinder dort installiert hat, sich wieder zu Ihnen durchzuschlagen versuchen. Aber es wird geraume Zeit dauern. –
Gott wolle sich erbarmen und Sie und die Ihrigen behüten, und allzu lange Leiden ersparen. Ob wir uns hier oder drüben wiedersehen, das steht bei Ihm. Auf alle Fälle dürfen wir darauf uns unsagbar freuen.
Nehmen Sie meinen Dank für alle mütterliche und väterliche Liebe, die Sie meinem Kind gewähren und gewährt haben.
Ihre Ruth Wedemeyer[18] “

Nun sollte Maria den Treck leiten. Mit dem besten praktischen Verstand ausgerüstet, ergriff sie ein Tablett mit Silberbesteck, das gerade von einem Dienstmädchen frisch abgewaschen aus der Küche im Keller nach oben getragen wurde, und kippte das Silber ungezählt in einen bereitstehenden Koffer. Die Fotoalben! Die dicken Wagenpelze! Kochgeschirr! Die Andachtsbücher! Wir Kleinen durften oben im Haus im Kinderzimmer einen Rucksack, damals eher ein Beutel, mit Anziehsachen, Haar- und Zahnbürste füllen. Mehr nicht! Am Morgen, es war Sonnabend, hatte unsere Mutter uns einzeln in ihr Arbeitszimmer kommen lassen und uns hinter ihrem Schreibtisch sitzend über diesen hinweg eröffnet, was uns bevorstand. „Ihr müsst Pätzig verlassen. Die Russen kommen. Ich muss hierbleiben und mich um die Leute kümmern." „Die Leute", das waren alle, die auf dem Hof für uns arbeiteten. Ich hatte zwei Bitten geäußert: „Darf ich bitte hierbleiben und dein Kutscher sein, wenn du fliehst?", und als sie entschieden nein sagte, kam die zweite Bitte: „Darf ich bitte Lampri mitnehmen? Ich kann sie hinten an den Treckwagen anbinden." Lampri, mein Pferd, ein Stutfohlen, war inzwischen vierjährig. „Nein, auf keinen Fall!"

Alles war auszuhalten, Lampri hierzulassen nicht. Ich musste mich fügen. Ich rettete mich in den Gedanken, dass es ja nur vorübergehend sein würde und wir wieder zurückkämen, wenn die Deutschen die Russen zurückgedrängt haben würden. Ich ging noch in den Stall, um mich von den Pferden zu verabschieden, die meine nächsten Freunde und täglichen Begleiter waren. Die Gute Sieben, die Schimmelstute meines Vaters, Putz, das Pony, das uns Kindern gehörte, Hannibal und Kato, die braunen Kutschpferde, der Schwarze Peter, das Reitpferd des Verwalters und der junge Fuchshengst, den auch nur ich fahren durfte, und Lampri. Sie alle mussten hierbleiben, denn der Treckwagen würde von drei ruhigen braunen Ackerpferden gezogen werden, die sich nicht durch Schüsse verrückt machen ließen, hatte meine Mutter gesagt. Ich schloss die Stalltür. Genau an dieser Stelle würde exakt vier Tage später der schon betagte Stallknecht Herr Berger erschossen werden, als er versuchte, „seine Pferde" gegen die Russen zu verteidigen.

In der Eile, es war erst im Laufe des Tages klar, dass wir am nächsten Morgen in aller Frühe heimlich den Hof verlassen sollten, waren sorgfältige Überlegungen, was mitzunehmen sinnvoll wäre, nicht möglich. In ihrem Fluchtbericht beschreibt meine Mutter, dass sie tags zuvor von dem Mühlenbesitzer Karge, der ein guter Freund war und der besser als sie über die Lage an der Front informiert war, den dringenden Rat

bekommen hatte zu fliehen. In einem Brief von der Front vor Stalingrad drei Jahre zuvor hatte mein Vater ihr geschrieben, dass sie die Kinder in den Westen schicken sollte, wenn es so weit käme. Damit war für sie klar, dass sie selbst bleiben sollte. Nun waren unendlich viele Entscheidungen zu treffen. Wer von den vielen Menschen im Haus sollte mitfahren dürfen? Alles musste heimlich geschehen, denn die Behörden hatten ein Treckverbot verhängt. Die Fluchtroute musste festgelegt werden. Wo waren Verwandte oder Bekannte, die uns nachts aufnehmen konnten? Es war bitterkalt. Welche Nachbarn konnte man noch irgendwie warnen? Ganz sicher nicht übers Telefon. Das konnte abgehört sein. Welche Gegenstände in der ferneren Zukunft vielleicht gut zu haben wären, wie z.B. Urkunden, soweit reichten die Gedanken nicht. Der Platz im Wagen war begrenzt durch Pferdefutter und die Zahl der Personen, die darin mitfahren durften. Wir Kleinen, Christine (15), Peter-Christian (8) und ich (12) wurden ins Bett geschickt, es sollte frühmorgens losgehen. Mutter und Maria werden noch lange im Herrenzimmer an dem großen Schreibtisch gesessen haben, um die Route festzulegen.
In den frühen Morgenstunden fuhr der mit einer großen Plane überspannte Gummiwagen mit drei braunen Ackerpferden bespannt und von einem polnischen Gespannführer gefahren den langen Hofhang hinab, an der riesigen Feldsteinscheune und den beiden großen Schafställen vorbei auf die Chaussee nach Warnitz. Neben Maria, Christine, Peter und mir versteckten sich noch die Frau des Verwalters mit ihrer 11 Monate alten Tochter und ihrer 7-jährigen Cousine Annegret und die Kunsthistorikerin mit ihrer Freundin im Wagen.
Kurz darauf folgte dem Gespann ein Schlitten. „Jetzt machen se sich vonnen Acker“, sagte ein Junge aus dem Bauernende, der

vom Frühsport kam und die Fuhrwerke beobachtete. Glücklicherweise war er nicht der Sohn des Bürgermeisters, einem strammen Nationalsozialisten. Wir drehten die Hafersäcke, die vorn als Sitze standen und hinter denen wir uns versteckt hielten, um. Darauf stand in großen Buchstaben, nun versteckt: „RITTERGUT PÄTZIG".
Am Ortsende unseres Nachbardorfes Warnitz stehend sah sie den mit dem ihr Liebsten beladenen Planwagen zwischen den die Chaussee säumenden Obstbaumreihen kleiner und kleiner werden, bis er schließlich in der Ferne verschwand. Es war der 28. Januar 1945. Bis dorthin hatte sie uns begleitet.
Als meine Mutter den Treckwagen davonfahren sah, konnte sie nicht wissen, ob sie uns jemals wiedersehen würde.

Meine Mutter fand 25 Jahre nach ihrer Flucht einen Bericht wieder, den sie am 15. Februar 1945 auf ihrer eigenen Flucht geschrieben hatte:

» Liebe Kinder, Geschwister und Freunde!
Da ich in diesem gastlichen Haus auf meinem Weg zu den geflüchteten Kindern einen Ruhetag eingelegt habe, berichte ich Euch, was sich ereignet hat.
Am 26. Januar 1945 bekam Herr Döpke (der 1. Beamte in Pätzig) seine Einberufung, die ihn auf der Stelle zum Militärdienst rief. Ich fuhr augenblicklich mit der damals noch fahrenden Bahn nach Frankfurt zum Armee-Oberkommando. Unterwegs sah ich mit Schrecken den Strom der Flüchtlinge aus dem Osten, der Küstrin überschwemmte. Aber südlicher Richtung erreichte ich dennoch Frankfurt und erklärte dem I a, daß es völlig ausgeschlossen sei, mir in diesem Augenblick den leitenden Beamten von 6000

Morgen fortzunehmen. Eine totale Verwirrung könnte nur die Folge sein, zumal wir ja fast nur noch mit gefangenen Russen, mit Polen, Ukrainern, Italienern und Franzosen arbeiteten.
Ich weiß noch, daß ich sehr energisch wurde, die Herren fragte, ob Ihnen klar wäre, daß der Krieg endgültig verloren sei und es sich darum handele, nicht unsererseits das auf uns zukommende Chaos noch zu vergrößern, indem wir die fähigen Leute in Uniform steckten. Die Einberufung wurde annuliert.
Ich gelangte ziemlich schnell nach Bärwalde (25 km entfernt von Pätzig), bestellte mir dorthin von Pätzig einen Schlitten und suchte, nach all den Verlusten an Männern, den einzigen, mir noch maßgeblich erscheinenden unserer Gegend, den Mühlenbesitzer Karge, auf, um seinen Rat zu hören. Er war ein Freund von Vater Hans und hatte im Stahlhelm unter ihm vorzüglich gearbeitet.
„Sie müssen augenblicklich mit den Kindern flüchten, je schneller desto besser".
Ich wehrte mich, bis er mich fragte, ob ich riskieren wollte, daß meine Kinder in den Osten verschleppt und in Gemeinschaftserziehung gebracht würden.
Auf dem Heimweg traf ich Pastor Reck auf der Warnitzer Dorfstraße. Ich sagte ihm, ohne den Segen der Kirche, anders gesagt: ohne seine Zustimmung, würde ich es nicht fertigbringen, meine Kinder wegzuschicken. Er fand den Entschluß richtig.
Noch am gleichen Abend wurde der Treck vorbereitet und in der Nacht gepackt. Christine, Werburg, Peter-Christian, Frau Döpke mit Kind und Pflegekind, zwei sehr zarte und kranke Hausgäste, Grete Dimel und Else Rath, sollten im

Wagen unterkommen. Wir anderen wollten mit dem geplanten Dorftreck so bald als möglich folgen.
Der Entschluß dazu war der bis zu diesem Tag schwerste meines Lebens. Bei 12 Grad Kälte, eisigem Sturm und Glätte, tiefen Schneewehen auf den Straßen, mußte ich 10 Personen, das Liebste, was ich in Pätzig hatte, mit einem polnischen Kutscher und drei Pferden losschicken. Aber Maria, damals 20-jährig, war noch rechtzeitig aus Berlin gekommen, um die Führung zu übernehmen.
Sie war mein Trost.
Um möglichst wenig Aufsehen zu erregen, fuhr der mit Planen bespannte Wagen hinter dem Haus vor und wurde mit je einem Koffer für jeden beladen. Ich stieg mit ein, um den Abschied noch hinauszuziehen, stellte bei dem etwas abschüssigen Weg über den gepflasterten Hof fest, daß die Pferde ausrutschten und die Bremse für den schleudernden Wagen nicht genügte. Ich wußte, daß der Wagen auch die Oderberge herunter und wieder herauf bestehen mußte, ließ anhalten und einen Teil der Koffer unbarmherzig herauswerfen. Mein Schlitten, den ich mir für meine Rückfahrt nach Warnitz bestellt hatte, sammelte sie auf. Ich fuhr noch über Warnitz hinaus, aber der Abend kam herauf. Bis zum ersten Quartier in Bärwalde hatte der Wagen noch etwa 15 km zu bestehen. In der fast sicheren Aussicht, alle meine Lieben nicht wiederzusehen, vollzog sich der Abschied kurz und nüchtern, denn sie mußten eilen. Maria stieg mit aus. Von ihr ging Kraft auf mich über. In dem Augenblick, als ich allein im Schneesturm auf der Straße stand, begannen in Warnitz die Glocken zu läuten. Später vernahm ich, daß die Kinder, da über Nacht starkes Tauwetter eintrat, am nächsten Morgen, in dem

wahrscheinlich letztmöglichen Augenblick die Oder noch zu Fuß über die Eisschollen hinweg überquert haben, der Wagen durch den Kutscher von Hand geführt.
Für uns alle war dieser Abschied sehr hart, für mich kam noch die Sorge hinzu, daß ich sie alle womöglich – anstatt sie zu retten – ins Verderben schickte.[19] "

Meine Mutter mochte die Herausforderung. Ihr Mann, der Märchenprinz, der sie entdeckt hatte, das Liebste, was sie hatte, war gefallen. Auch ihr ältester Sohn war tot. Was hielt sie noch in Pätzig? Es hielt sie die preußisch-christliche Pflicht, die ihr übertragene Verantwortung für die Belegschaft des Hofes. Sie war nicht die einzige Gutsbesitzerin, nicht die einzige „gnädige Frau", die in dieser Situation so entschieden hat. Ohne sie, so dachten diese Frauen, wären „ihre Leute" führungs- und orientierungslos. Diese Pflicht war ihr noch, wenn auch nur für wenige Tage, geblieben. Mit ihren Kindern zu fliehen, wäre für sie wie Fahnenflucht gewesen. Sie blieb allein zurück, um die ihr – so sah sie das – von Gott und von ihrem Mann gestellte Aufgabe zu erfüllen.
Ihre vier minderjährigen Kinder fuhren gen Westen. Und sie verharrte getreu dem über Jahrhunderte gewachsenen Pflichtbewusstsein ihrer preußischen Familie. Sie kannte die Gefahr, aber sie hatte ihre Lieben in die größtmögliche Sicherheit geschickt. Hatte sie keine Angst? Hielt sie sich, wie ein Soldat, der ins Feld zieht, letztlich für unverwundbar? Oder hielt sie es für denkbar, dass sie uns tatsächlich nie wiedersehen würde? Seit dem Tod von Max waren wir nur noch sechs. Vielleicht war auch ein Stück Fatalismus dabei. Aber dessen bin ich mir sicher, sie sah ihr Leben in Gottes Hand. Er entschied letztlich darüber, was aus ihr würde. Diese Überzeugung machte sie stark und unerschrocken.

Sie stieg in den Schlitten, der gekommen war, um sie abzuholen. Ich sehe sie auf den Bock steigen, mit den Lederhandschuhen die Leine greifen und sie auf den Rücken der Pferde fallen lassen, wenden und den nach Haus strebenden Pferden freie Hand lassen. Es war ihre letzte Fahrt auf eigenem Boden.
Dieses Bild, der zurückfahrende Pferdeschlitten in der weiten östlichen Winterlandschaft, ist für mich Sinnbild für den Abschied von einer Lebensform. Einer Lebensform, in der Mensch, Landschaft und Tiere, eigenverantwortliches Handeln, Herz und Verstand in einer Aufgabe miteinander verbunden waren. Ich denke, dass hier Mensch und Natur zur größtmöglichen Freiheit ineinander verschmolzen waren. Ich kann meine Mutter verstehen, dass sie uns zu retten versuchte, selbst aber blieb.
Am nächsten Tag bekam sie die Nachricht, dass ihre Kinder heil über die Oder gekommen und in Richtung Westen weitergefahren waren. Herr Döpke bewahrte sie drei Tage später wahrscheinlich vor dem Tod, als er sie dringend aufforderte, das Gutshaus zu verlassen und zu fliehen.
Dann waren die Russen im Dorf. Der Schmerz, dass sie „ihre Leute" zurücklassen musste, verließ sie nicht, er mischte sich in den Schmerz um die unwiederbringlich untergegangene Heimat. Sie gab dem Schmerz ab und zu Ausdruck, aber ihre Tapferkeit, so scheint mir, verbat ihr zu trauern oder gar zu verzweifeln. Nicht ein Mal, nicht ein einziges Mal hat sie sich vor uns beklagt, nicht einmal von „Zurückhaben-wollen" gesprochen, nicht einmal den „Anderen" Schuld zugewiesen. Wie Hiob sagte sie: „Der Herr hat's gegeben, der Herr hat's genommen, der Name des Herrn sei gepriesen." Das war eine Leistung, auf die sie hätte stolz sein können. Aber, so wichtig ihr Leistung war, Stolz erlaubte sie sich nicht.

Unsere Flucht

Es muss am ersten Tag nach unserem Abschied aus Pätzig gewesen sein. Wir hatten bei dem Mühlenbesitzer Karge in Bärwalde übernachtet. Maria hatte morgens in der Küche einen Schokoladenpudding gekocht. Der stand nun zwischen dem Holzschott, das die Ladefläche des Wagens seitlich begrenzte, und der über den Wagen gespannten Plane eingeklemmt, damit er abkühlte. Ich fuhr. Der Weg ging durch einen tief verschneiten Wald. Hier war kein Schneepflug durchgefahren, denn im Wald gab es keine Schneewehen, und so konnten die Pferde die Wagen durch den frischen Schnee ziehen. Nachdem mehrere Fuhrwerke durch solch einen Wald gefahren waren, entstanden so drei Rillen, in denen die Pferde und die Wagenreifen liefen. Das Beipferd rechts lief in der dritten Spur. Es war üblich, einem entgegenkommenden Fahrzeug auszuweichen, indem das leichtere Fahrzeug nach rechts in den Schnee auswich und dem entgegenkommenden Fahrzeug die beiden linken Spuren überließ. Das Beipferd mochte das natürlich nicht und musste manchmal mit der Peitsche überredet werden. Da kam mit Getöse und schnell ein Armeelaster auf mich zu. Ich gab dem Beipferd die Peitsche, weil es nicht in den tiefen Schnee wollte und wich nach rechts aus. Der Laster verlangsamte seine Fahrt nicht. Er würde keine Rücksicht nehmen. Leider gelang es mir nicht, schnell genug zwei Spuren frei zu machen. Der Laster sauste vorbei. Aber wir blieben nicht stecken, und abgesehen vom Schreck schien nichts passiert zu sein. Als wir mittags den Schokoladenpudding essen wollten, war der mitsamt dem einzigen Kochtopf weg. Der Laster hatte die Plane aufgerissen.

Die drei Ackerpferde streiften nahezu mit ihren Nüstern die eisige Haut des steilen westlichen Uferhangs der Oder – zwei

kräftige Braune mit schwarzer Mähne an der Deichsel und ein kleineres Beipferd rechts daneben. Ihre Farbe glich der Plane des Wagens, vor den sie gespannt waren, ein gummibereifter flacher Ackerwagen, der in der Landwirtschaft zum Transport von Zuckerrüben, Kartoffeln, Mist und Getreidesäcken gebraucht wurde. An diesem Morgen war er mit Menschen beladen. Die Schweife der Gäule waren so schwarz wie auch die ledernen Geschirre. Schwarz waren auch die Scheuklappen an den Trensen, die die Tiere daran hindern sollten, zu sehr zu erschrecken. Ein plötzlich auffliegender Fasan oder ein Hase, der aus einem Ackerloch floh, konnte so ein Gespann in wilde Flucht versetzen und Kutscher und Wagen in ernste Gefahr bringen. Jetzt waren es eher daher donnernde Armeefahrzeuge oder tieffliegende Flugzeuge mit knatternden Maschinengewehren an Bord, die die Pferde erschrecken konnten. Schwarz waren auch die Fesseln der Tiere und die Hufe im weißen Schnee, mit denen sie den schwer beladenen Wagen über den gefrorenen Fluss gezogen hatten.
Jedes Kind hier wusste, dass in den überschaubaren Jahren zuvor der Fluss nur ein Mal zugefroren war. Das war Jahre her. Bitterkalt musste es schon sein, eh der Frost die starke Strömung der Oder zu bändigen vermochte. Dies war ein solch erbärmlich kalter Winter. Die Kinder unter den Passagieren im Wagen hatten so etwas noch nicht erlebt. Der Kleinste und Leichteste, mein neunjähriger Bruder Peter, war zuerst gegangen. Wir hatten dem Eis nicht getraut. Es krachte furchterregend. Zuletzt, nachdem die anderen im Gänsemarsch dem Kleinen gefolgt waren, fuhr Poniedcialek – wir nannten ihn Pummitschalek –, ein polnischer Kriegsgefangener, dem meine Mutter vertraute, den Wagen mit dem Säugling, der warm verpackt im Heu lag, herüber. Das bei Tauwetter gebrochene und dann wieder zu-

sammen gefrorene Eis hatte dem Gewicht des Wagens und der Pferde standgehalten. Gott sei Dank!
Das feine Geflecht der Äste der die Ufer der Oder säumenden Bäume war mit Raureif umkleidet wie mit Zuckerguss. In den frühen Morgenstunden des 29. Januars 1945 umhüllte dichter Nebel die einsame Landschaft. Der Nebel umschloss alles Sichtbare wie mit Watte, auch die Stimmen der kleinen Gruppe von Menschen am Ufer. Die Hufe der Ackergäule suchten Halt im Hang, ihre Fesseln widersetzten sich der Schwerkraft der Erde, die den beladenen „Gummiwagen" festhalten und zurück zum Fluss ziehen wollte. Pummitschalek hielt Leine und Peitsche in seinen Händen. Er trieb die Pferde mit eindeutigem, sie unerbittlich voranzwingendem „Hüa Hüa" an. Jede Spur einer Lockerung der Stränge beobachtend trieb er die drei Gäule mit Schwüngen der langen Fahrpeitsche voran. Die Tiere spürten seine Unerbittlichkeit. Es gab kein Zurück. Nur ein gerissener Strang hätte sie aufgehalten, dann wäre der Wagen mit dem Baby ins Flussbett zurückgerollt. Die Entschlossenheit des Mannes übertrug sich unmittelbar auf die Pferde. Er hatte selbst Mühe, mit ihnen Schritt zu halten. Er drückte seine Fußspitzen in den Schnee, jeder Tritt ein kleiner Sieg gegen die Härte des gefrorenen Bodens. Auf der Uferhöhe beobachteten gespannt ein paar Gestalten, ob den Pferden der Anstieg gelänge. Uns Kindern machte die Kälte nichts, die Alten froren. Wir warteten, von einem Fuß auf den anderen tretend und die Hände kreuzweise auf den eigenen Rücken schlagend. Der Nebel gefror in den Augenbrauen der Menschen. Der Atem der Pferde strömte in sichtbaren Stößen aus ihren Nüstern. Als die Pferdeköpfe am Rand der Böschung auftauchten, löste sich zuerst die junge Mutter aus der Gruppe und lief dem Wagen entgegen. Ihr Baby, das sie der bitteren Kälte wegen im Kinderwagen dort mitten

im Heu hatte lassen müssen, schrie. Ihre Entscheidung, den Winzling nicht dem möglichen Tod durch die Kälte auszusetzen, dafür aber seinen Tod durch den Einbruch des schweren Ackerwagens im Eis zu riskieren, muss nahezu über ihre Kräfte gegangen sein. Aber es war Krieg, und da galten andere Gesetze. Es waren harte Gesetze, die tagtäglich Opfer forderten. Die Menschen waren schon lange an den möglichen augenblicklichen Tod gewöhnt. Sie hatten keine Wahl. Und vielleicht auch, weil es alle traf, nahmen sie, was geschah, nahezu mit Gleichmut hin. Das Thermometer zeigte 16 Grad minus. Der Planwagen, zur Hälfte vollgestopft mit Futter für die Pferde und zur anderen Hälfte mit fünf Kindern und fünf Erwachsenen, fuhr langsam am westlichen Ufer der Oder entlang und den Berg von Wriezen hinauf in Richtung Hohenfinow. Der Schnee auf der asphaltierten Chaussee lag dicht gepackt. Er war von den Reifen der Ackerfuhrwerke und Militärlastwagen glattgebügelt worden. Die Hufe der Pferde rutschten trotz der eingeschraubten Stollen, sie fanden kaum Halt. Pummitschalek sprang vom Wagen. Er setzte zwei eisenbewährte Holzkeile unter die hinteren Gummireifen. Nach und nach kletterten vier Kinder, zwei junge Frauen und zwei alte Damen aus dem Wagen. Einige von ihnen begannen, zu Fuß den langgezogenen Hang hinaufzuwandern. Das Baby blieb warm eingepackt im Treckwagen liegen. Ich fasste die Ferse eines Pferdes, gehorsam winkelte es die Fessel an. Ich legte sie auf mein Knie und hielt den Huf fest. Pummitschalek entfernte die kurzen Stollen, befreite die Schraublöcher im Hufeisen von Eis und schraubte längere Stollen hinein. Als wir schließlich langsam den Hang hinauffuhren, war es schon Abend.

Oben auf dem Berg stand ein Schloss, ein Bilderbuchschloss, inmitten eines kleinen Dorfes, mit Zinnen und Türmchen, efeu-

bewachsen und mit einer geschwungenen Einfahrt, unter säulengetragenem Vordach. Der herrschaftliche Besitz derer von Bethmann Hollweg. Es fiel nicht auf, dass wir noch kein Abendbrot gegessen hatten. Die Küchenmamsell war schon im Bett. Gut, dass wenigstens für die Pferde genug Futter im Wagen lag. Die Pferde wurden im Kuhstall des großen Hofes untergestellt. Hier waren wir noch die neuen Gäste, nicht die ersten Flüchtlinge, denn die ‚große Flut' hatte noch nicht eingesetzt.
Wir betraten das Schloss durch Flügeltüren. Pummitschalek wollte bei den Pferden im Stroh schlafen. Eine Dame mittleren Alters mit weißer Schürze hieß uns willkommen und führte uns in die Halle. Breite Treppen mit dunkel poliertem Geländer schwangen sich an beiden Seiten in die Höhe. Das prächtige Treppenhaus mündete in einer Balustrade. Ahnenbilder schmückten die dunkel gemustert tapezierten Wände. Wir stiegen die Stufen hinauf. Unsere Begleiterin öffnete eine weiß lackierte mächtige Doppeltür. Sie gab den Blick in ein prachtvolles Schlafzimmer frei. Ein riesiges Doppelhimmelbett mit weißen, gerafften Gardinen prangte vor der gegenüberliegenden Wand! Der Raum war hoch und eisig kalt. Im Bett lagen dicht nebeneinander einige aus unserer Fluchtgruppe. Ein bisschen erhebend war der Gedanke, dass hier Fürsten und vielleicht sogar Könige geschlafen hatten. Dieses Prachtbett sollte nun auch mich in dieser Nacht beherbergen. Es war, als sollte es wie das Finale einer Symphonie den Schlusspunkt hinter unsere Herkunft setzen. Aber da konnten wir noch nicht wissen, dass es für unabsehbare Zeit tatsächlich unsere letzte Nacht in herrschaftlichen Gemächern war. Auch für dieses Bett würden die guten Zeiten bald vorüber sein. Aber das konnte auch niemand wissen. Konnte denn irgendwer ahnen, dass es deutsche Fanatiker sein würden, die die meisten Schlösser der Mark Brandenburg dem

Erdboden gleich machen würden, nachdem diese im Krieg noch davongekommen waren? Wahrscheinlich gehörten wir zu den Letzten, die dort eingeladen unter der Seidendecke schliefen. Das Bett hatte Platz für fünf. Vier Kinder und die junge Mutter. Das Baby schlief in der Familienwiege der Familie von Bethmann Hollweg. Ich kroch hungrig zu den Geschwistern unter die Decke, die hohe Pracht des Raumes wirkte abweisend. Sehnsucht überfiel mich nach etwas, das ich nicht benennen konnte. War es Heimweh, Mutterweh? Gern hätte ich das Prachtbett mit meinem cremegelb gestrichenen Holzbett im Kinderzimmer zuhause getauscht, gern Mutter in Sicherheit gewusst. Was war mit ihr? Warum hatte sie mein Angebot, sie auf ihrer Flucht mit dem Einspänner zu fahren, nicht angenommen? Ich wusste doch, dass ich besser mit Pferden umgehen konnte als sie. Ich hätte ihr helfen können. Warum hatte sie mich zurückgewiesen? Ich verstand es nicht. Meine Sehnsucht ließ sich nicht an einem einzelnen Ding oder Menschen festmachen. Vielleicht am ehesten an meinem Pferd Lampri, dem Fohlen, das ich hatte zurücklassen müssen. Was würde aus ihm werden? Noch heute ist die Liebe zu diesem Tier da. Sie ist wie ein am Ende abgeschnittener, ins Leere reichender Faden. Eh weitere sinnlose Gedanken mich überfallen konnten, drehte ich mich unter die Decke und schlief gewärmt von meinen Geschwistern ein.

Die Familie derer von Bethmann Hollweg war geflohen. Die freundliche Haushälterin richtete uns ein Frühstück am nächsten Morgen. Die Pferde waren gefüttert, die Stollen wieder in die Hufeisen geschraubt. Es taute. Der gepresste Schnee auf den Straßen war jetzt mit Wasserglanz überzogen. Wir krochen in unsere Wagenpelze und fuhren gen Westen. Weggeblasen wie vom Wind war die Trübsal der Nacht. Abenteuer lag in der Luft. Wie anders sieht die Welt doch aus, wenn man einen vollen

Magen hat und im warmen Heu sitzend gefahren wird. Wie wir es von zuhause gewöhnt waren, las Maria uns die Morgenandacht. „Die Nacht ist vergangen, der Tag ist herbeigekommen, lasset uns wachen und nüchtern sein und abtun, was uns träge macht. Lasset uns laufen mit Geduld in den Kampf, der uns verordnet ist."

Wir hatten nur das Allernötigste mitgenommen. Aber zwei Bibeln, das Tagzeitenbuch der Michaelsbrüder und in Goldschnitt gefasste Gesangbücher lagen griffbereit im Rucksack neben dem Bock. Die ‚heilige Literatur' hätte Mutter als Letztes herausgeworfen am Tag der Abfahrt, als sie noch einmal versuchte, den Wagen zu erleichtern, weil die Pferde schon am Hofhang ins Rutschten gerieten. Aber eigentlich brauchten wir die Gesangbücher gar nicht, denn die von uns geliebten Lieder konnten wir auswendig, und für die Strophen ab der dritten oder vierten, wo ich versagte, war meine Schwester Christine zuständig. „Behüte Mutti und Donti und Jandi und Herrn Döpke und Hönsche und Wimmelchen und Lampri und Putz und, und ... und mach, dass wir bald wieder zurückkommen. Amen." Und abends: „Dein ist der Tag und Dein ist die Nacht. Lass, wenn des Tages Licht erlischt, das Licht Deiner Wahrheit uns leuchten."[20]

Dann folgten trübe Tage, als hätte der Nebel der Oder sich mit uns auf den Weg gemacht.

Die weißen Schleifen in meinen Zöpfen waren längst herausgerutscht und verlorengegangen. Bindfäden, Strippen genannt, am Ende in die Haare hineingeflochten und straff gebunden, hielten meine Haare in Zucht. Zu gut hatte ich die Geschichte der Wolgakinder, die Mutter uns abends vorgelesen hatte, in Erinnerung. Die Wolgakinder hatten während der Revolution in Russland gelebt. Sie flohen in einem Güterzug von Moskau nach

St. Petersburg, und das so wie wir, ohne ihre Mutter. Das kleine Mädchen in der Geschichte hatte vergessen, ihren Kamm mitzunehmen, und musste damit leben, dass ihre Zöpfe verfilzten und verlausten. Das hatte sie als schlimmer empfunden als Hunger und die Ungewissheit, was mit ihr in der Zukunft geschehen würde. Ich hätte sicher auch meinen Kamm vergessen, wenn mir diese Geschichte nicht lebendig vor Augen gestanden hätte. Ich saß jetzt auf einem Strohballen, die dunklen, mit Lederbalsam geseiften Riemen der Zügel in der linken und die lange Fahrpeitsche in der rechten Hand. Neben mir saß Pummitschalek. An einem Kettchen um seinen Hals hing ein winzig kleines Kruzifix aus Metall. Dieses Kreuz war der Grund dafür, dass Mutter ihn aus der Gruppe der polnischen Kriegsgefangenen am Hof ausgewählt und ihn gefragt hatte, ob er bereit sei, ihre Kinder in den Westen zu begleiten. Dieser Mann hatte es als seine Christenpflicht angesehen, ja zu sagen und die Kinder seiner Feinde zu retten. Kinder eines Landes, das sein Land wieder und wieder bedroht, gedemütigt, zerstört, vom Nachbarn einverleibt gesehen hatte und das unzählige seiner Landsleute umgebracht hatte. „Ich weiß nicht", hatte er auf meine Frage, warum er mit uns führe, geantwortet. Mutter hatte ihm nichts versprechen können. Nun fuhr er seiner eigenen Befreiung davon. Wir vertrauten ihm blind. Er sorgte für die Pferde als seien sie seine eigenen, schlief bei ihnen des Nachts, bewachte den Wagen vor Dieben und blieb uns gegenüber der „Pferdeknecht", der er in Pätzig gewesen war. Wieso in aller Welt tat er das?
Es war das erste Mal in meinem Leben, dass ich floh. Alles war aufregend neu. Wenn die Fahrt mal eintönig wurde, dachten wir uns Spiele aus, um die Zeit zu verkürzen. Ich hatte meine am meisten geliebten Tiere vor mir – Pferde! Viel mehr brauchte ich nicht, um zufrieden zu sein.

Die Flucht wurde zum Alltag. Als wir so dahinfuhren, versuchte ich, Worte in Farben zu sortieren.

Aus Rittergeschichten und aus Berichten der Vorfahren hatte ich gehört, dass mutigen Menschen besondere Achtung entgegengebracht wird. Menschen, die sich der Gefahr stellen und nicht davonlaufen, waren bewundernswert, man nannte sie große Menschen. Karl der Große oder Friedrich der Große zum Beispiel. Sie hatten gekämpft und gewonnen.

In der Bibliothek meines Vaters gab es eine bebilderte Chronik mit einem unvergesslichen Bild: Ein Pandur zielt mit seiner langen Büchse auf Friedrich den Großen. Dieser hält ihm entgegen: „Du, du hast ja kein Pulver auf der Pfanne!“ Das war ein Vorbild. ‚Tapferkeit‘ war ein helles Wort, hellrot. Das Wort ‚Flucht‘ war eins der dunklen Worte, es war dunkelbraun. Braun war ein Unwort. Hundescheiße war braun, die Nazis waren braun. „Angsthase, Pfeffernase“ wurde jedem, der vor einer Mutprobe auf dem Schulhof kniff, entgegengerufen. Der hakenschlagende Hase, der es dem Jäger schwer macht, zum Schuss zu kommen, war kein Vorbild. ‚Flucht‘ ist ein feiges Wort, dachte ich.

Jeder Mensch will zu den Siegern gehören. Das wollte ich auch. Es fühlt sich gut an, wenn man gewinnt. Jetzt gehörte ich zu den Feigen, die ausreißen, die sich davonmachen. Wir flohen. Ich wäre so gern geblieben, um meine Mutter zu beschützen. Das traute ich mir zu, aber sie hatte es mir nicht zugetraut. Das war bitter. Was ich liebte, war dort geblieben. Es schien mir in meiner Welt noch nicht vorgekommen zu sein, dass es keine Lösung für ein aktuelles Problem gab. Wenn man sich nur genug anstrengte und schlau genug war, dann müsste es möglich sein, die rettende Idee zu finden. Man lässt, was man liebt doch nicht im Stich! Aufgeben war nur erlaubt, wenn alle Stränge rissen. Die Gelegenheit zu beweisen, dass ich tapfer und widerstands-

fähig war, hatte ich dieses Mal nicht bekommen. Der Gedanke, dass Pätzig unrettbar verloren war, war noch außerhalb jeder Vorstellung. Er tauchte erst viel, viel später auf.
Meine Schwester lag mit Kopfschmerzen hinten im Wagen. Das Schlimmste daran war, dass ich die Kopfschmerzen verursacht hatte. Lieber, als schuld an ihren Schmerzen zu sein, hätte ich selbst Kopfweh. Die Schuld drückte mich. Sie war vorbildlich tapfer. Ich war mir nicht sicher, ob ich das gut oder schlecht fand. Ich schämte mich für diesen Gedanken. Immer war sie so viel besser als ich. Mein Neid und meine Gewissensbisse waren leider nicht zuhause geblieben.
Was war passiert? Genau eine Woche, eh wir flohen, an einem Sonntagnachmittag, hatte Mutter mich geschickt, die Pferde anzuspannen. Sie wollte den Knecht am Sonntagnachmittag nicht stören. Ich hatte den Pferdeschlitten vor das Gutshaus gefahren und hatte dort darauf gewartet, dass die Familie aus dem Haus kommen und in den Schlitten steigen würde. Die Pferde waren unruhig. Es war ein herrlich klarer, sonniger Wintersonntag. Tief eingeschneit lag das Gutshaus neben der hohen alten Linde, die ihre Zweige bis auf den Boden hängen ließ. Unter den Zweigen lag nie Schnee, wie unter einem Gewölbe. Das Rondell vor dem Haus war vom tiefen Schnee freigepflügt worden. Der glattgetretene Boden war steinhart gefroren. Eine Schlittenfahrt durch Feld und Wald mit Mutter und den Geschwistern sollte ein Vergnügen sein und wie üblich den Sonntag aus den Alltagen der Woche herausheben. Im Schlitten lagen für jedermann dicke Fahrpelze, denn bei bis zu sechzehn Grad Minus ist das Pferdeschlittenfahren ohne Pelze kein Spaß. Bei solchem Wetter frieren sogar die Pferde, wenn sie aus dem warmen Stall geholt werden, obwohl sie ihr Fell auf der Haut tragen. Hannibal und Kato, die Kutschpferde, wollten sich am liebsten warmlaufen

und mussten doch stehen, bis alle nach und nach aus dem Haus herausgetrödelt kamen und im breiten Schlitten Platz nahmen. Ich stand neben dem Schlitten, die Zügel in der Hand, als es geschah. Meine Schwester Christine, sie war 14, zwei Jahre älter als ich, war auf einen der Brettersitze gestiegen. In diesem Moment zogen die Pferde kurz an. Nur ein kleiner Ruck. Christine fiel rückwärts vom Schlitten und schlug mit dem Kopf auf den gefrorenen Boden. War sie bewusstlos? Ich entsinne es nicht. Aber eines war klar, ich war schuld. Ich hätte, so war das Gebot, vor den Pferdeköpfen stehen müssen, statt seitwärts mit der Leine in der Hand. Hätte ich das beachtet, wäre nichts passiert. Aber es war passiert. Sie hatte eine Gehirnerschütterung, und weil wir fliehen mussten, hatte sie sie nicht auskurieren können.

Nun lag sie im ruckelnden Fluchtwagen und hatte Kopfschmerzen.

Die vorüberziehende Landschaft, die Dörfer, durch die wir fuhren, waren fremd. Die Landschaft wirkte seltsam kahl, abweisend, leer.

Zuhause strömte im Winter tagsüber aus den Ställen warmer einladender Mistgeruch. Die Türen zum Hof standen offen. Die Pferde- und Ochsengespanne gingen ein und aus, je nachdem wann und wo sie gebraucht wurden. Die Gänse und Hühner liefen auf den Höfen und den dampfenden Misthaufen herum und wir Kinder mit ihnen. Immer war irgendwo mindestens ein Arbeiter oder ein Gespann zu sehen, vor der Schmiede wurde ein Pferd beschlagen, vor der Schlosserei ein Trecker repariert, vom Kornspeicher Getreidesäcke auf einen davorstehenden Wagen mit der Seilwinde heruntergelassen, ein Schneepflug kam nach Hause, nachdem er den Hofhang freigelegt hatte, Arbeiter mit Forken warfen von dem riesigen Misthaufen den Mist auf einen Wagen, damit er auf einem Schnee bedeckten Feld verteilt werden konnte, Frauen trugen Melkeimer über den Hof, um die Kühe zu melken. Immer war irgendetwas los.

Hier lockte mich keine offene Tür. Die Menschen und Tiere hatten sich in ihre Häuser verkrochen. Ein dampfender Misthaufen hier und da. Seltsam eingeigelt kamen mir die Dörfer vor. Weiter, immer weiter weg von zuhause rollten die Gummiräder mit jeder Umdrehung und mit jedem Hufschlag der Ackergäule. Wie eine tickende Uhr die Zeit hinter sich lässt, so zählten die Hufe der Pferde die Entfernung von Pätzig, von Mutter, von der geliebten Kinderfrau Donti, meinem Fohlen Lampri und all den vielen anderen Tieren und Menschen. Aber, ich tröstete mich, es bestand kein Zweifel, wir würden bald wieder zurückfahren. Hatte irgendjemand versucht, uns mit diesem falschen Versprechen zu trösten? Ich bezweifle das. Wir ließen das Undenkbare nicht an uns heran. So war es dann ganz interessant und abenteuerlich, durch unbekannte Landschaft zu fahren und nicht zu wissen wohin.

Meine Schwester Maria bestimmte die Route und beschloss, wo und wann wir anhalten und um Nachtquartier bitten wollten. Wenn wir gegen Abend in ein Dorf kamen, fühlte sich das für mich so ähnlich an wie in der Weihnachtsgeschichte, im Krippenspiel. Josef und Maria, die von Wirt zu Wirt gehen und um Herberge bitten. So etwa wie wir werden die, dachte ich, sich wohl gefühlt haben, als sie in Bethlehem ein Nachtquartier suchten.

Wir wussten nie, was uns im nächsten Dorf erwartete. Es war spannend und ein bisschen angstbeladen aber wirklich nur ein bisschen. Ob die Leute freundlich waren, wie es roch, ob sie einen zum Essen einluden, wo man schlief. Manchmal war es finster im Haus, und ich wollte am liebsten gleich wieder fliehen. Oder es war hell und freundlich, und ich durfte meinen kleinen

Bruder mitbringen und neben ihm schlafen, und es gab frische Bettwäsche, und morgens wurde uns Proviant für den nächsten Tag eingepackt. Man konnte vorher nie wissen, auf wen man traf. Man konnte ja auch gar nichts daran ändern. Wenn es einem nicht gefiel, musste man eben die Zähne zusammenbeißen.
„Nehmt die kleinen Straßen, meidet die großen Chausseen, dort bewegt sich das Militär", hatte Mutter gesagt. Sie hatte unseren Fluchtweg auf einer Generalstabskarte eingezeichnet. Die Route mied Berlin und streifte möglichst viele Dörfer, in denen Verwandte oder Bekannte vielleicht noch auf ihren Höfen saßen. Die Linie auf der Landkarte zeichnete eine nahezu gerade Strecke in den Westen.
Die Telefonverbindung zu unserer Mutter war jetzt unterbrochen. Ich sah sie in Gedanken noch im Haus inmitten all der geliebten Sachen und Menschen. Aber da waren jetzt nur noch unsere Kinderfrau Donti, die Köchin, der alte Diener und die jungen Küchen- und Zimmermädchen. Alle anderen Hausbewohner, die Hauslehrerin mit ihren Kindern, die Haustochter und die Evakuierten aus Berlin waren mit dem Zug in Richtung Westen abgefahren. Ziemlich leer und verlassen musste sich das Haus ohne uns anfühlen. Gut, dass Herr Döpke bei ihr geblieben war. Wenigstens ein Mann.
Wie weit die russische Armee nach Westen vorgestoßen war, wussten wir nicht. Wir Kinder sollten versuchen, schnell das westliche Ufer der Elbe zu erreichen. Dort, hofften wir, würden wir in die Hände der Amerikaner fallen. Alle Brücken über Oder und Weser wurden täglich von den Alliierten bombardiert. Zwar war die Elbe, so hieß es, zugefroren. Aber wir wussten ja nun, dass solche Auskünfte unsichere Kisten waren.
Auf keinen Fall den Russen in die Hände fallen! Warum eigentlich hatten wir so viel mehr Angst vor den Russen als vor den

westlichen Alliierten? Warum flüchtete ein halbes Land in den Westen und nicht umgekehrt in den Osten? War es die antisowjetische, antikommunistische Propaganda? War es das Vertrauen in eine westliche Kultur, die angeblich fair mit Besiegten umging? Oder war der deutschen Bevölkerung vielleicht doch bewusst, dass unsere Armeen das Wohlwollen der uns entgegenjubelnden russischen Bevölkerung verspielt und sie ausgesaugt und dem Hunger preisgegeben hatten und infolgedessen nun die Rache über uns hereinfiel?
Wenn die Elbbrücken in etwa sieben Tagen noch stünden, könnte es uns gelingen, hinüberzufahren. Da das aber äußerst ungewiss war, steuerte Maria die Fähre bei Havelberg an. Die Bombenangriffe und Tieffliegerattacken nahmen zu. Die Brücken und die Wagenkolonnen des Militärs, aber auch die Wagen der Flüchtlinge, wurden von Tieffliegern beschossen. Manchmal konnte man den Piloten in seiner Kapsel sehen, so tief flogen sie. Maria versuchte, die großen Straßen zu meiden. So waren wir in abgelegenen Dörfern und Städtchen vielerorts die ersten Flüchtlinge, die hindurchfuhren.

Im Marsch auf Berlin hatte das sowjetische Heer einen Keil gebildet. Die Spitze des Keils, Panzer, Lastwagen und Kanonenkolonnen, zeigte genau auf Bad Schönfließ. Sieben Kilometer von Pätzig entfernt war dort die nächstgelegene Bahnstation. Während ein paar Dörfer weiter Menschen noch auf den Endsieg hofften, knirschten hier schon die Panzerketten der Sowjets über die vereisten Straßen.
Wir Kinder waren heimlich und gegen das Verbot der Behörden geflohen. Wir waren die ersten und die einzigen Dorfbewohner, die von Pätzig im Treck geflohen waren. Die ‚Dörfler‘ saßen noch auf ihren gepackten Koffern. Die größten Flüchtlings-

ströme aus dem Osten, aus dem Baltikum, Ostpreußen und Schlesien bewegten sich vorwiegend nördlich und südlich des Keils der Sowjetarmee. So kam es, dass wir, von dem Mühlenbesitzer Karge aufgescheucht, das Glück hatten, die ersten Flüchtlinge zu sein, die durch die Uckermark und Mecklenburg-Vorpommern zogen. Es wurde wärmer. Die Leute schauten erstaunt und interessiert, wenn der Planwagen ins Dorf rollte und das Getrappel der Ackerpferde auf dem Kopfsteinpflaster ihnen unbekannt schien. Dann schauten sie von ihrer Arbeit im Vorgarten oder vom Misthaufen oder wo sie gerade arbeiteten auf, sahen zu uns herüber und grüßten. Und wenn der Wagen anhielt, stützten sie sich auf ihre Forke oder stellten die Schneeschaufel beiseite, kamen heran und fragten, wo wir denn herkämen und wo wir denn hinwollten. Die eine oder andere Haustür öffnete sich, eine Frau trat heraus, sich die Hände trocknend. Kinder mit ihren Schultornistern auf dem Rücken, aus denen noch das Tafelschwämmchen baumelte, kamen herangerannt, stellten sich dazu, und im Nu waren wir der Mittelpunkt der Aufmerksamkeit auf der Dorfstraße.

Ich machte mir eine Gedankennotiz: „Später, wenn ich erwachsen bin, werde ich kein fremdes Kind weiterfahren lassen, ohne ihm etwas zu essen zu geben." Manche dieser Frauen verschwanden tatsächlich in ihrem Haus und kamen mit einer Handvoll Eier oder ein paar Äpfeln in der Schürze heraus. Dann machte uns das Reisen Spaß, und wir feierten im Wagen ein kleines Fest.

Wir fuhren durch die Uckermark, einen Teil der Mark Brandenburg, zu der damals auch Pätzig noch gehörte. Hier waren die Häuser grau verputzt, manchmal mit roten Backsteinecken, wie dort, wo wir herkamen. Die Torpfosten und Sockel der Häuser waren aus Feldstein gemauert, die Scheunen aus dunklen

Brettern mit Strohdächern. Die Höfe aber waren kleiner und ärmlicher als im Osten. Wie sehr doch Flüsse trennen können! Diese Gegend war ähnlich und doch ganz anders. Es fehlte die Weite der Landschaft und zugleich die heimatliche Vertrautheit und Nähe. Auch hier scharten sich die Gehöfte um eine Kirche in ihrer Mitte. Die stand oft, mit einer Mauer umgeben, auf einem grasbewachsenen Hügel. Warum gab es wohl diese Mauer? Die hervorgehobene Stellung der Kirche entsprach 1945 noch ihrer Bedeutung im Dorf. Es mochte wohl auch daran liegen, dass das Land früher viel feuchter gewesen war und die Kirchen vor langer Zeit auf die trockenste Stelle des Geländes gesetzt wurden. Die meisten dieser Kirchen waren Wehrkirchen, die im Dreißigjährigen Krieg den Menschen Schutz vor den Schweden geboten hatten. Dies alles wirkte jetzt seltsam kühl auf mich, fremd und abweisend. Es war, als fehlte mir meine dritte oder vierte Haut. Die Äste der großen Eichen in Pätzig, die sanften, weiten Schwünge der schneebedeckten Hügel, der unheimliche Sumpf und die schilfumwachsenen Tümpel waren mir mich wärmende geliebte Heimat. Sie waren Teil meiner Schutzhülle. Hier schienen wir auf uns selbst geworfen, seltsam unsicher, ohne die schützende Hülle, Fremde eben.

Wir waren weitergefahren, heraus aus dem Dorf mit der freundlichen Bäuerin, die uns eine warme Suppe gebracht hatte. Wir wollten einen Gutshof von weit entfernten Verwandten erreichen, in dem wir Quartier finden würden und die Pferde einen Stall. Es war eine langweilige Sache, Stunde um Stunde über eine Chaussee nach der anderen zu zockeln. Obstbäume, Straßengräben, fahle, abgeerntete Felder, immer das Gleiche. Diese Chausseen hier hatten noch nicht einmal einen Sommerweg, einen Sandweg neben der Straße, auf dem wir die Pferde hätten traben lassen können.

Es war noch immer kalt, nasskalt. „Madderwetter“ nannten wir das, grau, feucht, zum Sich-Schütteln. Ich kuschelte mich in Vaters langhaarigen Pelz und erzählte mir selbst Geschichten. Meine Geschichten handelten immer wieder von Pferden. Wenn ich von ihnen tagträumte, ging es mir besser. Dann lebte ich in einer Welt, die so war, wie ich sie mir wünschte, voller Herausforderungen und Möglichkeiten.

Manchmal erzählte Maria Geschichten. Das half über die langen Stunden hinweg, und wir vergaßen die nasse Kälte und die Ungewissheit. Es war nicht wichtig, ob das, was Maria erzählte, stimmte. Sie erzählte so, als hätte sie alles erlebt, sie war mittendrin in ihren Geschichten. Und wenn sie ein bisschen übertrieb, machte es nichts. Es hätte ja so sein können. Hauptsache, sie erzählte.

Aber im hinteren Teil des Wagens war die Stimmung schlecht. Dort saßen die Kunsthistorikerin und ihre Freundin. Das ärgerte uns und besonders Maria. Die spielten einfach nicht mit. Sie muffelten vor sich hin. Die alten Damen beschäftigten sich, so schien es uns, ausschließlich mit ihren Wehwehchen. Es war unbequem, hier und da tat etwas weh, es war zu kalt, zu nass und die Wegstrecken zu lang und die Situation zu traurig. Als hätten sie den Kummer der Welt allein gepachtet. Dabei wurden Christines Kopfschmerzen schlimmer. Sie aber sagte keinen Mucks. Und dahinter, ganz im Dunklen, saß Frau Döpke mit ihrem Baby und ihrer kleinen Nichte. Das Baby schrie viel. Es war krank. Sie beschwerte sich nicht.

Am Abend erreichten wir einen Gutshof. Unwillig machten die Einheimischen Platz für unsere Pferde. Wir bekamen etwas zu essen und ein Lager, aber der Empfang war kühl. Wir waren unseren Gastgebern deutlich lästig. So wirkten die Räume extra fremd, dunkel und abweisend. Ich hätte lieber im

Wagen geschlafen, aber das durfte ich nicht. Es war angeblich zu gefährlich. Maria befürchtete Diebe. Pummitschalek hielt Wache.
Woran mochte es liegen, dass mir plötzlich war, als sei die Verbindung nach Pätzig abgeschnitten. War das Heimweh? Nein, es war kein Schmerz. Es war, als stünde eine große Leere zwischen hier und dort. Ich konnte nicht zurück. Es war, als wäre der Weg hinter uns ausradiert, ein leeres Blatt Papier. Es fühlte sich an, als sei das Gummiband zwischen hier und dort am Ende abgerissen. Ich konnte mir nicht mehr vorstellen, was dort jetzt geschah. Als sei diese kleine Welt dort buchstäblich verlorengegangen. Sie fehlte mir. Vielleicht drängte sich doch langsam in mein Bewusstsein, dass es ein endgültiger Abschied sein würde.
Im Morgengrauen fuhren wir weiter. Die tristen Landstraßen vor uns nahmen kein Ende. Steingraue nasse Eichenholzpfähle säumten leere Weiden, kahle Bäume und Büsche. Ab und zu tauchte ein menschenleer wirkendes Dorf auf, nur die dampfenden Misthaufen und der dunkle Rauch aus Schornsteinen verrieten Leben. Die Menschen hatten sich verkrochen.
Das Baby war unruhig, es mochte nicht trinken. Die kalte Luft an seinem Po löste beim Trockenlegen jämmerliches Gebrüll aus. Das Wickeln entließ unangenehme Düfte, die die empfindlichen Nasen der alten Damen störten. Frau Döpke, die junge Frau unseres Verwalters, sorgte sich um ihr Kind, es war ihr erstes Kind. Wie sollte sie die Windeln waschen und trocknen, wo sie doch in der letzten Nacht keinen Herd gefunden hatte, auf dem sie Wasser hätte kochen können und an dem sie die Windeln hätte trocknen lassen können? Würde sie in der nächsten Nacht eine freundlichere Bäuerin finden, die die Windeln an ihrem Herd trocknete? Sie „hauste“ mit den beiden Kindern im dunklen Teil des Wagens im Heu. Sie war eine liebe Frau, bescheiden

und still. Wir mochten sie. Dass sie sich um ihren Mann sorgte, behielt sie für sich. Es war auch nicht nötig, etwas darüber zu sagen. Jeder wusste, dass die in Pätzig Gebliebenen es nun mit den Russen zu tun hatten.

Und wieder zog sich der Tag in die Länge. Das Getrappel der Hufe und das Wippen der Pferdeköpfe zählten die vielen in einer Stunde versteckten Sekunden. Dreißig Kilometer am Tag sollten wir schaffen. Wir sahen keine anderen Flüchtlingswagen, und auch sonst geschah nichts. Im Inneren des Wagens machten sich Krankheiten breit. Weiterhin jammerten die beiden alten Damen. Die eine hatte ein Furunkel, die andere schlechte Laune. Stumpfsinniger Rhythmus bestimmte unser Leben. Wir fuhren von Gutshaus zu Gutshaus. Maria klopfte an und bat um Unterkunft für eine Nacht. Niemand wies uns ab. Am nächsten Morgen fuhren wir weiter. Abends kochte Maria eine Suppe und Frau Döpke die Babywindeln für den nächsten Tag. Liebenwalde, Herzberg, Ganzer, Kümmernitz.

Es geschah wohl in Kümmernitz. Dort gab es keinen Gutshof. Wir standen auf dem Platz vor der Kirche, Schaulustige kamen heran und bestaunten neugierig den Wagen. Wir fühlten uns wie fahrendes Volk vom Zirkus. Maria bat die herumstehenden Frauen, ein oder zwei von uns aufzunehmen. Sie beguckten uns wie zum Verkauf gebotene Ferkel und suchten sich einen von uns aus. Ich geriet in ein kleines Häuschen zu einem alten Ehepaar, wurde in der Küche gut verpflegt und lag bald darauf in der linken Hälfte des Ehebettes in einem winzig kleinen Schlafzimmer. Endlich kuschelig warm, schlief ich sofort unter dem riesigen Federbett ein. Mitten in der Nacht wachte ich auf, ich musste raus. Als ich aussteigen wollte, stieß ich an einen schlafenden Menschen. Ich erschrak. Hatte ich mich in der Richtung geirrt? Aber auch auf der anderen Seite versperrte

mir jemand den Weg. Ich kroch vorsichtig über meine Füße aus dem Ehebett. Am Morgen mochte ich die beiden freundlichen Menschen nicht ansehen. Es war mir peinlich.
Einmal schliefen wir in einer Schule auf Stroh zwischen anderen Flüchtlingsfamilien, einige der Kinder dort hatten Masern. Frau Döpke blieb weinend mit ihren beiden Kindern vor der Schule stehen, bis sich jemand erbarmte und sie für die Nacht mit nach Hause nahm. Sie mochte ihr krankes Kind nicht einer neuerlichen Gefährdung aussetzen.
Am Tag darauf begegneten wir dann doch mehreren Flüchtlingswagen. Wir fuhren an ihnen vorbei, während sie im Dorf rasteten. Am Ausgang eines Dorfes, als wir gerade wieder auf der Landstraße waren, knatterte es plötzlich, ohrenbetäubend und abgehackt aus den Wolken. Das waren Tiefflieger! Sie beschossen die Treckwagen hinter uns. Zu unserem Glück fuhr gerade Pummitschalek. Er hatte Kriegserfahrung und kannte die Gefahr, die von Tieffliegern ausging. Er gab den Pferden die Peitsche, und wir verließen die Chaussee im Galopp. Ein Waldstück nahm uns auf. Kurz darauf raste ein Gespann durchgegangener Pferde mit schleuderndem Wagen auf der Chaussee heimwärts, dann war der Spuk zu Ende. Wir hatten Glück gehabt. Mit hämmernden Herzen fuhren wir weiter. Was wäre, wenn es uns getroffen hätte.

Donti

Mein kleiner Bruder und ich hätten lieber unsere Kinderfrau Donti mit auf den Treck genommen. Sie war auch klein und rundlich wie die Kunsthistorikerin, aber sonst total anders.

Donti war mütterlich. Sie hatte lange braune Haare, die sie in einem Dutt zusammensteckte. Sie war immer säuberlich gekleidet und fühlte sich, als ich klein war und noch auf ihrem Schoß saß, weich und warm an. Wir liebten sie. Peter wirkte ganz verlassen ohne Donti, wie ein am Straßenrand ausgesetztes Hündchen. Peter war gerade neun Jahre alt geworden. Für ihn war die Flucht am schlimmsten. Wir nannten ihn damals Kiki, was allerdings auch ausdrückte, dass wir ihn noch nicht ganz ernst nahmen. Wenn die großen Geschwister sich über ihn lustig machten, nannten sie ihn Pumphose. So nannte man die weit ausladenden Hosen, wie Kosaken sie trugen. In unseren Augen sahen die nicht besonders männlich aus. Peter war ein bisschen verträumt und hatte oft Bauchweh. Peter war mein Freund, wir gehörten zusammen. Er machte alles mit, was ich vorschlug, auch wenn es nicht erlaubt war. Wir Geschwister hatten alle Spitznamen. Ich denke, das hatten die Erwachsenen sich ausgedacht, damit wir uns selbst nicht so ernst nahmen. Wir bekamen die Spitznamen gleich nach der Geburt. Ich mochte meinen Spitznamen Lala lieber als meinen richtigen Namen Werburg. Den Richtigen hätte ich am liebsten mit der Geburtsurkunde zusammen in Pätzig gelassen. Peter dagegen hatte einen schönen Namen, Peter-Christian. Er passte zu ihm. Wir Geschwister waren alle, als wir klein waren, ziemlich oft krank. Peter war noch nicht durch damit, und darum brauchte Peter seine Kinderfrau Donti. Donti wusste, wie man mit Krankheiten umgeht. Aber statt Donti mitzuschicken, hatte Mutter „Tante" Grete Dimel und Fräulein Rath erlaubt, mit uns zu fahren. Wir verstanden das nicht. Aber das war auch Preußen. Man schonte sich und die eigenen Kinder nicht, wenn ein so gesehen höheres Gut wie Fürsorgepflicht, Verantwortlichkeit, Gerechtigkeit es forderte.[21]

Die Kunsthistorikerin

Die Kunsthistorikerin Grete Dimel, von deren Vorträgen ich zuhause so fasziniert war, erwies sich auf der Flucht als überraschend mühsam. Sie war Mutters Freundin, und deshalb – so sahen wir das – durfte sie mit uns fliehen. „Sie durfte" klingt seltsam, denn wer flieht schon gern. Die Kunsthistorikerin hatte keine Ahnung von Krankheiten außer von ihren eigenen. Für die Beantwortung von Fragen um Kunstgeschichte war sie gut zu gebrauchen. Ihr Kopf war voller Kathedralen, Gemälde, Geschichtsdaten und wie das alles zusammenpasst. Aber zu uns passte sie nicht so gut. Wir waren davon überzeugt, sie hätte sich bei Mutter eingeschmeichelt, also mochten wir sie nicht. Sie war eine Intellektuelle und eine Städterin, den Letzteren gegenüber fühlten wir Landkinder uns ziemlich überlegen, sie hatten bei uns schlechte Karten. Sie verstanden vom Landleben wenig, und außerdem hielten wir diese Exemplare für zimperlich.
Als wir nach Havelberg kamen, führte die Elbe Treibeis. Die schmutzigen Eisschollen glitten lautlos und schnell durch das schwarze Wasser. Die Fähren konnten nicht fahren. Die Eisschollen hätten sich gegen das Boot gestemmt und die Ketten, die die Fähre führten, zerrissen. Wir mussten versuchen, eine Brücke zu erreichen. Wieder wusste niemand, welche der Brücken heute oder übermorgen noch standen. Wir mussten uns entscheiden, ob wir nach Norden oder nach Süden fahren wollten. Es gab ein Gut von Verwandten südlich von Havelberg, dort würden wir übernachten können. Die über 30 Kilometer lange ungeschützte Strecke entlang der Elbe war eine Einladung an Tiefflieger. Die Angst fuhr mit. Wir erreichten Schönhausen aber sicher und brachen am nächsten Tag Richtung Tangermünde auf, wo wir hofften, die rettende Brücke in den Westen

noch heil vorzufinden. Und dann, als wir es fast geschafft hatten, kurz vor Tangermünde gab es von ganz anderer Quelle Ärger. Es entspann sich ein erbitterter Streit zwischen der Kunsthistorikerin und Maria. Maria war 20 Jahre alt, die Kunsthistorikerin um die fünfzig, das Alter spielte damals eine große Rolle. Es gehörte sich nicht, in einen offenen Disput mit Älteren einzusteigen. Weder die Jungen noch die Alten waren es gewohnt, dass die Jungen aufmuckten. Von uns Jüngeren wurde generell erwartet, dass wir schwiegen, wenn wir nicht einverstanden waren. Worum ging es?

Tangermünde ist eine Stadt mit mehreren alten Kirchen und Kunstschätzen. Die Bomben hatten Tangermünde noch nicht zerstört. Wir konnten den Turm der Hauptkirche von weitem in den Himmel ragen sehen. Die Kunsthistorikerin verlangte nun, dass der Treckwagen in die Stadt hineinführe, um uns allen die Gelegenheit zu geben, die Kunstschätze möglicherweise ein allerletztes Mal vor ihrem Untergang zu betrachten. Eine unwiederbringliche Gelegenheit ginge uns verloren, so konstatierte sie. Es sei nicht zu verantworten, diese Gelegenheit ungenutzt verstreichen zu lassen, und wenn Maria das nicht einsähe, sei das ein Beweis dafür, dass sie nichts von Kunst und Kultur verstünde, aber ganz gewiss kein Grund, die Stadt zu umfahren. Nun war man damals mit 20 noch minderjährig, andererseits hatte Maria von Mutter die Verantwortung für den Treck übertragen bekommen. Die Tiefflieger waren unterwegs, und die Bomber schütteten täglich tausende Bomben auf deutsche Städte und versetzten sie in Höllen aus Feuerstürmen, Schutt, Asche und unsäglichem Leid. Erst vor kurzem hatten britische Bomber fast die komplette Altstadt von Magdeburg zerstört. Ich hatte in Berlin so einen Bombenangriff in einem Keller miterlebt und konnte Maria gut verstehen, dass sie so schnell wie

möglich solcher Gefahr entgehen wollte. Maria war gerade aus Berlin gekommen, sie wusste, wie das ist, wenn Feuer vom Himmel fällt und der Asphalt auf den Straßen brennt und die Häuser halbiert werden, so dass man mühelos in die Wohnzimmer wie in Puppenhäuser gucken kann.
Maria kochte. Waren dieser Frau ihre kleinen Geschwister und das Baby und die kleine Nichte von Frau Döpke egal? Waren ihr Kunstschätze wichtiger als unsere Sicherheit? Hatte die denn gar kein Verantwortungsgefühl im Bauch? Wie konnte sie ihr, die sich Arme und Beine ausgerissen hatte, um für sie und ihre Freundin Quartiere und Essen zu besorgen, nun in dieser gefährlichen Situation auch noch Schwierigkeiten machen? All das sagte sie nicht.
Sie sagte: „Wir fahren nicht in die Stadt! Wir können froh sein, wenn wir noch über die Brücke kommen, wir können froh sein, dass sie noch steht. Wir wissen nicht, ob das in einer Stunde noch so ist, also fahren wir rüber und sehen, dass wir so schnell es geht von dort wegkommen." Unter dem Protestgeheul der alten Dame fuhren wir auf die Brücke und auf ihr über die Elbe.
Grete Dimel war in Berlin ausgebombt worden. Alle ihre Bücher, Schallplatten, Vorträge und was sie sonst für ihren Beruf brauchte, waren vernichtet. Den letzten Rest ihrer Unterlagen hatte sie in Pätzig zurücklassen müssen. Sie hatte nichts mehr als diese sie total ausfüllende Liebe zur Kunst. In all dem Schrecken, den ausgehaltenen Schmerzen, der totalen Perspektivlosigkeit suchte sie einen einzigen kurzen Augenblick der Freude, der Vereinigung mit dem, was sie glücklich machte. Vor diesem Hintergrund konnte man vielleicht verstehen, warum sie so verzweifelt war.
Flüsse waren große Hindernisse sowohl für Fliehende als auch für das Militär. Daher waren Brücken strategisch wichtig, und

es war besonders gefährlich, sich in ihrer Nähe aufzuhalten. Die Weichsel im Osten und dann die Oder waren die natürlichen Barrieren gegen die Russen, die Elbe war dies gegen die Alliierten. Was mit dem Land zwischen Oder und Elbe werden würde, war noch nicht klar. Die Gefahr, dass die beiden Heere schließlich aufeinander losgehen würden, stand noch im Raum. Die Flüchtlinge, egal woher sie kamen, versuchten, so weit wie möglich nach Westen zu kommen. Auf den Bahnhöfen lagen die Menschen gedrängt auf dem nackten Boden und warteten auf die rettenden Wagen in den Westen. Auch die Züge waren auf Brücken angewiesen. Das Militär kämpfte an zwei Fronten. Ob nun wegen der heranrückenden Amerikaner oder der Russen, ich weiß es nicht. Die Brücke bei Tangermünde wurde kurz vor Kriegsende von deutschen Soldaten gesprengt. Die Stadt aber wurde von den Alliierten verschont.

Als wir am westlichen Ufer der Elbe angekommen waren und im Schutz eines Wäldchens Pause machten, heulten die Luftschutzsirenen. Das hieß, Bomber waren wieder im Anflug. Wir aber hatten es geschafft. Wir waren gerettet. „Die Russen kommen!“ war so lange ein Schreckensruf für uns gewesen. Die hatten wir jetzt nicht mehr im Nacken. Ich hatte, so merkte ich plötzlich, auf diesen Augenblick gewartet, etwa so, wie ich denke, dass Schiffbrüchige auf das Ufer warten. Aber, was ich nun sah, ernüchterte mich. Dieses Land hier sah nicht aus wie ein ersehntes Land. Teilnahmslos, flach und trübe empfing es uns. Hier gehörten wir nicht hin. Obwohl ich keine Erwartungen oder Vorstellungen davon hatte, Rettung hatte ich mir anders gewünscht.

Oppershausen

In Uchtspringe wurde unser Wagen plötzlich leer. Frau Döpke verließ zusammen mit ihrem Baby, ihrer kleinen Cousine und Christine den Treck. Jetzt konnte sie einen Arzt aufsuchen, ohne Gefahr zu laufen, dass sie nicht mehr über die Elbe käme. Plötzlich waren sie weg. Das Kind hatte nun schon länger als eine Woche Fieber. Sie hatte getan, was möglich war. Christine hatte weiterhin Kopfschmerzen.

Dann kamen wir im Heimathof des Pätziger Verwalters Herrn Döpke in Oppershausen an. Dort, so war die Verabredung, sollten wir uns mit Ruth-Alice treffen, die mit ihren Kindern von Jarchlin in Pommern aus getreckt war. „Eine kleine Klitsche" hätten wir früher solch einen Hof abfällig genannt. Jetzt waren wir dankbar für die Bleibe. Vier Schweine, zwei Kühe, Hühner und Gänse. In dem winzigen Wohnhaus war kaum Platz für die eigenen Verwandten. Wir bezogen den Heuboden über dem Stall.

Unser Quartier war ein sauber gefegter Raum ohne Einrichtung. Wir hatten Bretter unter uns und den Himmel durch die Ritzen der Dachziegel über uns. Wir schliefen auf Stroh. Wegen der Luftangriffe durfte nachts kein Licht brennen. Eine schmale Stiege führte hinab, neben dem obersten Pfosten des Geländers stand ein Eimer. Wenn der mitten in der Nacht voll war, tasteten wir die Stiege hinunter über den dunklen Hof und in den Schweinestall, um das Plumpsklo zu benutzen. Wie aber erkennt man im Dunkeln, ob der Eimer voll ist?

Sofort am Tag darauf verließ Maria den Treck. Sie fuhr, um Dietrich zu suchen, von dem man nicht wusste, in welchem Gefängnis er sich zu der Zeit befand.[22]

Am gleichen Tag kam der Pätziger Verwalter Herr Döpke. Wo unsere Mutter war, wusste er nicht. Er war noch vor ihr aus

Pätzig aufgebrochen. Er sagte: „Die Russen haben Pätzig eingenommen. Ich habe Eurer Mutter dringend geraten, aufzubrechen. Ich bin in einem Nachtmarsch zur Oder gelaufen und konnte den Fluss noch auf dem Eis überqueren. Aber es war der letzte Moment."

Dann kamen auch Frau Döpke mit ihrem Kind, ihrer Nichte und Christine. Dem Baby hatten die Ärzte helfen können, Christine nicht, sie hatte weiter Kopfweh.

Jeder hatte viel zu erzählen. Wir saßen gedrängt auf der Eckbank um den kleinen Tisch in der Bauernstube, bekamen zu essen und hatten es warm. Nur Mutter fehlte noch.

Nachdem sie uns in den frühen Morgenstunden des 28. Januars hinter Warnitz verabschiedet hatte, fuhr sie zurück nach Pätzig. In ihrem Fluchtbericht von damals schrieb sie:

> „Heimgekommen stellte ich fest, es gab kein Licht – wie damals oft. Das Haus war entsetzlich verödet und bis in die Winkel durchkramt und chaotisch. Das ganze Pätzig hatte für mich sein Gesicht verändert. Es war nur noch ein Objekt meiner Betreuung. Ich hatte durch Herrn Karge gehört, daß – entgegen den amtlichen Meldungen – die Russen sich schon in Driesen befänden, d.h. ca. 50 km Luftlinie von Pätzig entfernt. Darum der überstürzte Entschluß, der den erstmöglichen und zugleich letztmöglichen Tag traf. Eine grausige Nacht – an Schlaf war nicht zu denken: Den Pferden würden beim Glatteis die Beine brechen. Die Kinder den Russen in die Hände fallen. Der zweite Treck würde nie mehr gelingen. Man kann nur um eines flehen: gesunde Pferdebeine.
>
> Am nächsten Morgen war in Pätzig bereits der Kanonendonner zu hören. Mit dem letzten Zug am 29.1.

hatte ich noch, gegen heftiges Widerstreben und gegen totale Verzweiflung kämpfend, meine anderen Berliner Flüchtlingsgäste wegschicken können. Die mir noch gebliebenen Mitarbeiter im Haus verhielten sich ausgezeichnet, fürsorglich und ruhig. Nachdem wir das Packen und Vorbereiten für den Gesamt-Treck angeordnet hatten, wurde jegliche Flucht von den Nazibehörden noch am 29.1. verboten. Während die Pätziger erleichtert ihre Sachen wieder auspackten, „weil es ja wohl doch nicht so schlimm sei", sah ich mit Sicherheit vor Augen, daß wir nun alle den Russen in die Hände fallen mußten. Um nur irgend etwas zu tun, versammelte ich alle noch vorhandenen, warmen Sachen und alle Betten in den hintersten Zimmern, hoffend, von dort aus geordnet verteilen zu können und die chaotischen Plünderungen möglichst lange hinauszuschieben.

Die drei Tage zwischen der Flucht der Kinder und der meinigen waren schon Vorboten des allgemeinen Untergangs. Fortlaufend löste ein Befehl der Funktionäre den anderen ab. Jede Form von Flucht wurde mit Drohungen untersagt. Auf der Oderbrücke in Schwedt hatten die National-Sozialisten deutsche Männer, die sie überqueren wollten, zur Abschreckung aufgehängt. Im Wald mussten an den verschiedensten Stellen völlig sinnlose Panzersperren aufgebaut werden. Die gefangenen Arbeitskräfte wurden mit Bewachung in Richtung Westen geschickt. Sie rissen dabei teilweise aus und überfielen Gutshäuser. Ich verrammelte abends die Haustüren, was genauso sinnlos sein mochte. Ein Flüchtlingszug nach dem anderen fuhr auf den Hof. Die Menschen brauchten ein Dach, Lagerstätten, Essen, Kochstellen und Kochgeschirr. Wir waren reichlich damit beschäftigt. Aber ich hatte Herrn Döpke, an dessen Urteil alle Wirren sich klärten.

Kurz nachdem mir gemeldet wurde – es war am 31.1., mittags um 2 Uhr – die Russen seien im Bauerndorf, im nördlichen Teil von Pätzig, kam Frau Hollmichel, um mich zu Hilfe zu rufen. Eine bei ihr aufgenommene Flüchtlingsfrau – seit 14 Tagen auf der Flucht vor den Russen – hatte sich, ihrem Kind und ihrer Mutter die Pulsadern aufgeschnitten. Nachdem ich sie verbunden hatte und aus dem Eckhaus gegenüber der Kirche herauskam, stand ein russischer Panzer vor der Tür. Zu dieser Stunde hatten bereits über hundert Panzer und ebenso viele LKW's, je mit sechs Russen und Geschützen besetzt, das Dorf durchquert und an einigen Stellen geplündert. In Babin, 3 km westlich von uns gab es eine Schießerei. Die Gutsfrau ist auf ihrer Flucht erschossen worden.

Bauer Hollmichel wurde als nationalsozialistischer Gemeindevorsteher dann auch bald erschossen. Um 5 Uhr endlich bekam ich Herrn Döpke zu fassen und wußte im gleichen Moment, daß ich ihn bewegen mußte, sofort zu fliehen. Er wollte das durchaus nicht, ohne mich losgeeist zu haben. „Ich müßte mich mein ganzes Leben lang schämen". Er wollte statt meiner bleiben und versuchte, mich dazu zu überwinden. Zunächst hofften wir noch, hinter den russischen Panzerspitzen her mit dem Dorf zu trecken. Bei der Fülle des russischen Einbruchs (etwa 1200 Mann) war das natürlich undenkbar. Kurz vor 6 Uhr kommt Förster Prochnow für etwa 8 Minuten und bittet um Pferde und Schlitten zur Flucht. Da wir den Einbruch der Russen in Pätzig für eine nördliche Umfassung der südlich von uns gelegenen Stadt Küstrin hielten, riet ich ihm, unter Vermeidung der Landstraße und Dörfer, die Oderbrücke bei Schwedt anzusteuern. Das Ziel der Russen mußte Berlin sein. Prochnow war ein ausgezeichneter Mitarbeiter, der mir aber viele Schwierigkeiten gemacht hatte. Offenbar brauchte dieser charaktervolle Mann eine starke Führung, die er nach dem Tod von Vater Hans verloren hatte, und die ich ihm nicht geben konnte. In diesem Moment bat mich der verschlossene und sehr eigenwillige Mann um Verzeihung. Es war kaum zu glauben. Wir umarmten uns und dankten einander. Ein für mich wundervoller Augenblick. In meiner Erinnerung bewahre ich ihm eine hohe Anerkennung und Liebe. Einer Schießerei am neuen Friedhof nach zu urteilen, ist er kurz darauf von den Russen erwischt und verschleppt worden, und er starb auch bald in ihren Händen. Wieder kommt Herr Döpke, der inzwischen „seinen Dienst" gemacht hatte, als ob nichts wäre. Mit Kochgeschirr, etwas Brot und Landkarten zur Flucht ausgerüstet, alles unter dem Mantel versteckt. Die Ostarbeiter hätten offenbar schon gewartet, sein Haus anzufallen. Zäh und unnachgiebig verlangte er von mir, mit ihm zu flüchten. Für mich war es klar, daß ich bleiben musste und wollte.

Um ½ 7, während wir noch redeten, läßt sich eine Flüchtlingsfrau bei mir melden. Eine in dieser Situation erstaunlich elegant angezogene Frau, stattlich, sich vornehm gebend. Sie fragt mich, ob ich die Besitzerin des Hauses sei und bittet um Quartier. Ich antworte: „Sie wissen doch, wen wir heute erwarten?" Sie scheinbar erschrocken: „Doch nicht etwa die Russen?" Ich rate ihr zu einem Quartier im Dorf. „Jeder unserer Arbeiter wird sie aufnehmen". Sie bietet mir ihre Hilfe an. Ihre nächste

Frage: „Wollen sie nicht weggehen?" erregt mich sehr. In ihrer liebenswürdigen Glätte wird sie mir widerwärtig. Sehr schnell entlasse ich sie zur Hintertür heraus. Herr Döpke fragt mich kurz, ob ich noch dran zweifelte, daß dies eine vorgeschickte russische Agentin sei, ein Vorbote der Besetzung. Im Grunde verdanke ich es dieser Frau, bzw. dem Umstand, daß sie mir jetzt geschickt wurde, daß ich zur Besinnung kam.

Ich durfte meine Hausgenossen nicht leichtfertig den Russen ausliefern. Später erfuhr ich, daß die nach Pätzig kommenden Russen vorher in Zernikow gewesen waren und dort übel gehaust hatten. Die Familie von Oelsen war samt drei Kindern und mehreren Hausgenossen erschossen worden. Und ebenso erging es in Wartenburg Tante Hete Tresckow und ihrem Sohn Rüdiger.

Wenn ich in den folgenden fünf Stunden mich langsam dazu durchrang, Pätzig zu verlassen, so sollt ihr wissen, daß ich lange Zeit gebraucht habe, um die völlige Verzweiflung über diese meine Tat zu verwinden. Schließlich habe ich mich mühsam dazu hin getastet, daß ich – trotz dieser Schuld – tat, was ich tun mußte.

Herr Döpke nimmt mir jetzt das Versprechen ab, daß wir uns bei der Gärtnerei treffen und springt aus einem Saalfenster in den Garten. Ich werfe meinen Treckkoffer hinter ihm her, stürze durchs Haus, veranlasse Donti, Fräulein Höhe, Waltraud Müller, Fräulein Wild und Ella Höhne binnen drei Minuten das Haus zu verlassen. „Nur mitnehmen, was gepackt ist." Ich raffe selbst Papiere, Geld und Brille zusammen, laufe in die Saalkammer zu Vaters Briefen, taste den riesigen Berg großer fester Bogen ab. Verbrennen, unmöglich. Grauenhaft! Da kommen schon

Donti und Waltraud. Ich ergreife Decke und Kissen für Donti. Wir verlassen zusammen eilig das liebe Haus durch die Wohnzimmertür, gegenwärtig, daß es bereits umstellt ist und wir abgefangen werden. Alles ist still. Ich hole Höhnchen aus dem Bürohaus, mache den Hundezwinger auf und lasse die Hunde frei. Eine traurige Tat! Wir streben schnell der Gärtnerei zu. Auch beim Übergang der Straße keine Störung. Im Haus verblieben nur noch Fremde. Fräulein Wild und Ella Höhne hatten den Auftrag zu Prochnow zu laufen. Zu ihrem Glück erreichten sie ihn nicht mehr. Er fuhr schon in sein Verderben.

Ich treffe Gärtner Gohde noch in seinem Haus an. Seine Familie hatte er bei den Verwandten im Arbeiterdorf untergebracht. Ich erfahre von ihm, daß das Dorf an allen Ausgängen besetzt ist, und ebenso die Hoflage und der Garten. Wir sind an der einzigen unbewachten Stelle herausgeschlüpft. Vor dem Eingang zum Gutshof fallen ununterbrochen Schüsse, während Herr Döpke und ich zum dritten Mal kämpfen um meine Flucht oder mein Verbleiben. Wie ich später hörte, muß im Moment, wo wir das Haus verlassen haben, ein Panzer am Hofeingang vorgefahren sein und das Bombardement auf unser Haus eröffnet haben.

Herr Döpke will mich durchaus gleich mitnehmen. Mit Mühe kann ich ihn bewegen, endlich allein zu flüchten. Er läuft abwärts den Weg durch Fohlenkoppel und Wiesen hinter der Gärtnerei. Er ist schnellen Fußes über die Oder gekommen, erwartet in Oppershausen bereits unseren, jetzt vor 4 Tagen losgeschickten Treckwagen und bereitete dort, bei seinen Verwandten für ihn Quartier. Aber er soll sehr traurig gewesen sein, bis er von meiner gelungenen Flucht hörte. Ohne ihn wären weder meine Kinder noch ich rechtzeitig herausgekommen.

In den noch verbleibenden Stunden packe ich zunächst aus meinem Treckkoffer einen leichten Rucksack der mir zu laufen ermöglicht, verabrede mit Donti und Höhnchen, daß sie sich zu Fräulein Hollmichel, ihrer Freundin, lieber aber noch zu der alten Frau Förster im Arbeiterdorf flüchten sollten, halte mit ihnen in voller Ruhe eine Abendandacht mit dem 121. Psalm, den Höhnchen plötzlich im Gespräch zu sagen beginnt. Dann bringe ich beide, die Straße vermeidend, durch die Gärten und Zäune, zunächst ins Schulhaus zu Lehrer Starke. Dabei merke ich, daß beide schon so gebrechlich sind, daß an eine nächtliche Flucht mit ihnen zusammen nicht mehr zu denken ist. Weiter allein durch die Hintergärten schleichend, finde ich bei Frau Pastor Brandenburg einen Ziehschlitten und schlage ihr vor, sie und die zwei kleinen Kinder nach Schmarfendorf zu bringen, wo ihre Schwester als Ärztin wohnt. Sie kommt aber mit ins Lehrerhaus und ist dort zunächst auch verblieben. Später ist sie in Schmarfendorf von den Russen erschossen worden.

Bei Brennermeister Falk finde ich die beiden Mädchen, die Prochnow nicht mehr erreicht hatten, und die ich sonst nicht mehr gesehen hätte. Fräulein Wild, die sehr beherzte Sekretärin, will sich meiner Führung auf der Flucht anvertrauen. Sie hat sich großartig dabei bewährt.

Bei Starkes waren die Russen noch nicht gewesen. Aber man mußte sie bei der Lage des Hauses, unmittelbar an der Straße, jeden Augenblick erwarten. Alle, die sich hierher gerettet hatten, legten es nun darauf an, mich zur schnellen Flucht zu veranlassen und jeden Gedanken an eine

Rückkehr in mir auszurotten. Ihre eigenen Gesichtspunkte und Sorgen waren neben diesem Wunsch anscheinend völlig unwichtig geworden.
Aber schließlich war es Herr Starke, der alte treue Freund, der mich und meine letzten Bedenken überwand: „Jetzt dürfen sie nur an ihre Kinder denken, die ihre Nächsten sind und Sie, in Ihrem jugendlichen Alter, noch brauchen"; und dann: „Sie werden allenthalben im Dorf aufgenommen, aber können wir wissen, ob diejenigen, die dies tun, nicht unter den Russen dafür zu leiden haben? Dies letztere überzeugte mich endlich.
Wir zwei Flüchtlinge wurden nun mit allem ausgerüstet, was uns helfen konnte. Lebensmittelkarten, Brot und Speck. Eine Handvoll Zigaretten zur Bestechung, Hautcreme und Verbandpäckchen. Mit Tarnungslaken für den Schnee und weißen Kopftüchern, die sich als sehr wichtig erweisen sollten. Herr Starke spendierte sogar seine Generalstabskarte und vorzüglichen Kompass. Fräulein Wild bekam Gummistiefel. Es war fast unglaubhaft aber doch wahr. Diese Stunden wurden durch die in vielen Jahren gemeinsamen Lebens und Arbeitens angesammelte menschliche Wärme zu einem Höhepunkt in meinem Leben. Wir standen alle zu kurzem Gebet noch einmal zusammen, und dann konnte ich den Abschied von diesen armen Verlassenen und allen Schrecken ausgesetzten Nächsten fast sorglos bestehen. Sie kamen mir vor wie eine „Stadt Gottes", die in seiner Gegenwart lebte und darum nicht verloren war. Die Uhr rückte unerbittlich und schnell vor. Es war 12 Uhr nachts. Der Himmel war klar und das Dorf still.
Wir machten durch die Bauernwiesen einen Bogen um den neuen Friedhof, an dem ich den Posten vermutete.

Als wir gerade die Chaussee von Stolzenfelde nach Pätzig überqueren wollten, tickte ein Motorengeräusch und zwang uns auf die Erde. Zwölf Panzergeschütze, nur wenig beleuchtet, fuhren unmittelbar an uns vorbei. Als wir uns jenseits der Straße auf Schlag 1 nahe der Mühle befanden, begann im Dorf eine Schießerei. Ich zählte um die 180 Schuß. In diesem Augenblick veränderte sich vor meinen Augen die ganze liebe Pätzig-Welt. Etwa so wie eine schöne Landschaft im Kino sich in eine Fratze verwandelt. Mir war das Heft aus der Hand genommen. Die Verwüstung war in Gang gesetzt. Dieser Eindruck erleichterte den Abschied. Die Freude und Hoffnung auf das Wiedersehen mit meinen Lieben erfaßte mich mit Gewalt. Nur einmal übermannte mich noch der Gedanke an das angebundene Vieh in den Ställen; und – es mag für viele sonderbar klingen – das Wild in Wald und Feld jammerte mich fast noch mehr als die Menschen.
Wir vermieden nun alle Wege, Dorfeingänge und einzeln stehende Bäume. Zwei Posten in den Neuhöfer Wiesen, denen Herr Döpke noch begegnet war, die er sich aber durch Anbrüllen vom Leibe hielt, blieben uns erspart. Das Dorf Neidfeld war von den Russen besetzt.
Zahlreiche Panzerspuren führten hinein. Nachts um 1 Uhr lebte das Dorf unter Kommandos und Frauengeschrei. Ein grausiger Eindruck. Wir hatten uns im Dunkeln etwas weit nach Osten gehalten und kamen, entgegen unserer Absicht, im Morgengrauen in Bad Schönfließ an und fanden zu unserer Freude aber den Ort noch unbesetzt. Die gute Frau Claus hatte selbst große Freude, uns mit Fußbädern, trockenen Strümpfen und Kaffee zu versorgen. Eilig lief sie dann ins Städtchen und suchte nach Wagen und Pferd zum Weiterfahren. Erfolglos!

Dies war die zweite denkwürdiger Begegnung in letzter Zeit mit der hervorragenden Frau unseres alten ersten Beamten in Pätzig. Etwa ½ Jahr früher hatte ich, einer plötzlichen Eingebung folgend, zwischen 2 und 3 Uhr nachts bei ihr angeklopft. Ich kam im Beiwagen vom Motorrad unseres Schweizers aus Königsberg (das war das einzige Motor-Fahrzeug, das in Pätzig von den Funktionären noch geduldet wurde). Zu eiligen nächtlichen Geschäften hatte ich dort hinfahren müssen. Sie öffnete zutiefst erstaunt. Sie war allein in ihrem Haus und sehr traurig; ihr lieber Mann war gerade in jener Nacht gestorben.

Auch an diesem Morgen auf der Flucht überwog bei dem sorgenvollen Abschied die Freude, daß wir uns noch einmal sahen. Hier glaubten noch alle, die Russen würden sich gut benehmen. Beide Begegnungen waren ein würdiger Abschluß einer langjährigen Beziehung, der sowohl Pätzig als wir großen Gewinn und Freude verdanken.

Zu unserem unerwarteten Glück hielt auf unsere Bitte ein kleiner Pferdewagen auf seinem Weg zur Oder und nahm uns auf. Ein SS-Mann, der auf dem Wagen saß, hatte als Augenzeuge das Verhalten der Russen in Zernikow in dieser Nacht erlebt. Die Erregung über diesen Bericht veranlaßte mich, meine Gönner zu bitten, noch schnell bei meinen Freunden von Gerlach-Hülst in Rohrbeck heranzufahren. Ich gab ihnen den letzten Anstoß zur Flucht. Sie starteten augenblicklich mit einem großen Treck, von dem die Hälfte aber in Königsberg wieder umgekehrt ist, den Russen unmittelbar in die Arme laufend. Denn etwa eine Stunde, nachdem die Rohrbecker die Stadt verlassen hatten, nahmen die Russen sie in Besitz. An der Oderbrücke bei Schwedt traf ich mit den Verwandten Gerlachs wieder zusammen. Sie zwängten Fräulein Wild und mich mit Freuden in ihren vollgeladenen Wagen und behandelten mich wie einen Lebensretter. Wir sind etwa noch einen Tag und eine Nacht bei ihnen geblieben, bis unsere Wege sich trennten. Auch von Fräulein Wild trennte ich mich und ging nun zu Hans-Werner, der in Schwerin bei der Truppe ausgebildet wurde. (Von Pätzig aus Luftlinie ca. 200 km.) In der folgenden Nacht, im eiskalten Hotel – unbezogene Betten – haben wir beide dann alles Erlebte ausgetauscht. Ich bildete mir ein, Hans-Werner würde mir Vorwürfe machen oder mindestens sehr traurig sein, daß ich in der Eile der Kinderflucht vergessen hatte, wenigstens eines der Gewehre und Gläser von Vater für ihn zu retten. Aber der Junge war nur immerfort glückselig, daß die Geschwister und ich heil herausgekommen waren. Und es hätte ja – klar gesehen – auch das Leben kosten können, wenn Jagdwaffen bei den Kindern gefunden worden wären. Es war eine große Stärkung für mich, den Jungen zu sehen. Dies war zugleich die letzte Begegnung zwischen uns vor seiner Gefangennahme.

Nun noch einmal zurück zur Oder, wo ich mich zum I.A. der deutschen Truppe durchfragte. Er sagte mir, das Land jenseits der Oder sei inzwischen rasch besetzt, und jetzt würden die Trecks zur Verschleppung der Arbeitsfähigen zusammengestellt und in Gang gesetzt. Die Operations-Abteilung der SS ließ keinen Zweifel darüber, daß ich nicht mehr lebend nach Pätzig gelangen könnte. Ich hätte von der Oder noch 40 km überwinden müssen. Alle Straßen seien mit Nachschub belegt. Sie hätten mich, falls ich polnisch spräche, gerne als Spionin verwendet. Aber als ich verneinte, fanden sie es aus ihrer Sicht undenkbar,

daß ich die Oder noch einmal zu überqueren versuchte. Die Russen standen bereits vor Wriezen, also diesseits der Oder auf Berlin zu. (50–60 km Luftlinie von Pätzig.) Von Schwedt aus sah man an jenem Abend großen Feuerschein in südlicher und südöstliche Richtung von den angezündeten Dörfern.
Nunmehr machte ich mich auf nach Drölitz, also noch einmal wieder nach Mecklenburg, wo ich Ruth-Alice mit ihren Kindern und Dane vermutete. Tatsächlich fand ich sie hier. Sie hatte eine Treckerlaubnis erhalten, weil sie kurz vor der Geburt ihres dritten Kindes stand. Sie war am gleichen Tage wie ich geflüchtet, natürlich ohne daß wir vorher Verbindung aufnehmen konnten.
Diese Wege durch das geschlagene Land waren in jenen Tagen abenteuerlich und traurig. Man ging weite Strecken zu Fuß, bis man ein Stück mitgenommen wurde. Auf einen Zug konnte man tagelang warten. Das taten die zahllosen Flüchtlinge in den Bahnhöfen, wo buchstäblich jedes Plätzchen des Fußbodens von sitzenden und liegenden, frierenden und hungernden Menschen bedeckt war. Das Dach über dem Kopf war aber doch wichtig. Ich fand zweimal ein, wenn auch sehr zugiges Schalterhäuschen, das aus irgendeinem Rest von braver Scheu noch leergelassen war, wo ich mich ausruhen konnte. Damals waren vor den Fahrkartenschaltern noch winzige, runde Tischchen zur Verkehrsregelung angebracht. Ich legte mich darauf, Arme und Kopf konnten auf dem schmalen Zahlbrett sich halten. Ich schlief damals tatsächlich in solcher Haltung und war erholt.
Aber das ununterbrochene Jammergeschrei der durstigen, unglücklichen Kinder wirkte auf mich wie der Aufschrei

eines ganzen Landes und trieb mich immer wieder auf die Straße.

Inzwischen löste ich mich von Drölitz und strebte auf die gleiche Art nach Oppershausen, nunmehr doch noch ein unzerstörtes Land und einen Zug, wenn auch stark überfüllt, findend. Ich hatte telefonisch feststellen können, dass der Treckwagen dort heil gelandet war.

Was für eine Wiedersehensfreude! Unfasslich war das Glück, sie alle heil und gesund zu finden. Auch Grete Dimel und Elsa Rath hatten die großen Strapazen überstanden. Nach wenigen Tagen fand sich auch Ruth-Alice mit ihrer Sippe dort ein, und wir konnten, vereint, nach Oberbehme weiterfahren. Unterwegs in Löhne machten wir Halt an einer Kirche, ließen sie uns öffnen und sangen zusammen dort ein Loblied. Ich erzähle es, damit ihr seht, wie glücklich wir nun alle waren.

Am 28. Februar – es mag gegen Mittag gewesen sein – klapperten unsere Wagen, mit 15 Personen beladen, auf den Innenhof der Wasserburg Oberbehme. Es war ein Augenblick beklemmender Angst, der uns alle verstummen ließ. Wir waren zu diesem Überfall gezwungen und wußten, was dies für unsere Quartiergeber bedeutete – oder ahnten es doch.

Aber die große Gastfreiheit der Familie von Laer und besonders die von der schon sehr kranken Tante Friederike, der jüngsten Schwester von Vater Hans, nahm uns die Last ab. Ich gewann mehr und mehr den Eindruck, als freuten sie sich, uns noch ein Stück Heimat bieten zu können.

Das sei ihnen allen auch an dieser Stelle noch einmal gedankt.[23]

Die Familien finden sich

Wenige Tage später stieß auch noch meine hochschwangere älteste Schwester Ruth-Alice mit ihren zwei kleinen Kindern und ihrer Kinderfrau Bertha Volck, die von allen nur Dane genannt wurde, zu uns nach Oppershausen.

Ruth-Alice hatte die Oder auf einer der letzten noch heilen Brücken im Schlitten überquert, danach setzte Tauwetter ein. Da saß sie mit ihrem Schlitten fest. Es fehlten die Räder. Entfernte Verwandte auf dem nächstgelegenen Gut liehen ihr einen eisenbereiften Ackerwagen und einen gefederten Dogcart, ein schwarzer überdachter leichter Kutschwagen, den hängten sie hinten dran. So fuhr sie nun mit ihren zwei Kindern, ihrer Haustochter Trudel Natorp und Dane im geschlossenen Kupee des seltsamen Doppelgespanns.

Bald darauf fuhren wir zusammen weiter, um bei Onkel Carl und Tante Friederike, der jüngsten Schwester meines Vaters, in der Nähe von Herford Quartier zu finden.

Wir mussten durch Hannover fahren. Bis dahin hatten wir die größeren Städte wegen der Bombengefahr gemieden. Jetzt sahen wir, was die Bomben in der Innenstadt von Hannover angerichtet hatten.[24] Berge von Schutt überall, dazwischen halbierte Häuser. Manche Straßen waren so geräumt, dass man sie befahren konnte, andere nicht. Eine, es war wohl Mutter, lief vorneweg, um die Straßen zu erkunden, denn wir durften nicht in einer Sackgasse landen, weil man mit dem Gefährt von Ruth-Alice, dem Leiterwagen mit angehängtem Dogcart, auf den nur schmal freigeräumten Straßen nicht wenden konnte.

Es war kurz hinter Hannover in Bückeburg. Wir standen morgens früh auf dem Marktplatz, bereit zur Abfahrt. Die Läden, deren kleine Schaufenster auf die Kirche guckten und mit ihren

Aushängeschildern auf sie wiesen, erinnerten mich an unseren Adventskalender. Rings herum waren sie aufgereiht: Fleischer, Bäcker, Schuster, Obst- und Gemüsehändler.
Da, plötzlich öffnete sich die Tür der Bäckerei und heraus kam die Bäckersfrau mit einem aus Weiden geflochtenen Wäschekorb voller duftender frischer Brötchen. Sie stieg behände und ohne Angst vor den Pferdehufen auf die Deichsel und schüttete den goldgelben Korbinhalt kurzerhand in unseren Treckwagen. Diese Freude! Ein weiterhin leuchtendes Erlebnis!

Ankunft in Oberbehme am 28. Februar 1945

Eh wir auf den Hof fuhren, ließ Mutter die Pferde anhalten. Dann hielt sie uns eine Rede. Es war still im Wagen. Wir waren aufgeregt. Wir waren nun vier Wochen unterwegs gewesen. In den nächsten Minuten würde sich zeigen, was die kommende Zeit für uns bereithielt. Ich saß gerade aufgerichtet mit dem Rücken zum Fahrersitz auf dem letzten verbleibenden Heuballen. Wir konnten Mutters Gesicht im dunklen Wagen nicht gut erkennen. Ihre Stimme klang angespannt und seltsam fremd, als ginge in ihr etwas vor, das wir noch nicht kannten. Es war aber deutlich, dass sie keinen Widerspruch zu dulden gewillt war.
Sie sagte: „Kinder, macht euch bewusst“, – Nein, sie sagte nicht „bitte“ –, „dass ich Onkel Carl und Tante Friederike dafür sehr dankbar bin, dass sie uns aufnehmen wollen. Wir kommen als Bittsteller. Sie müssten uns nicht aufnehmen. Wir werden, weil wir so viele sind, eine große Belastung für sie sein. Ich erwarte von euch, dass ihr euch anstrengt und tut, was ihr könnt,

ihnen zu helfen. Benehmt euch so, dass Vater stolz auf euch wäre. Macht Laers auf keinen Fall Ärger. Dies ist nicht Pätzig. Wir sind hier Gäste! Habt ihr mich verstanden?" Wir nickten schweigend. „Lala, du fährst!"

Ich kletterte auf den Bock und Pummitschalek verschwand nach hinten ins Dunkle. Seine Aufgabe war nun erledigt. Am nächsten Tag machte er sich zu Fuß nach Polen auf. Jahre später hat mein Bruder Hans-Werner ihn gesucht, gefunden und ihm noch einmal von Herzen gedankt. Das war schon erstaunlich, dass dieser Mann mit uns seinen „Befreiern" davonfuhr. Er hat auf der Fahrt für die Pferde gesorgt, als seien es seine eigenen. Manch ein Flüchtender hat unterwegs nicht nur seinen Pferdeknecht, sondern mit ihm auch seine Pferde „verloren". Pummitschalek aber schlief im Wagen und bewachte unser Hab und Gut, bis wir in Oberbehme angekommen waren. Bezahlen konnten wir ihn, denk ich, nicht.

Mutter befahl: „Du fährst, Lala, und halte genau am Ende der Durchfahrt unter dem Haus an! Fahr nicht auf den Innenhof! Der Eingang liegt in der Durchfahrt im Haus vor dem zweiten Torbogen."

Ich fuhr auf den geräumigen Hof vor dem Schloss zu. Er war mit einer hüfthohen Mauer begrenzt. Einige Gebäude umringten ihn. Es gab zwei Einfahrten, eine seitlich, uns nahe gelegene, und ein Tor, das den geraden Blick auf die Feldsteinbrücke und das dahinter liegende Wasserschloss inmitten eines Parks freigibt. Mutter ließ mich an der näher gelegenen Einfahrt vorbeifahren und durch das fernere Tor in den Hof einbiegen.

„Jetzt Trab!"

Ihre Stimme klang irgendwie eingeklemmt.

Die Pferde waren müde und nicht gewohnt, auf Pflaster zu traben. Ich musste mit der Peitsche nachhelfen. Unwillig setzten sie sich in Bewegung und zogen an.

„Schneller Trab!", befahl Mutter.
Ich half noch einmal deutlicher mit der Peitsche nach. Da zogen sie, erschreckt durch den Peitschenhieb und das metallene Geklapper ihrer eigenen Hufe auf den Feldsteinen im Tempo auf die Brücke zu. Die Hufeisen schlugen Funken aus den Pflastersteinen. Nun hatte ich Mühe, die Ackergäule zu zügeln und sie gerade auf die Fahrrinne der schmalen Brücke zuzusteuern. Die Einfahrt in den Innenhof des Schlosses war für Kutschwagen mit höchstens zwei Pferden angelegt und nicht für gummibereifte Ackerwagen, die mit einer hohen Plane überbaut waren. Hatte Mutter das bedacht? Und wo sollte das Beipferd laufen? Die Brücke wird von zwei Bögen getragen. Es gibt auf ihr zwei schmale Gehstreifen, die die gepflasterte Fahrrinne ein wenig verbreitern. Rechts und links davon hindern Feldsteinmäuerchen in Sitzhöhe Mensch und Fuhrwerk daran, in den Graben zu stürzen. Auf der Brücke kann man noch mit drei Pferden fahren. Aber die Toreinfahrt ist wirklich eng, hier hören die Gehwege auf. Hier liegen zum Schutz der Torpfosten große Feldsteine. Dazu verjüngt sich der Torbogen oben, so wie Torbögen das nun mal tun. Er wird von kleinen Kapitälen getragen. Darauf zusteuernd fürchtete ich, dass das Gerüst, das unsere Plane trug, krachend über uns zusammenbrechen könnte. Damit wäre die beabsichtigte herrschaftliche Vorfahrt zum Fiasko verkommen. Unwillkürlich zog ich meinen Kopf ein, als die Pferde einander drängelnd durchs erste Tor hindurch preschten. Nichts passierte, alles blieb heil, und zu meinem Erstaunen reagierten die Pferde gehorsam auf meinen Befehl zum Halt auf den Punkt. Der Wagen stand unterhalb des zweiten Bogens, genau am richtigen Fleck. Niemand war verblüffter als ich!

Hatten die Schlossbesitzer das Spektakel beobachtet, es überhaupt wahrgenommen? Ich vermute nein. Und wenn sie es gesehen hatten, was hatten sie wohl gedacht? Da kommen die Verwandten aus dem Osten, deren Güter größer waren als das ihre, und die, so vermuteten sie, deshalb früher auf sie herabgesehen hatten. Sie kamen im Ackerwagen vorgefahren, bettelarm wie die Kirchenmäuse und taten so, als wären sie immer noch Herrschaften. Lächerlich! Oder hatten diese Verwandten die Größe, Mitleid zu empfinden mit den nun Heimatlosen, deren Stolz es nicht zuließ, sich von den Schlägen des Schicksals unterkriegen zu lassen?

Mit dem plötzlichen Halt vor der Herrschaftstür unserer zukünftigen Gastgeber endete meine Kutscherkarriere. Das war mein Schmerz.

Die schwere Eichentür des rechten Hausflügels öffnete sich und Onkel Carl mit seinen Töchtern Annette und Maxa, sie waren jünger als unsere Mutter, erschien. Wir kletterten einer nach dem anderen über den Heuballen, dann über das Schott des Wagens auf die Deichsel und sprangen ihnen von dort in einem Satz vor die Füße. Nein, das ist nicht ganz korrekt. Sie standen ja erhöht auf der Treppe über uns. Dieses Bild bekräftigte in mir, was Mutter gesagt hatte. Wir hatten uns auf eine neue Ordnung einzurichten. Jenseits der Eingangstür saß die Schwester meines Vaters Tante Friederike in einem hölzernen, vom Schreiner gebauten Rollstuhl. Sie war blass und schmal, gezeichnet von einer Krebserkrankung. Alle begrüßten uns herzlich.

Unsere Cousine Maxa führte uns in den breiten Eingangsflur. An ihrem Arm hing, so wie in Pätzig am Arm meiner Mutter, auch ein Korb mit vielen Schlüsseln. Die Wände hielten zahlreiche Ahnenbilder, Biedermeiertischchen standen vor Sofas mit geblümtem Stoff, tief herabreichende schwere Gardinen rahmten die schmalen, doppelten Fenster, durch die kärgliches Licht auf dunkle Teppiche fiel. Auf mich wirkte es prächtig, aber etwas dunkel und eng. Sekundenschnell blitzte der Vergleich mit den karg eingerichteten, großen, hellen Räumen im Gutshaus in Pätzig in mir auf. Hätte ich die Wahl gehabt, natürlich hätte ich auf der Stelle Schloss gegen Gutshaus getauscht. Der Verlust war noch zu gegenwärtig.

Tante Friederike saß in ihrem Rollstuhl und sah uns Kinder mit freundlichen Augen an. Von ihr ging Wärme aus. Sofort vertraute ich ihr. Sie hatte Vaters Augen, ich mochte sie. Vielleicht würde Tante Friederike eines Tages mit ihrem hölzernen Rollstuhl noch tiefer in meine Kinderwelt rollen? Onkel Carl dagegen passte für mich eher in einen der barocken Goldrahmen an der Wand. Er erinnerte mich an mehrere Ölgemälde von Onkel „August", die in Pätzig im Saal hoch oben an der Wand hingen. Niemand in Pätzig wusste genau, wer dieser Onkel eigentlich gewesen war. Man hatte ihn aber in Ermangelung eigener Ahnenbilder dort aufgehängt. Ich konnte mir Onkel Carl auch gut im Büro hinter einem großen Schreibtisch mit dunkelgrüner Schreibunterlage vorstellen. Er flößte mir Respekt ein. Der Schlossherr überließ den Frauen die Organisation und auch den Kontakt zur Verwandtschaft aus dem Osten. Wir Kinder versuchten, möglichst nicht aufzufallen, standen etwas verspannt mehr hinter als neben unserer sichtlich nervösen Mutter. Wenn sie unsicher war, wurde sie leicht überschwänglich: „Wir sind euch überaus dankbar, dass ihr diese große Last auf euch nehmt!"
Ich weiß nicht mehr, was Onkel Carl geantwortet hat, ob er überhaupt geantwortet hat. Er wird ihr nichts vorgemacht haben und ist sicher nicht unfreundlich gewesen. Floskeln

waren in dieser Zeit nicht üblich, dazu war sie wohl viel zu ernst. Vielleicht hat er gesagt, dass er es als seine Christenpflicht ansieht, die Verwandten seiner Frau aufzunehmen. Maxa stand neben ihm. Sie hatte dunkle freundliche Augen und eine ungewöhnlich tiefe Stimme, die gewohnt schien, ohne Widerspruch gehört zu werden. Ein bisschen Furcht erregend oder besser gesagt Respekt einflößend, aber zugleich auch warm und versöhnlich, weil sie manchmal lächelte. Maxa vertrat ihren älteren Bruder Otto, den Erben des Hofes. Er war in sowjetischer Kriegsgefangenschaft. Die Verantwortung schien sie zu belasten. Das gab ihr eine Herbheit, die sie später, als der Bruder nach zehn Jahren zurückkam, ganz verlor. Annette, die ältere der beiden Cousinen, war schmal und groß. Sie hielt sich sehr gerade, so wirkte sie vornehm, zugleich aber ein bisschen steif. Ich fühlte mich eingeschüchtert und unsicher. Ihre drei Söhne, Hans Hermann, Peter und Jörg waren ungefähr so alt wie Peter und ich. Sie sahen aus, als ob sie „brauchbar" wären. Das war so ungefähr das höchste Lob, das mir zu der Zeit einfiel.
Wir Kinder warteten offenbar geduldig. Wir waren gespannt zum Zerreißen. An der Temperatur konnte es nicht liegen, dass ich fror. Auch wenn dies fremd war und nicht zuhause und es wahrscheinlich nie werden würde, fühlte sich die Luft in diesem Gebäude anders an, irgendwie sauberer als in den Gutshäusern, in denen wir in den letzten Wochen Zuflucht gesucht und gefunden hatten. Die Menschen hier waren aufnahmebereiter, freundlicher. Aber, auch das war deutlich, Mutter hatte Recht gehabt mit „der Last", die wir für diese Verwandten waren. Ich meinte, ihnen die auf ihrer Seele liegende Last anzumerken. Der Schlüsselkorb ging uns nun voraus. Hinterher trotteten nacheinander Mutter, die Kunsthistorikerin, ihre Freundin, Christine, Peter und ich.

Das Schloss ist im Karree gebaut. Die beschriebene Durchfahrt mündet auf einen von Gebäuden eingeschlossenen Innenhof. Die Wände des Wohnteils und auch die der Ställe sind freundlich gelb gestrichen. Das hohe Mansardendach der vorderen Hälfte des Schlosses birgt ein Geschoss mit vielen kleinen Schlafzimmern, deren Mansardengauben Blicke auf Hof und Innenhof freigeben, darüber ein niedriger Dachboden. Im Erdgeschoss liegen größere Räume mit Holzdielen und langen schmalen Sprossenfenstern. Unter dem Herrschaftsteil gibt es ein Kellergeschoss. Die hintere Hälfte des Schlosses beherbergte Hauswirtschaftsräume, eine Garage und Schweineställe. In der hinteren Mitte des Innenhofes ruhte der zum Schweinestall gehörige Misthaufen. Ich entsinne seltsamerweise nicht, dass er stank. Vielleicht war meine Nase an landwirtschaftliche Gerüche so gewöhnt, dass sie mich nicht störten.
Ein etwa 15 Meter breiter Graben umschloss das Karree. Die Durchfahrt, durch die wir hereingekommen waren, trennt das Wohnhaus optisch in zwei Hälften. Ein grauer Steinsockel, der im Wasser des Grabens steht, trägt die gelbe Fassade und das gewaltige Dach. Auf der rechten Seite lag der Herrschaftsteil mit der Gutsküche und auf der linken der Dienstbotentrakt mit Saal und Kapelle. Oben gingen die beiden Teile ineinander über. Dort waren die ehemaligen Gästezimmer. Oben in der linken Seite sollte unser künftiges Leben stattfinden.
Wir folgten Maxa durch den Innenhof zum Eingang im linken Seitentrakt. Dort empfing uns ein geräumiger und hoher Flur. Der Fußboden war aus geschliffenem weiß-schwarzem Stein. Hier gab es ein Badezimmer mit Badewanne, Waschbecken und WC! Ungeahnter Luxus! In Pätzig hatte man im Klo mit einem bedeckelten Eimer vorliebnehmen müssen. Vom Flur aus führte eine breite dunkelbraune Holztreppe, sich einmal kehrend, ins

Mansardenstockwerk. Am Ende des oberen dunkleren Flures öffnete Maxa die Tür in ein kleines Zimmer: „Dies ist euer Zimmer“, sagte sie „und dahinter deins, Tante Ruth.“

Das Mansardenfenster gab den Blick auf Hof und Wassergraben und zwei große Trauerweiden frei. Ein Hochbett rechts, eins links, davor ein hölzerner Waschtisch mit Schüssel, Krug und Eimer, geradeaus ein einfacher Tisch, zwei Stühle und eine zweite Tür. Dahinter Mutters Zimmer. Ihr Zimmer klein, freundlich, hell. Ein Eckzimmer mit schrägen Wänden und zwei Fenstern zum Park. Ein Bett, ein Sofa mit Biedermeiertisch, davor ein Sessel, fürstlich.

Es war gut, dass Mutter das schöne Eckzimmer bekam. Sie bedankte sich nun mit vielen Worten. Aber, als wir allein mit ihr waren, schien etwas mit ihr nicht zu stimmen. Sie wirkte fahrig, ratlos, irgendwie abwesend, sagte aber nichts. Ihre Hände fielen mir auf. Große sehnige Hände. Ohne Schlüsselkorb oder Füller oder Vorlesebuch wirkten diese Hände schlaff. Untätig hatte ich sie noch nie beobachtet. Es gab im Zimmer keinen Schrank. Wozu auch, sie hatte ja nichts auszupacken. Vielleicht versuchte sie in diesem Moment, in dem sie das Ziel, die Rettung ihrer Kinder erreicht hatte, zu verstehen, in welcher Situation sie jetzt war, was werden sollte. Das Leben vor ihr begreifen, es mit dem Herzen und mit den Händen fassen, konnte sie sicher noch nicht.

Der Empfang im Haus ihres Schwagers war anders, als er es noch vor ein paar Wochen gewesen wäre, als sie selber noch Gutsfrau war. Seltsam, wie Beziehungen sich zu ändern schienen, wenn die Umstände sich veränderten. War es die eigene Unsicherheit? War es die Frage nach der eigenen Identität, die sie sich noch nie gestellt hatte? Wer war sie jetzt? Was hatte sie jetzt zu bieten? Sie, die so viel Leistung von sich und anderen erwartet hatte. Für sie ordneten sich die Menschen nach Leistung und Verdienst geistiger und materieller Art. Was für eine Aufgabe war ihr selbst jetzt noch geblieben? Ihr, die gewohnt war, sich über ihre Aufgaben zu definieren, war die Verantwortung im Beruf abhandengekommen. Was sollte sie tun? Ihre Kinder würden in der 80 bis 100 Personen fassenden Großfamilie im Schloss mitlaufen, so wie sie in Pätzig mitgelaufen waren. Wie wäre es gewesen, wenn sie ihre geflüchteten Verwandten in Pätzig hätte aufnehmen müssen? Was hätte sich da verändert? Viele Fragen gingen ihr durch den Kopf.

Aber wie konnte sie jetzt ihre Kinder ernähren? Sie hatte keine Berufsausbildung, jedenfalls keine, mit der sich nun etwas anfangen ließ. Was halfen ihr die Kenntnisse von Haus- und Landwirtschaft? Wenn dann der Zusammenbruch kommen würde, und das würde bald sein, würde es, da die Kornkammern Deutschlands verloren waren und die Soldaten zurückkämen, viele überzählige Landwirte geben. Wer brauchte sie noch?

Plötzlich war sie, die gewohnt war, Lasten für andere zu tragen, selbst zur Last geworden. Das kannte sie nicht. Sie tat uns Kindern leid. Wir nahmen uns vor, ihr jetzt so wenig Ärger wie möglich zu machen.

Wir stellten unsere Rucksäcke auf die Betten und nahmen sie in Besitz. Es tut gut, ein eigenes Bett zu haben, auch dann, wenn es einem nicht wirklich selbst gehört. Die mit Stroh gefüllten Säcke aus Rupfen, auf denen wir liegen sollten, waren mit blau karierten Bezügen aus festem Leinen bezogen. Sie lagen auf eilig in der schlosseigenen Stellmacherei zusammengenagelten Holzbetten. Es kam wenig Licht durch das kleine Mansardenfenster. Hier würden wir nun bleiben. Es gab keinen Ofen im Zimmer. Das war auch egal. Es gab ja weder Kohle noch Holz.

„Bis eure eigene Wohnküche fertig ist, könnt ihr drüben im Esszimmer bei uns mitessen“, sagte Maxa. „Erst einmal wird einiges für euch zu tun sein", fuhr sie fort, „Ihr müsst euch im Nachbarort im Einwohnermeldeamt anmelden. Ohne Flüchtlingsausweise bekommt ihr keine Lebensmittelmarken, und die brauchen wir. Dann sollen die Kinder im Wald Holz sammeln, damit ihr später selbst kochen könnt." Wir blickten aus dem Fenster von Mutters Stübchen. Hinter dem kleinen Park lag ein kleiner Wald auf einer Anhöhe. Er mag einige Hektar groß gewesen sein. Dort würden wir in den kommenden Monaten brennholzsammelnd viel unserer Zeit verbringen.

Osten und Westen

Vielleicht, so fragte ich mich, hatten die Familien aus dem Osten in der Vergangenheit zu sehr auf die kleineren Güter der Verwandtschaft im Westen herabgeschaut. Ein gewisses Konkurrenzbewusstsein gab es durchaus zwischen den großen Familien. Es kursierte die Geschichte – und sie wurde genüsslich erzählt – einer anderen Schwester meines Vaters, die nach Franken in ein ansehnliches Schloss geheiratet hatte. Als ihr Bräutigam sie im Kutschwagen durch die Felder gefahren und ihr seine Besitztümer vorgeführt hatte, soll er stolz gesagt haben: „Als deine Vorfahren noch auf dem Misthaufen saßen, wohnten meine schon in Schlössern." Sie war nicht auf den Mund gefallen und hatte gekontert: „Das mag schon sein, aber heute, scheint es mir, ist es wohl umgekehrt." Ihre Eltern im Osten besaßen nämlich gleich zwei Schlösser auf erheblichem Grund, und die in Franken hatten zwar prächtige Schlösser, aber weniger drum herum. Aber jetzt war Krieg, und die Familien aus dem Osten hatten ihren Besitz nicht mehr.

Die Menschen hier im Westen wussten wenig von dem, was im Osten geschah. Und wir wussten wenig von dem, was die Menschen hier bewegte. Auch hier war Krieg. In der nahegelegenen Stadt Herford hatte es im November 1944 verheerende Luftangriffe gegeben. Und genau vier Wochen, bevor wir in Oberbehme ankamen, fielen weitere Bomben auf die Stadt.[25] Und nur zwei Wochen, nachdem wir in Oberbehme eintrafen, wurde in Löhne, das nur 5 Kilometer entfernt liegt, der Bahnhof bombardiert und mehr als 130 Menschen starben.
Das Leben auf dem Gut schien davon unberührt, obwohl die Angriffe auf Herford bis Ende März weitergingen. Hier geschah der Krieg in der Zeitung, im Radio, am Telefon, im Gespräch. Nur wer mittendrin im Krieg ist, weiß, wie Krieg ist.
Zu Beginn des Jahres 1945 gab es einen großen Unterschied zwischen dem Westen und dem Osten: Hier mussten die Menschen nicht fliehen. Hier mussten sie aber mit der Invasion der Flüchtlinge zurechtkommen. Wie die Heuschrecken fielen sie ein. Jeder musste Wohnraum abgeben. Sie kamen durch Türen und Fenster, benutzten private Küchen und Toiletten. Eigene Betten und Geschirr mussten geteilt werden. Fremde, mittellose Menschen mit anderen Gebräuchen klebten plötzlich an ihnen wie Schmarotzer an einem Baumstamm.[26] Viele der Flüchtlinge wurden in Zelten, Baracken oder schnell erbauten Hütten untergebracht. Da waren wir gut dran. Und auch unsere Gastgeber, denn sie kannten ihre Flüchtlinge. Wir hatten den gleichen ‚Stallgeruch', was liebevoll bezeichnete, dass wir die Sitten von Haus und Hof kannten und wussten damit umzugehen.
Heute verstehe ich Onkel Carl. Die ehrbaren (es gab auch andere) Besitzer der landwirtschaftlichen Güter dieser Zeit sahen sich als Glieder einer Kette von Erben, deren Aufgabe es war,

den Besitz zu wahren, zu pflegen und an ihre Nachkommen weiterzureichen. Für den einzigen Sohn Otto galt es, das Erbe zu bewahren. Seine Schwester Maxa übernahm ganz selbstverständlich die Leitung des Hauses mit all den Flüchtlingen und verzichtete damit auf eine Ausbildung. Das fehlte ihr später im Leben. Man diente. Man diente Gott, dem Vaterland, der Familie. Man fügte sich ein in Religion, Tradition und die Erwartungen der Altvorderen. Und niemand konnte in die Zukunft sehen. Onkel Carl konnte die Folgen einer aus dem Rahmen fallenden Großzügigkeit nicht abschätzen. Vielleicht käme der Hof in der nahen Zukunft ja selbst in Not und bräuchte alle Reserven. Unsere Retter taten alles, was notwendig war, damit wir über die Runden kamen. Vielleicht ging es Onkel Carl damals so wie mir heute, dass ihn die Ungerechtigkeit schmerzte und er doch keinen Weg sah, sie in einem Maß zu lindern, dass den Schmerz nahm.

Ich versuche mir vorzustellen, wie die Schlossbewohner uns, ihre Verwandten aus dem Osten, sahen. Ich denke, sie sahen uns als Aufgabe. Ihnen war das Los zugefallen, uns aufzunehmen und anständig zu behandeln. Für Maxa war es eine schwere Zeit. Sie war dreißig. Innerhalb kurzer Zeit musste sie die Leitung des Hauses übernehmen. Keiner wusste, ob oder wann ihr Bruder zurückkommen würde. In dem Jahr nach unserer Ankunft verlor sie beide Eltern. Und wir waren nicht die einzigen Flüchtlinge, die aufgenommen werden mussten. Ich habe erst viel später verstanden, dass ihre Zurückhaltung und strenge Führung diesem Umstand geschuldet war.

Für uns Flüchtlinge sah die Situation anders aus. Wir waren der Hölle entronnen. Wir waren den Russen entkommen. Alles ist besser als die Hölle. Wir vermuteten, dass wir jetzt sicher waren. Das Weltbild der Kinder war 1945 enger begrenzt als heute. Die

Vorstellung, ich könne auch irgendwo anders in der Welt wohnen, glich für mich der Vorstellung von einem Maulwurf, der fliegen kann. Die Vorstellung, Heimat könne verloren gehen, gab es nicht, das war unvorstellbar. Man verliert sich doch nicht selbst. Pätzig und ich waren unzertrennbar eins.
Ich denke, für uns Flüchtlinge und für die Einheimischen waren Flucht und Vertreibung auf der einen Seite und Invasion der Flüchtlinge auf der anderen ähnlich wie ein überlebter Sturz von einer Klippe. Dass die Situation für die Einheimischen eine drastische Veränderung auch ihrer Lebenssituation war, habe ich damals nicht gesehen.

Schuld, Feinde, Freunde

Die Frage: „Wer hatte das Desaster zu verantworten?" trieb alle um. Wer musste für den Wahnsinn, der nun jedem bewusst wurde, büßen? Wer hatte Schuld?
Wir Kinder kannten die Landkarte der Kriegsgebiete von Nordafrika bis Finnland, vom Ural bis nach Portugal relativ gut. Auf dem Papier wussten wir, dass dahinter noch mehr war, Amerika, China, Japan. Aber wo China genau lag, und dass es zum Beispiel Bangladesch und die Malediven gibt, davon hatte ich nichts gehört. Die zur Verfügung stehenden Nachrichten kamen aus lokalen Quellen. Den Feindsender im Radio zu hören, war strengstens verboten. Die Nachrichten waren alle nationalsozialistisch gefärbt und patriotisch aufgeblasen. Dem Führer widersprechende politische Ansichten im Familienkreis zu erörtern, war möglich, solange man nicht zu denen gehörte, die abgehört wurden und man darauf achtete, dass keine

fremden Gäste oder Dienstboten mithörten. Wir waren daran gewöhnt, dass bei Tisch abrupt das Thema gewechselt wurde, sobald ein Dienstbote den Raum betrat. Natürlich bekamen wir mit, dass die politische Situation hochbrisant war. Aber die Welt des Landkindes war damals begrenzt auf die unmittelbare Umgebung.

Mit Ausnahme der Verbündeten Deutschlands, Freunde hätten wir sie wohl kaum genannt, waren alle dem Kind bekannten Länder Feindesländer. Alle direkten Nachbarländer waren von den Deutschen mit Krieg überzogen und besiegt worden. Freunde waren die nicht. Dennoch wusste ich, wo Westen war, denn das war die Richtung, in die ich, falls noch einmal nötig, fliehen würde, denn „Die Russen kommen!" war das Schreckenswort, der Weltkommunismus das erklärte Ziel Stalins.

Ich hatte zerstörte Städte gesehen. Hannover, durch das wir gefahren waren, bestand aus riesigen Schutthaufen und bizarr in den Himmel ragenden Mauerresten, in denen nur die leeren Fensterausschnitte noch an ihren ursprünglichen Sinn erinnerten. Dass außer dem Militär keine Züge und keine Kraftfahrzeuge fuhren, es keine Fahrräder zu kaufen gab, war für uns nichts Ungewöhnliches. Pferdewagen waren hier wie da für den täglichen Gebrauch im Dorf seit langem einziges Transportmittel. Unangenehmer war, dass es keine Schuhe zu kaufen gab, und Kinderfüße wachsen nun mal. Es gab keine Waschmittel und kein Klopapier und, was noch schlimmer war, kein Nähgarn. Die Ernährung war schlecht.

Es gab keinen Unterricht. Geschichte konnte nicht unterrichtet werden, weil kein Lehrer sich traute, die nationalsozialistisch orientierten Bücher zu gebrauchen. Es gab kein Papier, keine Bleistifte, keine Tinte, keine Kreide für den Rechenunterricht. Aber ich greife vor. Erst einmal waren wir ja noch nicht „befreit".

Die Amerikaner kommen – 2. April 1945

Wie Jungvieh separat gehalten wird, auf eigener Koppel oder im eigenen Tiefstall und so zu einer Herde verschmilzt, so wurde auch die wachsende Zahl der Jugendlichen, die sich nach und nach im Schloss zusammenfand, eine Menge, gesondert von der sich formierenden, zueinander findenden und sich gegeneinander abgrenzenden, bedrückten Welt der Erwachsenen. Wir lebten fast wie in Ferien, es gab zwar Pflichten, aber Unterricht gab es nicht.

Auch wenn die drei Enkel der Hausherren im Herrschaftsteil wohnten, während wir Flüchtlinge im Dienstbotenteil untergebracht waren, so spielte dieser Vorrang in der Herde des Jungviehs keine Rolle. Zwar mussten die drei Jungen nicht wie wir Mädchen allmorgendlich in der Großküche solange Kartoffeln schälen, bis jedes einen Eimer gefüllt hatte, aber sie empfanden dies als ungerecht und traten für uns ein. Natürlich ging das nicht so weit, dass sie sich erboten hätten, uns zu helfen. Sie waren ja Jungen und Kartoffelschälen daher unter ihrer Würde. Aber Hans Hermann, der Älteste, ging eines Tages zu seiner Großmutter und erwirkte, dass ich vom Kartoffelschälen befreit wurde. Das war eine Großtat, die ich ihm nie vergaß.

Einen Bunker zu bauen, was früher, so wie Baumhausbauen, zu den üblichen Ferienunternehmungen gehörte, war jetzt eine äußerst wichtige und ernsthafte Angelegenheit. Wir erwarteten den Einmarsch der Alliierten in allernächster Zeit. Wenn es Kämpfe gäbe, so wurde am Esstisch diskutiert, würde vielleicht sogar das Schloss in Brand geschossen, dann müssten wir uns schnell in Sicherheit bringen. Da käme ein Bunker grad recht. Wir sagten zueinander: „Bald kommen die Amis!“ In der Bezeichnung „Ami" verschmolzen die Worte Freund und Feind zu einem. Sie weckte in uns eine Mischung aus freudiger Erwartung und Furcht. Wir wussten sehr wohl, dass nun die Walze des Krieges und mit ihm die der Zerstörung auch von Westen her auf uns zurollte. Aber mit ihr einher bewegte sich diese vage Vorstellung von Befreiung, undefiniert noch, aber doch von einer leisen Hoffnung begleitet. Das war nicht Hoffnung auf die Wiederherstellung früherer Zeiten, es war Hoffnung auf das Ende des Krieges und damit auf Befreiung von der Angst, hilflos todbringender Gewalt ausgeliefert zu sein. Die Hoffnung war da aber gleichzeitig das Wissen, dass Vernichtung auch für uns in wenigen Tagen mögliche Realität war. Seltsam, ich entsinne keine Angst, keine schlaflosen Nächte. Es war eher die Aufregung vor einem großen Abenteuer, gesteigerte Wachheit, Aufmerksamkeit, Präsens. Was muss bedacht werden? Wie komme ich weg? Wo sind mögliche Fluchtwege. Was nehme ich mit? Leider gab es für den Bau des Bunkers überhaupt kein Baumaterial. Die westfälische Ordnungsliebe oder auch der von fünf Kriegsjahren verursachte Mangel hatten jegliches Brett und jeglichen Balken, die sonst auf Höfen in Ecken herumzuliegen pflegen, beseitigt. Wir bekamen von Maxa am Rande des Parks zum Wald hin einen Platz zugewiesen, wo wir eine Grube ausheben durften. Ich war überzeugt: Die drei Jungen taten gut daran, mich in ihr Vorhaben mit einzubeziehen. Sie waren Städter, eine Gattung Mensch, auf die wir östlichen Landkinder, wie gesagt, reichlich verächtlich herabsahen, gingen sie doch um Pfützen herum, statt mitten hindurch zu stapfen wie wir. Und mit einem Spaten fachgerecht umgehen, konnten wir natürlich auch besser, keine Frage. Da wir auf Grubenholz verzichten mussten, neigten sich die Wände der Grube bald und begannen herunterzurutschen, und als der erste kräftige Regen niedergegangen war, stand die mannstiefe Grube voll Wasser und wurde statt zum Schutzbunker für uns, für Ahnungslose zur Falle. Vielleicht würden wir darin ja einen Feind fangen? Es tat gut zu denken, wir könnten selbst für unseren Schutz sorgen.

Für die Regie der inzwischen zu etwa achtzig Personen angewachsenen Hausgemeinschaft im Schloss waren auf der Herrschaftsseite Onkel Carl und auf der Flüchtlingsseite, in Ermanglung eines Mannes, meine Mutter zuständig. Sie war wohl in dieser Ansammlung von geflüchteten Gutsfrauen die dominierende, was manchmal zu Spannungen führte, von ihr aber als gottgegeben hingenommen wurde. Es war ja nicht das erste Mal in ihrem Leben, dass sie sich durchsetzen musste. Sie hatte in den Kriegsjahren die beruhigende Erfahrung gemacht, dass auf ihre innere Stimme zu hören, für sie die Art zu leben war, die ihr die größtmögliche Sicherheit eintrug. Dazu brachte sie eine gehörige Portion Dickköpfigkeit mit. Wenn sie von etwas überzeugt war, konnte sie dies mit Vehemenz verfolgen. So mühsam es für ihre Mitbewohner manchmal zu ertragen war, wurde dies, gepaart mit einer ihr eigenen Unerschrockenheit in dem mit Menschen gefüllten Haus, sehr wahrscheinlich zur Rettung. Doch davon erzähle ich später.

Jetzt waren praktische Vorkehrungen für die erwartete Invasion zu treffen. Meine Mutter hatte von Pätzig aus einen Überseekoffer mit Kostbarkeiten vorausgeschickt, der nun, da sein Inhalt zum einzigen Besitz schlechthin mutiert war, natürlich als besonders schutzwürdig eingestuft wurde und somit eines Tages zum Hauptgesprächsthema am Küchentisch avancierte. Der Koffer barg fünf königsblaue Meissner Kaffeetassen mit Goldrand. Diese hatte sie in Wappenservietten der Größe von Kopfkissenbezügen eingewickelt. Dazu befand sich in dem Koffer einiges Silberbesteck. Wohin damit?

Im Keller des Herrschaftstraktes wurden hinter einer frisch gemauerten Wand das eingemachte Gemüse, Obst und allerlei Wertvolles versteckt und die gebunkerten Steinkohlen für die Zentralheizung davor geschippt. Aber unter dem Flüchtlingstrakt gab es statt eines Kellers nur von Rattengängen durchzogenen Lehm. Den Koffer auf dem geräumigen Boden des Hauses zu verstecken, war sinnlos. Dort wurden gegen einen möglichen Beschuss alle verfügbaren Gefäße mit Wasser gefüllt und zum Löschen aufgestellt. Also wohin mit dem Koffer?
Oberhalb des Schlosses auf einem Hügel hatte die Wehrmacht eine Flakstellung in Betrieb. Es war zu erwarten, dass sich zwischen den anrückenden Truppen und dieser Einheit ein Kampf entwickeln würde, der, ob durch Querschläger oder direkten Beschusses, zuerst das Dach des Schlosses in Brand setzen könnte und dann wohl ungebremst den Rest. Meine Mutter wollte ihr mehr als dezimiertes Hab und Gut nicht noch einmal aufs Spiel setzen, also beschloss sie, es dem Wald anzuvertrauen. Das aber war schwerer getan als gesagt.
Wir waren inzwischen in unsere „eigene" Wohnküche eingezogen. Ein heller auf den Park ausgerichteter Raum mit breiten Holzdielen, über deren, von Wasserratten zu handgroßen Löchern genagten Zwischenräume, Blech genagelt worden war. Die Nager hinderte das allerdings nicht daran, sich neue Wege zu suchen und in der Wohnküche nachts alles, was nicht niet- und nagelfest war, in unterirdischen Gängen verschwinden zu lassen. Ein gedunkelter großer Friesenschrank, ein Sofa, ein großer Esstisch mit Stühlen drum herum, ein Kohleherd, ein Ausguss und eine Brennholzkiste hatten den Raum gemütlich und zum Zentrum unseres gemeinsamen Lebens gemacht.
Dort tagte der Familienrat – bestehend aus Mutter, Ruth-Alice, Dane, der Haustochter von Ruth-Alice Trudel Natorp,

Christine, Peter und mir, letztere drei als Zuhörer – und beschloss, das Wagnis einzugehen, die Kostbarkeiten im Wald zu vergraben, wohlwissend, dass auch dies Gefahren in sich barg. Einheimische, die zunehmend die Flüchtlinge als Belastung und Bedrohung sahen, könnten sie klauen. Es wäre möglich, dass sie das Schatzgrab ausspähten und bei Nacht hingehen und die Sachen ausbuddeln könnten.

In Ermanglung einer besseren Idee beschloss man dennoch, den Koffer im Wald zu vergraben. Es wurde absolutes Stillschweigen vereinbart. Peter und die alte Kinderfrau Dane, die der Familie meines Schwagers seit drei Generationen diente, wurden zum Schmierestehen eingeteilt. Der Koffer wurde auf einen Bollerwagen geladen, und so zogen wir in die Mitte des Buchenwaldes. Leider hatten die Buchen kein Unterholz, das wäre der Verschwiegenheit der Aktion dienlich gewesen. Meine Mutter hatte sich mit einem geliehenen Zollstock und mit Stift und Papier bewaffnet. Nun überprüfte sie mit diesen Utensilien die Zwischenräume zwischen verschiedenen alten Buchen auf ihre Tauglichkeit. Die Frage war: Wo kann man in dem von Wurzeln durchwachsenen Waldboden überhaupt graben? Und wie lokalisieren wir die Stelle nachher wieder? Nicht auszudenken, dass wir uns selbst um unsere Kostbarkeiten brächten, weil wir die Stelle nicht wiederfänden, wo wir sie eingebuddelt hatten. Die Wachtposten wurden in entgegengesetzte Himmelsrichtungen geschickt und, falls irgendjemand nahen sollte, zum „Hänschen klein"-Pfeifen verpflichtet.

Schließlich fand Mutter einen geeigneten Platz und notierte, zwischen Bäumen abschreitend, die Entfernungen auf einem Stück Papier. Dann, nachdem der Grabungsort festgelegt war, hielt sie uns zu größter Sorgfalt an, kein heruntergefallenes Blatt Laub durfte unachtsam untergebuddelt werden, denn man würde es nachher zur Tarnung der Grube benötigen. Wir gruben in Eile, jeden Augenblick gewärtig, dass ein gepfiffenes „Hänschen klein“ unsere Arbeit abrupt beenden könnte. Aber wir hatten Glück. Als schließlich der Koffer versenkt und alles Laub wieder über der Grube verteilt war, konnte tatsächlich niemand Uneingeweihtes ahnen, welche Unwiederbringlichkeiten der Wald jetzt barg. Wir beluden den Bollerwagen zur Tarnung mit Fallholz und gingen, um nicht schließlich doch noch Verdacht zu wecken, in verschiedene Richtungen auseinander.

Am Abend desselben Tages baute jemand eine Panzersperre zwischen der den Schlosspark begrenzenden Feldsteinmauer und dem Straßengraben quer über die schmale Straße am Ende des Dorfes. Die Sperre bestand aus einem Ackerwagen, den man quer über die Fahrbahn gedreht und dessen Speichenräder abmontiert hatte. Glücklicherweise hatten die Männer (man ging davon aus, dass es der Volkssturm war) die Räder daneben liegenlassen. Die Sperre befand sich etwa in der Mitte zwischen Schloss und Flakstellung an der den Park begrenzenden Feldsteinmauer. Die Leute, die die Sperre gebaut hatten, konnten allerdings keine Ahnung von der Stoßkraft eines Panzers gehabt haben, der die Kiste ohne Mühe in den Graben geschoben hätte. Die Kunde drang schnell ins Schloss. Es war dumm, die Amerikaner zu ärgern und sie zu veranlassen, sicherheitshalber das Schloss zu beschießen. Schnell machten sich in der Nacht einige „Unerkannte“ auf und montierten die Räder wieder dran und fuhren den Wagen weg. Das war gefährlich, denn keiner wusste, wer am nächsten Morgen das Sagen haben würde, die Deutschen oder die Amerikaner. Wären es die Deutschen, dann war das Wegräumen der Panzersperre eindeutig gegen den Befehl des Führers, also Wehrkraftzersetzung, und musste bestraft werden. Wie solche Bestrafung ausfallen konnte, wussten sogar wir Kinder.[27]

Die größte Gefahr ging, so waren sich alle einig, von den Soldaten der Flakstellung einige hundert Meter entfernt vom Schloss auf einem Hügel aus. Jeder kannte den Befehl des Führers „Verteidigung bis zum letzten Mann".[28]
Dieser Befehl, so möchte man heute meinen, war inzwischen in den Köpfen der Menschen außer Kraft gesetzt worden, denn jedem war ja mittlerweile bewusst, dass der Krieg verloren war. Aber nicht nur die bibelfesten Christen, die wie jeder im Lande mindestens einen Familienangehörigen im Feld verloren hatten, fühlten sich aus Loyalität den Gefallenen gegenüber verpflichtet, sich notfalls fürs Vaterland zu opfern. Im ersten Johannesbrief im dritten Kapitel steht doch schwarz auf weiß: „Daran haben wir die Liebe erkannt, dass er sein Leben für uns hingegeben hat, so sind wir nun auch verpflichtet, das Leben für unsere Brüder hinzugeben." Diesen Spruch konnte man vielerorts unter den immer länger werdenden Listen der Gefallenen und auf Todesanzeigen lesen. Sterben war zu einer ehrenvollen, rühmlichen Lebensaufgabe geworden. Immer noch konnte man vermeintlich ein Held werden, wenn man sich „mutig und tapfer dem Feind entgegenstellte". Wir konnten also nicht davon ausgehen, dass die Soldaten da oben in der Flakstellung ohne Widerstand aufgeben würden. Mit Sicherheit aber würde das Schloss bei einem Gefecht in Flammen aufgehen. Was tun? Jemand musste die Soldaten davon überzeugen, aufzugeben. Das aber galt als Landesverrat und wurde mit dem Tod bestraft. Wer war dazu bereit, es zu versuchen? Onkel Carl, um dessen Hab und Gut es ja ging, kam nicht in Frage. Wer sollte, wenn er als einziger Mann im Haus ausfiel, die Führung des Klans übernehmen? Ohne jegliches Zögern erklärte sich meine Mutter bereit, zur Flakstellung hinaufzugehen und den verantwortlichen Offizier zum Aufgeben und zum „Türmen" zu überreden. Sie kannte ja

auch den Vers aus dem Johannesbrief. Ich denke, dass sie Herausforderungen gerne annahm und sich ihnen gewachsen sah. Sie war eine überaus mutige Frau.
Auch wenn ich den Wortlaut des Gesprächs, von dem sie uns berichtete, nicht in Erinnerung habe, kann ich mir etwa vorstellen, wie es ablief und dass der wahrscheinlich zu junge Offizier ihr gegenüber keine Chance hatte. Wenn sie sich etwas in den Kopf gesetzt hatte, ließ sie nicht locker. Er hätte sie erschießen müssen, um sie loszuwerden. Sie kam freudestrahlend zurück. Die Besatzung der Flakstellung türmte, und von Stund an stand sie für jeden offen, der neugierig war oder Lust auf militärisches Ausrüstungsgut hatte wie wir Kinder. Wir schlichen uns dorthin, fanden die Gatter offen und staunten. Auf dem mit Maschendraht umzäunten Gelände lagen Stapel von Flakmunition, die säuberlich aufgeschichtet an Holzstapel im Wald erinnerten. Wir ließen die Hände von der Munition, rüsteten uns mit Seitengewehren aus und verschwanden ungesehen. Die Erwachsenen hielten sich fern, die lebten noch in der Furcht des Herrn. Allerdings konnten wir unser Diebesgut zuhause leider nicht unbemerkt verstecken. So mussten wir schnellstens alles im Burggraben versenken, ehe die Amis kamen. Denn, so war die wohl begründete Angst, sie würden jeden mitnehmen, der Waffen im Haus aufbewahrte.
Meine große Schwester hatte am 22. März ihren dritten Sohn geboren. Sie nannte ihn, wie seinen Vater, Klaus. Denn noch wusste man nicht, ob der Vater den Krieg überleben würde. Falls der Vater „im Feld bliebe", sollte so der Name weitergegeben werden. „Wenn die Väter im Krieg sterben, gebären die Mütter Söhne." Diesen Spruch hörten wir häufig, und ich wusste nicht, ob er Aberglaube war oder tatsächlich der Gang der Dinge.[29]
Und dann waren sie da![30]

Der Tag war trüb. Nirgendwo im Haus brannte Licht. Nach draußen drang es sowieso nicht. Verdunklung war in Jahren eingeübt. Die Fenster wurden nachts mit schwarzen Tüchern verhängt, auch die Gläser der Autoscheinwerfer waren bis auf kleine Schlitze, die etwas Licht durchließen, schwarz zugeklebt. Wer gegen diese Vorschrift verstieß, wurde schnellstens angezeigt.

Die Hausbewohner hatten sich im Keller des Wohnhauses verkrochen. Wie nah die Amerikaner waren, hatte sich herumgesprochen. Die Telefone funktionierten noch. Alle wurden von Onkel Carl aufgefordert, sich dort zu sammeln. Nahrung war genug für ein paar Tage gebunkert worden. Im Kellergeschoss waren sie erstmal sicher, jedenfalls solange das Haus nicht brannte. Einige hatten vorsorglich mehrere Bekleidungsstücke übereinander gezogen. Wer Schmuck hatte, versteckte ihn am Körper. Eigentlich sollten wir Kinder auch dort unten sein, aber wir hatten uns einzeln in den weitläufigen dunklen Gängen versteckt. Wir wollten nichts verpassen, sehen, was geschah. Seit Tagen hatten wir auf diesen Augenblick gewartet.

Jetzt war sie da, die Invasion. Das mahlende Rasseln der Panzerketten auf dem Asphalt der Landstraße verlegte das Klopfen unserer Herzen in unsere Ohren. Manchmal stoppte das Geräusch und ging dann in schlurfendes Schleifen über, dann setzte es wieder ein. Nun hatte der Panzer gedreht. Würden sie jetzt schießen? Aufregung und Spannung, nicht Angst, hatte uns erfasst. Es war wie ‚Räuber und Prinzessin' spielen, nur dieses Mal war es Wirklichkeit, höchste Erregung. Ein weißes Bettlaken hing wie eine schlaffe Zunge aus einem der Mansardenfenster. Aber die Panzerbesatzungen konnten das Laken nicht sehen. Es standen prächtige Parkbäume zwischen Burggraben und Straße. Eine dichte Trauerweide ließ dort ihre langen Zweige bis hinunter in die Entengrütze hängen, die den Schlossgraben bedeckte. Warten. Warten und unsichtbar bleiben und hinter den Rahmen der schmalen Fenster hervorlugen, fluchtbereit. Auf dem Wasser, eingefasst von hellgrünem, dicht gedrängtem Entengrützenbelag, schwamm unbeirrt majestätisch der Hausschwan. Für ihn schien dies ein Tag wie jeder andere.

Wohin könnten wir fliehen? Geradewegs durch das Hoftor jenseits des Außenhofes war der Fluchtweg versperrt. Dort fuhren die Panzer. Notfalls mussten wir durch den Wald weglaufen. Aber das Schloss war nicht nur eine Schutzburg gegen Bedrohung von außen, es war auch eine Falle für die, die drinnen waren. Es gab fragile seitliche Holzbrücken, je eine an den Seiten der Anlage, die aber waren leicht einsehbar und leicht zerstörbar. Eigentlich konnten wir nur durch das schwere, jetzt geschlossene Holztor vorn und über die Steinbrücke, die wohl ehemals eine Zugbrücke gewesen sein mochte, herauskommen.

Auf der Brücke stand nun plötzlich Onkel Carl mit einem kleinen weißen Fähnchen in der Hand. Seltsam verlassen und machtlos sah er dort aus. Als die Panzer, die im Dorf auftauchten, deutlich an dem großen weißen Stern auf der Verkleidung als amerikanische Panzer zu erkennen waren, hatte er es gewagt, sich durch einen Spalt des geöffneten Tores hinauszuschieben. Das Tor wurde schnell von innen wieder verriegelt. Bis zu diesem Augenblick hatte niemand riskieren wollen, angezeigt zu werden. Landesverräter wollte immer noch niemand sein. Jetzt stand er dort auf der Brücke, tapfer und in Erwartung eines möglichen plötzlichen Todes, der Schutzherr, der er war, für die ihm anvertraute Schar von Menschen, die in seinem Haus Zuflucht gesucht und gefunden hatten.

Zwei Elstern zankten sich unbeirrt irgendwo in einem der Bäume. Sie dachten wohl, die Panzerketten gehörten zum Hoflärm wie das gewohnte Tuckern der Trecker und das Klappern der Pferdehufe auf dem Kopfsteinpflaster. Seltsam unwirklich dieses Nebeneinander von Krieg und Frieden. Der Außenhof vor der Brücke war wie leergefegt. Der Hausschwan zog ruhig seine Bahn durch die Entengrütze. Wir lugten, hinter einer Gardine versteckt, aus einem Mansardenfenster.

Neben Onkel Carl stand plötzlich mein schmächtiger kleiner Bruder, ein Dreikäsehoch, wie wir sagten. Wie hatte er es wohl geschafft, unbeachtet dorthin zu kommen? Ein Mansardenfenster öffnete sich. Ein schwarzes Stoffbündel flog ins Wasser. Da entsorgte jemand seine SS-Uniform. Mein kleiner Bruder sah, wie die Entengrütze riss und sich bald wieder zu einer unverdächtigen hellgrünen Fläche über dem Indiz schloss. Sinnbild für kommende Zeiten? Dann, unspektakulär, als hätten sie Angst, nicht wir, erschienen unter der Trauerweide auf dem Gartenweg plötzlich zwei amerikanische Soldaten in gebückter Haltung schleichend unter netzbespannten Helmen und mit Maschinengewehren in den angewinkelten Armen. Sie sicherten rechts und links und gingen dann aufrecht auf die Brücke und auf Onkel Carl zu. Der hatte seine Hände in die Höhe gehoben, in der einen das weiße Fähnchen. Neben ihm immer noch mein Bruder, der es seinem großen Onkel nachtat und seine dünnen Ärmchen gen Himmel streckte. Nach einem kurzen Gespräch zogen die Soldaten wieder ab, und Onkel Carl und Peter wandten sich um, das große Tor schloss sich hinter ihnen. Für uns war in diesem Moment der Krieg zu Ende.

„Wer bin ich?“

Was nun? Keine Schule. Bis auf die Behörden, die Flüchtlingsausweise ausstellten, Essensmarken zuteilten, Anträge entgegennahmen und die äußere Ordnung aufrechterhielten, funktionierte nichts so, wie es sollte. Züge fuhren nur für die Besatzung und zum Transport der Kohle für die Städte. Außer auf dem Schwarzmarkt für Schmuck oder andere Tauschware gab es nur das, was im eigenen Garten wuchs oder mit den kleinen Schnipseln der Lebensmittelkarten sorgfältig abgeschnitten und grammweise zugewogen bezahlt wurde.

Ich weiß nicht, ob es heute vorstellbar ist, was damals in uns „Entwurzelten“ vor sich ging.

Ich kann versuchen, es für mich zu beschreiben. Ich erlebte an mir selbst, wie sehr das Bild meines Elternhauses, meiner Heimat in Pätzig, der Status und das Ansehen meiner Eltern, mein eigenes Ansehen als Kind des geachteten Gutsherrn bestimmt hatten. Dazu kam der Respekt, den ich mir selbst auf dem Hof verschafft hatte, als ich gelernt hatte, mit Pferden umzugehen. Mir war Verantwortung übertragen worden, die üblicherweise von Erwachsenen wahrgenommen wurde. Mein Ansehen auf dem Hof hatte mein Selbstbewusstsein bestimmt. Dieses Ansehen war hier weg. Hier war ich eines von vielen überflüssigen Kindern. Ein Flüchtlingskind ohne Gelegenheit, sich zu beweisen. Eine bedrängende, lästige Last für andere.

Äußerlich war ich ein großgewachsenes 13-jähriges Mädchen, blond, braun-grüne Augen, lange Zöpfe, einfach gekleidet, kräftig, schüchtern, unterordnungsunwillig. Vater: Kriegsverbrecher oder Held, je nach Lesart. Mutter: arbeitslos. Sechstes von sieben Kindern. Flüchtling aus dem von Polen und Russen eingenommenen Osten Deutschlands. Besitzlos. Angewiesen auf die Hilfsbereitschaft anderer Menschen. Das war ich nach außen hin. Aber wie sah es in mir aus?

Äußerlich kräftig und stabil wirkend war ich innerlich ein gänzlich verunsichertes Menschenkind.

Auf der Bühne spielten nun andere, ich stand vergessen im Schatten der Kulissen und kannte meine Rolle nicht mehr. Wer war ich denn nun wirklich? Ich hatte nichts und war nichts, ein Menschenkind ohne Gesicht. Ich hatte nichts vorzuweisen außer einem zu eng gewordenen, über der Brust spannenden Kleid, einem Beutel mit Zahnbürste, Kamm und Haarbürste, einem Nachthemd und wenig mehr.

Vor Kurzem hörte ich den Bericht einer Frau, die in ein ungarisches Gefängnis eingeliefert worden war. Sie musste ihre Kleider mit schmutziger, stinkender Gefängniskleidung tauschen. Sie sagte: „Ich verlor meine Identität."

Jetzt hier in der Fremde, ohne Geschichte, ohne Attribute, war ich einfach nur irgendeine „Halbstarke", so nannte man uns damals. Ohne „Ausweis", ohne „Geburtsurkunde", und das im doppelten Sinn; ich hatte weder das Gefühl, die zu sein, die ich gewesen war, noch das Papier, das mir bescheinigt hätte, dass ich ohne das Drumherum noch ich war.

Vater hatte einen kleinen Spiegel, den er zum Rasieren benutzte. Wir Kinder hatten in Pätzig keine Spiegel. Wir sollten uns selber nicht so wichtig nehmen. Wichtig waren die Anderen. Jetzt hätte ich gerne einen Spiegel gehabt. „Wer bin ich jetzt eigentlich?", fragte ich mich. Und die nächste Frage folgte auf dem Fuße: „Darf ich sein, wer ich bin?"

Ich denke, genau so war das. Nur sprach man nicht darüber. Man war tapfer, ließ sich nichts anmerken und die Haut wuchs über den Wunden zu. Die Menschen, die an einem vorbeisahen, wussten es ja nicht besser. Entweder sie hatten keine Ahnung, wer

wir gewesen waren, oder auch sie dachten, sie wüssten es, und es geschähe uns vielleicht ganz recht, jetzt mal die andere Seite der Medaille zu erleben. Vielleicht aber hatten sie selbst damit zu tun, ihren eigenen Schmerz und ihre Verlorenheit in dieser neuen Situation zu verkraften. ‚Unbeachtet' würde ich den damaligen Zustand von uns Flüchtlingskindern heute nennen.
Noch einmal:
Stell dir vor, du seiest ein Königskind, die anderen wüssten, dein Vater ist ein König. Sie würden dich wie einen Prinzen oder eine Prinzessin behandeln. Bist du aber in der Fremde und niemand außer dir weiß, dass du ein Königskind warst und eigentlich ja noch bist, werden sie fragen, wo kommst du her? Und wenn du antwortest: „Ich bin eine Prinzessin", werden sie dir vielleicht glauben. Aber sie haben keine Vorstellung von dem, was das heißt. Und vielleicht werden sie dir nicht glauben und dich behandeln, als seiest du eine Lügnerin. Für die bist du irgendwer, eine, die nicht zu ihnen gehört. Das ist ziemlich schlimm, schlimmer, als wenn du ein Tagelöhnerkind wärest, dafür aber eine von ihnen. Ein Königskind ohne Krone ist schlechter dran als ein Bettlerkind. Es ist schlechter dran, weil es bald selbst nicht mehr weiß, ob die Vergangenheit stimmt. Es wird unsicher und fragt sich: Bin ich noch die, die ich mal war, oder bin ich jetzt vielleicht niemand, so etwas wie ein Mensch, der „keine Rolle spielt"?
Mein Vater war für mich wie ein König. Aber er war tot. Und meine Mutter war meistens weg. Das war nicht so schlimm, weil ich sie nicht so nötig brauchte. Das Verlangen nach ihr war nicht so stark wie die Sorge, dass sie vielleicht nicht wiederkommen würde. Meine Welt war untergegangen, und eigentlich kannte ich nichts als diese verlorene Welt. Nun war ich ein sogenanntes Flüchtlingskind. Das zu wissen, war immerhin besser als gar

nichts. Glücklicherweise gab es noch andere Menschen, denen ihre Welt abhandengekommen war. Irgendwo dazuzugehören, ist hilfreich.

Wir trösteten uns damit, dass es Anderen schlechter ergangen war als uns. Dass diese Art von Vergleich vielleicht anerkennenswert ist, aber verhindert, die eigene Trauer zuzulassen, darauf kamen wir nicht.

In unserem Kinderhaufen war zum Beispiel Hans-Maths in eine Schießerei geraten und getroffen worden, und Annemargrets Vater war auf der Flucht erschossen worden, und dann war auch noch ihre Mutter gestorben, und ihr kleiner Bruder war woanders untergebracht. Dagegen hatten wir doch Glück.

Die Kaninchen waren eine Hilfe. Wir züchteten Kaninchen im Innenhof der Wasserburg in Gemüsekisten. Das Futter suchten wir an Straßenrändern. Sie nahmen unsere Aufmerksamkeit in Anspruch, und wir hatten in ihnen wieder etwas Eigenes.

Viele Vertriebene klammerten sich damals an die Vergangenheit, an die Vorstellung, dass alles wieder so werden könnte wie vorher. Für meine Mutter kam das nicht in Frage. Für sie war ihr christlicher Glaube die Basis, auf der sie neu aufbauen konnte. Ohne Basis ist schlecht leben.

Zwischen zwei Welten

Die ersten fünf Jahre nach der Flucht und dem Ende des Krieges erscheinen mir wie eine Wanderung im Nebel. Als liefe ich in unsicherem Gelände und sähe kein Ziel. Ich erinnere nur Bruchstücke. Diese aber sind mir seltsam präsent, bildhaft und konkret. Doch es fehlt ihnen der Boden. Die Anbindungen an vertraute Menschen und die geliebte Umgebung waren gerissen. Oberbehme war für mich nicht wie eine feste Insel im Meer, auf der wir Zuflucht gefunden hatten. Es war wie ein schwimmender Teppich, der auseinandergerissen und voller Löcher war. Woran konnte ich mich hier festhalten? Würden die Menschen um mich bleiben? Wem konnte ich vertrauen? Wen würde ich doch wieder verlieren? Könnten wir hier dauerhaft und zusammenbleiben? Die Sicherheit, die wir hier gefunden hatten, konnte morgen vorüber sein. Gab es hier irgendetwas Eigenes für mich außer dem Rucksack, den ich mitgebracht hatte? Mein „Königreich" war woanders. Der Gedanke an das untergegangene Königreich war schön.

Uns war bewusst, dass wir großes Glück hatten. Wir waren bereitwillig und liebevoll aufgenommen worden. Andere hatten viel Schlimmeres erlebt. Wir waren bewahrt worden. Und doch war die Trauer um das Verlorene und die Sehnsucht nach einem Halt, wenn auch weitgehend unbewusst, so doch dauerhaft präsent.

Da wohnten wir nun. Ich versuche es zu beschreiben.

Das schmale, halbdunkle Zimmer mit den braunen Holzdielen war schmucklos. Der Blick aus seinem Mansardenfenster fiel auf eine alte Weide, welche ihre Zweige tief hinunter bis auf den Gartenweg hängen ließen. Im Burggraben schwammen zahlreiche längliche gelbe Weidenblättchen. Wenn die Entengrütze es zuließ, spiegelte sich eine kleine, steile, grasbewachsene Böschung im schwarzen Wasser. Wohnen konnte man das Leben im Zimmer nicht nennen. Hier schliefen wir auf strohgefüllten, aneinandergenähten Hanfsäcken unter blaukarierten, grob leinenen Bettbezügen. Waren die uns bedeckenden Bezüge auch mit Stroh gefüllt? Wohl eher steckten darin diese grauen Decken aus Armeebeständen, in die an beiden Enden zwei

dunkle Streifen gewebt waren. Mehr Licht fiel in das Zimmerchen, wenn die Tür zum daneben liegenden Eckzimmer aufging. Dies war das Reich meiner Mutter, Ersatz für ein Rittergut mit einem inzwischen abgebrannten Gutshaus. Als wir gehört hatten, dass es nicht mehr existierte, war es nur eine von vielen Verlustnachrichten. Der Schmerz um Leben, sei es Mensch oder Tier, war weit größer. Der Jagdhund Harro, die Pferde! Ein Haus kann man wieder aufbauen.
Die aufgehende Sonne schien in das der Tür gegenüberliegende Mansardenfenster. Hinter der weiß gestrichenen Zimmertür stand in der Ecke ein seltsamer, runder Blechofen, der mit Sägemehl gefüttert wurde und das Zimmer im Winter hinreichend temperierte. Maxa hatte sich bemüht, das Zimmer mit ein paar Biedermeiermöbeln, einem runden Tisch, einem kleinen Sofa und ein paar Stühlen wohnlich zu machen. Irgendwo stand ein Bett. Wir waren nicht oft dort. Meine Mutter brauchte, wenn sie da war, ihre Ruhe.
Neben der Kapelle unten im Haus hatten wir eine eigene Wohnküche bekommen. In der Anfangszeit waren wir zum Essen in den Herrschaftsteil des Hauses, in den mit Parkett belegten Saal gekommen, saßen mit am langen Esstisch unter Stuck und Kronleuchtern. Besonders beeindruckend prächtig wirkte dort ein behäbiger Barockschrank mit unter Schelllack glänzenden Intarsien. Darüber breitete sich wie ein Flügel ein ausladendes Gesims. Schlicht schwarz gebeizt waren unsere Schränke zuhause oder weiß gestrichen. Alles war einfacher, mit Ausnahme der Einrichtung im Damenzimmer, wo in einer kleinen Kirschholzvitrine hinter Glas Kostbarkeiten wie die Gästebücher und unsere Sparbüchsen aufgehoben wurden. Wo war jetzt mein Cello?
Bis auf den Boden hängende schwere Gardinen seitlich der langen Fenster gaben dem langgestreckten Esszimmer in Ober-

behme ein in meinen Augen fürstliches Gepränge, auch wenn der dunkle Damast hier mir etwas auf die Stimmung drückte. Vor den Fenstern im Damenzimmer zuhause hatten lockere, schneeweiße Tüllgardinen geweht. Im Gedanken an diese lachte mein Herz.

Ich denke, es ist nicht verwunderlich, dass ich die karge, aber gradlinige Schlichtheit meines Elternhauses der traditionsgeladenen, etwas barocken Ehrbarkeit verströmenden Gedrängtheit dieser Wasserburg vorzog. Vielleicht unnötig zu betonen, dass davon kein Wörtchen über meine Lippen kam. Ich spürte, ich war hier freundlich aufgenommen. Und doch war ich Flüchtling und nicht Gast zu Besuch.

Unter den Fenstern, versteckt hinter weißen Holzverkleidungen, standen einzelne Teile von Stahlzäunen aus lackierten Rohren. Nachsichtig lächelnd bekam ich erklärt, dies sei eine Zentralheizung. Oh Wunder! Am Ende des eindrucksvollen Esszimmers in der zum Außenhof gewandten Ecke des Gutes öffneten sich seitlich Flügeltüren in eine luftig gebaute Holzveranda, über deren schmale, weiß gestrichene Holzbrücke man in den Park gelangte. Hier in diesem Saal versammelten wir uns zu Beginn unserer Zeit in Oberbehme zum Essen. Acht Kinder und etwa zwölf Erwachsene. Wir wurden satt. Wie damals üblich saßen die Kinder am Ende des Tisches. Wir aßen mit Silberbesteck. Schlimm war es, als Peter ein geschliffenes altes Weinglas zerbrach – es gab natürlich keinen Ersatz. Das Mitleid, das er später mit dem kleinen Jungen hatte, der etwas Unwiederbringliches zerstört hatte und dafür gescholten wurde, rührte ihn noch als Erwachsenen. Wie grotesk mutet das heute an: Da zerbricht einem kleinen Jungen, dem grad fast alles, was er geliebt hat, zerbrochen ist, ein Weinglas, und er wird gescholten. Wahrscheinlich sogar von der eigenen Sippe. Ich kann mir übrigens nicht vorstellen,

dass damals Wein auf den Tisch kam. Vielleicht hat er es für ein Wasserglas gehalten.
Und dann war sie da, Tante Friederike. Geliebte Schwester meines Vaters. Sie saß in ihrem hölzernen Rollstuhl mit einer warmen Decke über Schoß und Knien und strahlte Freundlichkeit solcher Art aus, dass in ihrer Gegenwart meine Traurigkeit und mein Missmut verflogen. Als hätte sie keine Schmerzen und als sei ihr eigenes Leid nicht vorhanden, strahlte sie. Bei ihr, und nur bei ihr, fühlte ich mich so geliebt wie die anderen. Und mein Liebhaben, dem so viele Ziele verloren gegangen waren, fand in ihr ein neues Ziel. Es war, als freue sie sich, mir zu begegnen. Sie machte auf mich den Eindruck, als sei sie hier wie in einen Kokon eingesponnen, nicht ganz Teil des Geschehens, nicht mehr ganz diesseitig. Sie trug eine weiße Bluse mit gefaltetem Stehkragen. Eine aus Elfenbein geschnitzte Brosche betonte ihre Würde. Ihr Kopf war bedeckt mit einer Perücke, die sie, als wir klein waren, zu unserem Vergnügen manchmal abgenommen hatte. Nun aber waren die Zeiten zu ernst und wir zu groß für solche Späße. Unter der Perücke war ihr Kopf ganz kahl. Ihr besonderes Reich war ein kleines Gärtchen in einer Ecke des Innenhofes, abgegrenzt mit einem Spalier, an dem mit rosa Blüten übersäte Rosen kletterten. Dort saß sie, wenn ihre Krankheit es zuließ, vor Wind geschützt und gewärmt vor der durch die Mittagssonne aufgeheizten ockergelben Hauswand. Dort konnten wir sie besuchen.
Onkel Carl, war eindeutig der Bestimmende im Haus, Urwestfale, ehrbar, gerecht und unbeirrbar sein kleines Reich und später als Landrat[31] den Kreis regierend. Tante Friederike schien sich nicht in seine Belange einzumischen, glich aber, wo etwas auszugleichen war, mit Freundlichkeit, Humor und einer Spur List aus. Wenn ihre Frömmigkeit und Warmherzigkeit ein

Schlupfloch entdeckten, nutzte sie es, um für uns unnötige Härten zu vermindern. So gingen wir zu ihr, wenn wir etwas brauchten, sei es Futter für Kaninchen oder Nägel für deren Ställe.

Mutter

Als Mutter von sechs Kindern beschäftigt mich heute der Gedanke, dass ich ein solch bestimmendes Gewicht für das Leben meiner Kinder haben könnte, wie es meine Mutter für mich hatte. Ein Gewicht, dem ich mich beugen oder gegen das ich mich auflehnen konnte. Egal welchen Weg ich wählte, es blieb.
Ruth-Alice, die Älteste von uns Geschwistern, sie war am 3. März 25 Jahre alt geworden, Christine (15), Peter-Christan (9) und ich (13), saßen in der Wohnküche um den Esstisch und überlegten, was wir unserer Mutter zum Geburtstag schenken könnten. Unser Bruder Hans-Werner (17) fehlte.
Er war in Belgien im amerikanischen Gefangenenlager. Mutter hatte vor Kurzem erfahren, dass er noch lebte. Er hatte ein Stück Papier mit ihrer Adresse darauf von dem Lastwagen geworfen, der ihn nach Belgien transportierte. Jemand las den Zettel von der Erde auf und brachte ihn Mutter. Sie würde ihn wiedersehen! Es wurde erzählt, dass wütende Niederländer von den Brücken Steine in die mit deutschen Kriegsgefangenen dicht bepackten Armeelaster und offenen Zugwaggons warfen. Wir empörten uns. Erst sehr, sehr viel später erfuhr, wer es wissen wollte, dass wir, die Deutschen, sowjetische Kriegsgefangene absichtlich und emotionslos zu Tausenden in Wietzendorf in der Heide in einem Wald verhungern ließen. Und dies waren nicht die einzigen Gräueltaten von Deutschen an Kriegsgefangenen.

Kann man in solchen Zeiten feiern?
Eigentlich war unsere Mutter in ihren besten Jahren. Es würde ihr 47. Geburtstag sein.
Etwas Selbstgemachtes hatte sie immer von uns haben wollen. Wir hatten ein Pappmodell vom heimatlichen Gutshaus in Betracht gezogen. Sie hatte davon Wind bekommen und es kategorisch abgelehnt. Sie hätte in ihrem Zimmer keinen Platz dafür. Nostalgie lehnte sie entschieden ab. Was weg war, war weg. Jetzt galt es, sich nach vorn auszurichten.
Malen kann man immer, notfalls auf Packpapier und mit Buntstiftstummeln. Wir beschlossen, dass jeder von uns aus der Erinnerung ein kleines Bild von Pätzig malen sollte. So, wie wir es erinnerten. Gegen solch kleine Machwerke stach das Argument „Platzmangel" nicht. Wir waren uns sicher, dass die Erinnerung ihr Freude machen und sie trösten würde. Heute, 78 Jahre danach, hängen diese Bildchen, mit Buntstift auf Packpapier gemalt, in meinem Schlafzimmer.
Meine Mutter hatte sieben Kinder zur Welt gebracht.
1942 hatte sie zuerst ihren Mann und kurz darauf ihren ältesten Sohn verloren.
1945 sah sie aus der Ferne, wie das Gutshaus in Pätzig in Flammen aufging. Sie selber musste, nachdem sie ihre Kinder alleine auf die Flucht geschickt hatte, ihr Zuhause für immer zurücklassen. Nun saß sie in einem kleinen Zimmer umringt von drei minderjährigen Kindern. Sie hatte nach dem Tod ihres Mannes den Betrieb mit etwa fünfzig Angestellten geleitet. Aber sonst hatte sie keine Ausbildung. Die Ausbildung zur Krankenschwester hatte sie abbrechen müssen, um für den Betrieb ihrer Mutter während des Ersten Weltkriegs im Gutsbüro die Bücher zu führen. Sie war keine Kinderfrau, keine Köchin, keine Landwirtin, keine Näherin. Sie hatte nichts zu bieten, womit sie jetzt

Geld verdienen konnte. In der Großfamilie stand sie mit diesem Schicksal fast allein da.

Nur eine Schwägerin, die Frau des ältesten Bruders meines Vaters[32], hatte Schlimmeres zu verkraften. Diese musste mit ansehen, wie ihr Mann von einem Russen erschossen wurde. Danach musste sie ihn in einer Schubkarre in den Park schieben und dort selbst eingraben. Die anderen Schwägerinnen hatten alle ihre Männer behalten.

Mutter schwieg zu all dem. Sie verglich sich nicht mit anderen. Sie sah sich als beschenkt. Mochten die anderen über ihr Schicksal klagen, sie hatte den Prinzen bekommen und Pätzig dazu. Ein Recht auf all das hatte sie nie gehabt. Zäh und mit unerschütterlichem Gottvertrauen und eisernem Willen ging sie die Zukunft an. Ein Rittergut konnte sie nicht bekommen, aber zehn Morgen auf einem ehemaligen Truppenübungsplatz konnte sie pachten. Sie beschloss, eine Gärtnerei daraus zu machen. Die Kenntnisse hierzu sollten aus einer Gärtnerlehre kommen.

Sie kann nicht groß darüber nachgedacht haben, welches ihrer Kinder dafür am besten geeignet war. Denn sie beschloss, meine 15-jährige Schwester eine Gärtnerlehre machen zu lassen. Die war zwar zäh und fleißig, aber schmächtig gebaut und hatte immer noch oft schwere Kopfschmerzen. Sie war ganz sicher nicht zur Landarbeiterin geboren, und gebückt bei Wind und Wetter in den Beeten zu arbeiten, war für sie eine Qual. Mein Vater, der sich, als sie klein war, an ihrem schnellen Verstand erfreute, hatte einmal – zu meiner heimlichen Freude – zu ihr gesagt: „Wenn du ein Ferkel wärest, hätte ich dich schon längst geschlachtet." Er wollte sie ermuntern, mehr zu essen.

Jahre später, nachdem Christine ein Studium in den USA für die Gärtnerlaufbahn eingetauscht hatte, besaß ich noch ihr bunt geblümtes Kopftuch. Es war dort, wo Sonne und Regen das Tuch getroffen hatten, ausgebleicht, mürbe und verwaschen. Es war für mich ein geliebtes „Denk-mal".

Wir saßen in Mutters Zimmerchen und feierten ihren Geburtstag, natürlich ohne Kuchen, aber mit Blumen, Singen und Umarmen, wie wir es immer getan hatten. Am Morgen hatten wir sie natürlich aufgesungen. Ganz leise versammelten wir uns vor ihrem Zimmer, jeder hatte eine kleine Wiesenblume in der Hand. Wir ahnten, dass Mutter wahrscheinlich schon wach war, aber das war nicht so wichtig. Wichtig waren die Tradition und das Singen. „Lobe den Herren ..." Am Frühstückstisch folgte die übliche Andacht.

In die Wiege war ihr der Anlass zum Danken nicht gelegt worden. Der Vater starb an Tuberkulose kurz nach ihrer Geburt. Die Mutter, sie hieß Ruth wie sie, war nun allein verantwortlich für zwei Güter in Hinterpommern, Kiekow und Klein-Krössin. Die Trauer um den geliebten Mann muss diese Frau in eine tiefe Depression getrieben haben. Monatelang hielt sie mit ihren vier älteren Kindern täglich Andacht in der Familiengruft im Wald neben seinem verwesenden, übelriechenden Leichnam. Ein Verwandter holte sie schließlich aus dieser Verirrung, oder war es Verwirrung, indem er sie hart auf ihre Pflichten hinwies! Von da an führte sie das Gut. Die fünf Kinder ließ sie, wie damals in solchen Kreisen üblich, in der Hand von Bediensteten. Das Baby in der Wiege war meine Mutter. Es hat nicht viel mütterliche Zuwendung erlebt und wuchs nebenher auf. In der Dorfschule lernte sie schreiben, lesen und rechnen. Eine Oberschule oder ein Internat hat sie nach meiner Erinnerung nie besucht. Während des Ersten Weltkrieges landete sie, nach einem kurzen Versuch, Krankenpflege zu lernen, im Gutsbüro hinter Zahlen in Aktendeckeln. Sie wurde zuhause gebraucht.

Trotz dieses schwierigen Starts in ihr Leben fand meine Mutter, ganz gleich, ob sie ihr Ziel erreichte oder nicht, immer einen Grund zu danken. Als mein Vater gefallen war, sagte sie: „Ich bin dankbar, dass er den Verlust von Pätzig nicht erleben musste." Statt sich um jeden, der im Feld fiel, zu grämen, war sie für jeden dankbar, der nicht umkam. Nach dem Zusammenbruch fuhr und lief sie, allen Warnungen zum Trotz, freiwillig zurück in das vom sowjetischen Heer eroberte Gebiet, weil sie spürte, dass ihre Mutter sie brauchte, und erlebte sie noch in ihren letzten Tagen. Sie setzte sich mit dieser Reise der Gefahr aus, von Russen oder Polen vergewaltigt oder erschossen zu werden. Sie hatte einen inneren Kompass, dessen zitternde Nadel ihr die Richtung wies. Niemand konnte sie davon abbringen, dieser Richtung zu folgen. Nachdem sie ihre Mutter beerdigt hatte und unversehrt zurückkam, war sie „dankbar für ihre Bewahrung." Unheimlich stolz war sie darauf, dass sie auf dem Weg zurück aus einem polnischen Gefängnis ausgebrochen war. Sie beschreibt diese spannende Geschichte in ihren veröffentlichten Erinnerungen.[33] Vor ihrem Tod war es diese Geschichte, die ich ihr nicht oft genug vorlesen konnte.

Von dem Moment an, als 1918 mein Vater aus heiterem Himmel in Kieckow[34] auftauchte, war er ihr Ziel und unbegreifliches Glück. Sie war gerade 21. Er kam plötzlich, wie der Prinz im Märchen, auf den Hof gefahren. Er fragte zuerst die Mutter und dann die Braut, und beide sagten, ohne mehr als ein paar Stunden mit ihm gesprochen zu haben, ohne Zögern ja.

Ihm ordnete sie sich selbst und alles, was sie betraf, unter. Sie hielt sich nicht für klug, schon gar nicht für schön. Sie hielt ihre Geschwister für begabt bis genial und sich selbst für das Aschenputtel und das hässliche Entlein. Sie hatte eine hohe Stirn, die sie durch zurückgekämmtes Haar und einen geflochtenen Kranz betonte. „Das Denken findet hier oben statt", sagte sie und deutete, wenn wir uns dusselig benahmen, mit dem Zeigefinger ihrer rechten Hand auf ihre Stirn. Der „eiserne Vorhang", der in ihr niederging, als mein Vater fiel, änderte nichts an ihrer Haltung. „Ich danke Gott, dass ich ihn gehabt habe!" Später, als auch mein Bruder gefallen war und der Krieg verloren war, schrieb sie in ihr Tagebuch: „Die wesentliche Schuld ist die Undankbarkeit."

Wenn meine Mutter beschlossen hatte, etwas zu tun oder zu denken, konnte niemand und nichts sie davon abbringen. Wie tausend Eisenspäne von einem einzigen Magneten in eine Richtung geordnet werden, so richtete sich alles in ihr auf dieses eine Ziel. Vielleicht war das ihre Art, mit dem unerklärbaren, unfassbaren Leid umzugehen, das sie selbst und so viele Menschen, die sie kannte, getroffen hatte. Als eine Todesnachricht nach der anderen im Dorf eintraf, half die Dankbarkeit ihr, sich und die ihr anvertrauten Menschen zu trösten. Sie wurde zur „Mutter" für viele. „Sollt ich meinem Gott nicht singen, sollt ich ihm nicht dankbar sein, denn ich seh in allen Dingen, wie so gut er's mit mir meint." Das hätte ich auf ihren Grabstein geschrieben.

Ich bewunderte sie, aber nah war ich ihr erst ganz am Ende ihres Lebens. Ich verstand sie nicht. Mir schien, ihre Logik baute sich aus Bausteinen, die aus Tradition gegossen waren. Wären ihre Argumente aus Geschichte entstanden, hätte sie mit Beispielen argumentiert, hätte ich sie, denke ich, verstanden. Ich wollte von ihr geliebt werden, doch eine Umarmung von ihr ertrug ich nicht. Am Schönsten war es, wenn sie, als wir noch klein waren, abends nach dem Abendbrot, wenn wir schon frisch gewaschen und Zähne geputzt im Bett lagen, kam und uns vorlas. Dann war sie uns ganz nah. Sie konnte wunderschön vorlesen, und ihre Stimme war wie Frühling und Samt in meinen Ohren. Wie Musik.

Kriegsverbrecherkind

Beide Heere, sowohl das russische als auch das der Alliierten, hatten sich beeilt. Jede Armee wollte das größte Stück vom Kuchen haben. Nun fürchteten alle, dass der Krieg weitergehen könnte, Alliierte gegen Sowjetunion. Die Flüchtlinge blieben sprungbereit. Aber wohin? Ein erkennbares Ziel hätten wir dann nicht mehr gehabt, irgendwohin, nur nicht in die Hände der Russen.

Unsere drei Pferde standen jetzt in Oberbehme im Stall. Für ihr Futter beackerten sie jetzt die Felder hier. Ich durfte den Stall nicht betreten. Das war bitter. Auch hier galt Onkel Carls Regel: „Was ich einem der neuen Bewohner erlaube, muss ich allen erlauben." Es war eine Regel von mehreren, die neu für mich waren. Ich verstand sie nicht. Aber es war nicht üblich, Regeln zu diskutieren und den Kindern zu erklären. „Du darfst" und „Du darfst nicht" musste genügen. Ich durfte nicht zu unseren eigenen Pferden. Ein warmer Pferdehals kann trösten. Warum nur durfte ich das nicht?

Wir hatten Flüchtlingsausweise und Lebensmittelmarken bekommen, aber das Essen wurde immer knapper. Gelbe Runkelrüben in Scheiben geschnitten und auf der Herdplatte geröstet schmecken widerlich süß. So schlimm kann der Hunger nicht gewesen sein, denn ich verweigerte sie, aber meine Gedanken kreisten ums Essen. Ich ging nach draußen. Auf der Wäschetrockenwiese drüben auf der anderen Seite der Straße flatterten die vergilbten Windeln meiner Schwester neben der reinweißen Wäsche der einheimischen Gärtnersfrau im Wind. Woher hatte die Gärtnerin wohl das Waschpulver?

Ich hätte gern etwas mit den Kindern unternommen. Aber die Kinder des kleinen Dorfes mieden mich, so als sei ich schmutzig. Früher hatte mir das nichts ausgemacht, schmutzig zu sein. Im Gegenteil, schmutzig zu sein zeugte davon, dass ich nicht in der Stube gehockt, sondern etwas getan, körperlich gearbeitet, mich nützlich gemacht hatte. War ich für sie Luft, weil ich fremd war?

Zwei größere Kinder standen unter einer großen alten Linde an der Dorfstraße.

„Kann ich mit euch spielen?"

„Mit Kriegsverbrecherkindern spielen wir nicht!"

Das saß. Es traf mich mitten in den kleinen, noch schwach leuchtenden Teil meines Selbstgefühls. Das Verhalten der Dorfkinder war ungerecht und gemein. Aber woher kamen ihre Gedanken? Ich wusste, sie hatten keine Ahnung, konnten wahrscheinlich keine Ahnung haben. Es mussten die Eltern sein, die so über uns dachten. Aber warum war mein Vater in ihren Augen der Schuldige? Hatten sie an dem Krieg nicht teilgenommen?

Die Trauer, die in mir verschlossen gelauert hatte, wurde plötzlich wach und gebärdete sich wie ein brüllendes Tier. Wut. Ich war verwundet. Mein Vater war für mich ein Held, unantastbar und schuldlos. An ihm konnte ich mich festhalten. Er war und blieb der Beweis, dass etwas an mir gut war. Ein Halt von ungeahnter Kraft, die, komme was wolle, bleiben würde. Kriegsverbrecher, das waren immer noch die Nazis, die Braun- und Schwarzhemden, aber doch nicht mein Vater. Wohin mit dem Zorn?[35]

Essen hilft manchmal gegen Frust. Ich ging zurück in den Innenhof des Schlosses. Aus dem Schweinestall hinter dem Misthaufen strömte Dampf aus der Stalltür. Auch dort durfte ich mich nicht sehen lassen. Die Ställe waren für die Flüchtlingskinder tabu. Die Zeit wäre für mich leichter gewesen, wenn ich wie zuhause in den Ställen hätte arbeiten dürfen. Heute kann ich

das Verbot bedingt nachvollziehen, damals war es schlimmer als zu wenig im Bauch.
Nebel, nein Dampf, strömte aus der oberen Ecke der Tür und verteilte süßlich schwülen Geruch über den Hof. Dort im Schweinestall wurden Kartoffeln zu Schweinefutter gedämpft. Die frisch gedämpften Kartoffeln übten eine unwiderstehliche Anziehung auf mich aus. Plötzlich wurden diese Kartoffeln im Schweinestall, nein, nicht alle, eine einzige, zum beherrschenden Ziel meines Verlangens. Meine Haut fühlte sich an wie Leder, meine Sehnen wie Drahtfäden. Ich schlich in den Stall, griff eine Kartoffel aus dem dampfenden Bottich. Sie war heiß, fast zu heiß zum Festhalten. Die Schale war aufgeplatzt und wölbte sich nach außen. Weißlich schimmerte das dampfende Fleisch der Erdfrucht im Bruch. Die Schweine wurden unruhig. Sie merkten, ein Mensch ist im Stall, das verhieß Futter. Ihr Gequietsche drohte mich zu verraten. Ich biss in die heiße Kartoffel, köstlich umfing das heiße Fleisch meine Zähne und rutschte wohltuend über die Zunge in den Schlund, die Schale mit einem Schluck hinterher. Ich schlich raus. Niemand hatte mich gesehen. Aber nun wusste ich, ich hatte zum ersten Mal gestohlen, ich war ein sündiger Mensch.

Die Schuldfrage

Mein kleiner Bruder Peter stand über den Esstisch gebeugt und betrachtete das Bild. Die Aufnahme zeigte Leichen, abgemagerte Körper, Skelette zu einem großen Haufen kreuz und quer übereinandergeworfen. Meine Mutter kam dazu. Sie zog ihm das Papier weg. „Das musst du nicht lesen, das ist alles

Propaganda!“[36] Was für eine Reaktion! Es kann nicht sein, dass sie noch nie etwas von Konzentrationslagern gehört hatte. Sie war unmittelbar selbst betroffen. Ihr Bruder, nahe Freunde und Verwandte gehörten dem Widerstand an und waren von der Gestapo inhaftiert worden. Sie selbst hatte die Gestapo im eigenen Haus kennengelernt. Was ging in ihr vor? Wollte sie ihn mit ihrer Lüge schützen, wollte sie ihm wenigstens für diesen Augenblick ein kleines Stückchen heile Welt retten? Oder konnte sie das Ausmaß der Verbrechen noch nicht an sich heranlassen, weil die Identifikation mit dem Land, für das ihre Liebsten gefallen waren, also die Identifikation mit der von diesem deutschen Volk verursachten Schuld, über ihre Kräfte ging? Peter und auch ich haben sie nie dazu gefragt. Warum fragten wir so wenig?
Nachricht auf Nachricht und Tag für Tag tröpfelte das Offenbarwerden der Gräuel, die von Deutschland in einem über alles für möglich gehaltenen Maß hinaus verübt worden waren, in unser Bewusstsein. Es erschütterte mein kindliches Menschenbild mehr als der Krieg es vermocht hatte. Konnte ich bis dahin die Folgen des Krieges, die Zerstörung, die Toten, den Verlust der Heimat als Schicksal hinnehmen, das mal diesen, mal jenen trifft, und so dieses Mal eben auch mich, so entpuppte sich nun die Katastrophe als Folge individueller, ja tatsächlich individueller, menschlicher, unermesslicher Schuld.
Ich fühlte mich als Teil dieses Landes, eingewoben in seine Geschichte, seine Natur, Tiere und Menschen. Ich hatte mich über die Siege gefreut wie über Regen und Sonne zur rechten Zeit auf den Feldern meines Vaters oder den Abschuss eines kapitalen Hirsches. Es waren unsere, meine Siege gewesen. Ich hatte Niederlagen betrauert, den baldigen Sieg herbeigewünscht und sogar dafür gebetet. Das war nicht irgendwer, von dem ich mich distanzieren konnte, das waren wir, die den Krieg angefangen

und in der Hybris, wir könnten ihn gewinnen, weil wir so viel bessere Strategen und Soldaten hätten und den anderen Völkern in fast allem überlegen seien, diese Vernichtung unzähliger Leben verschuldet hatten. Konnte ich bis dahin die Gefallenen als Helden sehen und sie ehren und bewundern, wurden sie nun zu denen, die das unermesslich Leid, das die Nachbarländer, die Minderheiten im eigenen Land und schließlich mich selbst getroffen hatte, zu verantworten hatten. Das waren nicht nur die Nazis, die wir verabscheuten, das waren auch wir. Die Helden wurden zu Tätern, zu Verantwortlichen für die von ihrem Land verübten barbarischen Verbrechen, die Menschenverachtung, die grenzenlose Überheblichkeit, das Gemetzel. Ich selbst hatte nichts getan, aber ich gehörte dazu. Ich war unentrinnbar Bestandteil dieses mörderischen Systems und – so seltsam das auch klingen mag – wollte es auch sein. Ich wollte büßen, um wenigstens einen kleinen Teil der unermesslichen Schuld abzutragen. Ich entsinne niemanden, der meinen Grübeleien zustimmte. Sehr wahrscheinlich habe ich sie auch nicht geäußert. Schon allein deshalb nicht, weil ich meine Gedanken noch nicht so zu formulieren wusste, dass sie von den Erwachsenen ernst genommen worden wären. Als ich viele Jahre später mit meinen Geschwistern auf den Spuren meines Vaters durch Russland fuhr, verstand ich plötzlich, wie das weite Land dort einen Landwirt mit Ideen erfüllt haben musste. War doch seine Leidenschaft die Kultivierung des Ackers gewesen, auf dem er Kartoffeln, Rüben und Getreide anbaute. Und hier waren große Flächen, die nicht kultiviert waren. Sollte mein Vater von solchen Gedanken unberührt geblieben sein? Keinerlei Begehrlichkeit bei diesem Reichtum an Land? Ich kann es mir kaum vorstellen.

Der Begriff „Kollektivschuld“ wurde von den Erwachsenen am Tisch in unserer Wohnküche heiß diskutiert. Mir leuchtete

unbeschränkt ein, dass wir Deutschen Schuld auf uns geladen hatten. Es befreite mich, irgendwo die Schuld festmachen zu können. Denn, wo Schuld war, war auch Vergebung möglich. Vergebung hieß: Gott löscht die Schuld aus, die Verantwortung für das Getane bleibt, wir können einander wieder umarmen. Aber wo waren die, die sich für das, was geschehen war, verantwortlich fühlten, sich zu ihrer Schuld stellten und um Vergebung baten? Das Entsetzen war groß. Aber alle beteuerten, gänzlich gegen all das gewesen zu sein, was an Schuld jetzt zu Tage trat. Wo waren die Schuldigen, die sich zu ihrem Teil dieser Schuld bekannten? „Wir haben das nicht gewusst", sagten sie.
Wenn ich allein durchs Dorf lief, ging ich nun mit herunterhängendem Kopf wie eine vertrocknete Blume. Ich hätte auch gerade gehen können. Aber die Menschen sollten sehen, dass ich traurig war. Das zumindest wollte ich niemandem ersparen.
Was geschieht, wenn sich ein Kind, das selbst noch nichts bestimmen kann, als Teil einer Gemeinschaft sieht, die schwerstes Unrecht getan und zu verantworten hat?
Ich hatte nichts getan, noch nichts tun können, weil ich zu jung war, aber ich fühlte mich als Teil des Ganzen, das diese Ungeheuerlichkeiten begangen hatte. Die überwältigende Schuld war wie ein riesengroßer Felsen. Die größte Schuld, die Vernichtung der Juden und der anderen Minderheiten, war unabhängig von mir oder irgendeinem mir persönlich bekannten, von mir benennbaren Menschen geschehen. Nur ein Name wurde genannt: Hitler. Er war schuld. Das aber konnte nicht sein. Er allein hatte es nicht tun können. Wo waren die Mit-Schuldigen? Die Frage war allgegenwärtig in unseren Gesprächen und Gedanken. Obwohl wir es – in der Tat – nicht waren, fühlten wir uns schuldig, weil es unser Land war, das die Gräuel getan hatte. Diesem Gedanken konnten wir nicht entrinnen. Wie konnte dieser Felsen,

der auf uns lastete, bewegt werden? Ich konnte und wollte mich dem nicht entziehen. Die Frage und auch die Bedrückung waren zu groß.

Für mich, die ich im christlichen Glauben erzogen worden war und sich diesen Glauben zu eigen gemacht hatte, stellte sich die Schuld der Väter als schier unlösbares Problem dar. „Du sollst Vater und Mutter ehren!“ und „Du sollst nicht töten!“ wurde zum Widerspruch. War doch, was mein Vater und mein Bruder, die in Russland gefallen waren, durch ihre Teilnahme an einem Angriffskrieg getan hatten, eindeutig wider das fünfte Gebot, also schwere Schuld. Millionen Menschen waren umgekommen. Wie war dieser Gedanke damit zu vereinen, dass ich meinen Vater ehren sollte und wollte? Dieser unantastbare Vater schuldig? Das war verwirrend. Offenbar schlugen sich auch andere damit herum. Die Kriegerdenkmale, auch die für den Ersten Weltkrieg, wurden abgebaut und die Orden, auf die man so stolz gewesen war, verschwanden in Schubladen.

Es schien mir in dieser Gedankenwelt der uneingestandenen Schuld nur einen Ausweg zu geben: Ich musste die Schuld in jugendlicher Radikalität zu meiner eigenen machen. Denn nur, wenn sich jemand zu ihr stellte und Gott um Vergebung bat, so verstand ich die Bibel, konnte sie vergeben werden. Es verbot sich, darüber zu reden. Denn es war mir klar, die einen würden den Gedanken als „übergeschnappt“ verlachen und die anderen sich beschuldigt fühlen. Ich war ja noch ein „Backfisch“.

Ich bitte darum, mir an dieser Stelle in einen kurzen, mir wichtigen Exkurs zu folgen:

„Was ist Wahrheit?“ wird Jesus von Pilatus gefragt. Nicht einmal Jesus hatte eine Antwort darauf. Was ist Schuld? Wer war schuld? Diese Frage beherrschte die Gedanken sehr vieler Deutschen nach Ende des Krieges und beschäftigt manche noch immer. Waren die Nürnberger und Rastatter Prozesse der bestmögliche Umgang mit den Tätern? Genügt es, die zweifelsfrei Schuldigen dingfest zu machen und dann ist die Welt wieder in Ordnung? Oder liegt die Ursache viel tiefer und geht uns alle an. Es wäre so schön, wenn wir den oder die Schuldigen benennen, verurteilen, bestrafen und auf diese Weise verhindern könnten, dass es wieder geschieht. Wir möchten nach einem solch desaströsen Ausbruch von Ungerechtigkeit so gern unbelastet neu anfangen. Aber das funktioniert offenkundig nicht. Wir müssten fragen: Wann und wo wurden die Weichen falsch gestellt. Wo liegt die Ursache des menschenverachtenden Wegschauens, das sich eine ganze Nation leistete. Die Beantwortung dieser Frage scheint mir grundlegend und zentral für die Vermeidung von Wiederholungen. Wüssten wir die Antwort, dann wüssten wir, wie wir in Zukunft mit „Tätern" umgehen müssten. Und wir wüssten, was wir heute tun könnten, damit es erst gar nicht wieder passiert. Es gab nach Ende des Krieges durchaus einen Versuch. Das „Nie wieder darf so etwas geschehen" hatte das Bemühen zur Folge, dass die Kinder in den Schulen Westdeutschlands über den Nationalsozialismus aufgeklärt wurden. Der Rechtsradikalismus kam dennoch zurück, nicht so stark wie im Osten Deutschlands, aber er kam auch im Westen zurück. Gibt es eine Antwort?

1967 haben die Psychoanalytiker Alexander und Margarete Mitscherlich in ihrem viel beachteten Buch „Die Unfähigkeit zu trauern" das Wirtschaftswunder, d.h. die von außen bewunderte Leistung des Wiederaufbaus, darauf zurückgeführt, dass die Identifikation der Masse mit der durch sie verursachten und verübten Schuld nicht stattgefunden habe. Die Menschen wichen dem Schuldgefühl in die Arbeit des Wiederaufbaus aus. Hätten wir Deutschen uns damals kollektiv zu der Schuld gestellt und sie nicht Hitler und einigen Wenigen allein in die Schuhe geschoben, hätte das, so schrieben sie, zu einer Massenmelancholie führen müssen. Wäre dies geschehen, hätte dies zwar nicht zum rasanten Wiederaufbau, aber zum Umdenken geführt, auch durch die Erkenntnis, dass die Voraussetzungen für das Geschehene in jedem Einzelnen selbst gelegen haben.

So aber unterblieb die Erkenntnis der Ursachen, die die Katastrophe herbeigeführt hatten. Damit wurde die Chance zu einer durchgreifenden Erneuerung vertan. Über die Menschenverachtung, derer sich die gesamte Bevölkerung schuldig gemacht hatte und der sich nur vereinzelt Menschen entgegengestellt hatten, wurde zwar nach dem Ende des Krieges geschrieben, dass aber unsere eigenen, von Generation zu Generation weitergegebenen Vorurteile den Juden, den Homosexuellen, den Polen, den „Bolschewiken", den Kommunisten, den Sinti und Roma, den Behinderten oder den psychisch Kranken gegenüber der Boden waren, auf dem die nationalsozialistische Ideologie wachsen konnte, das wollte fast niemand wahrhaben oder wies es entschieden von sich. Die Schuldigen waren die Anderen.

Damit vergaben wir die Chance zur Selbstkorrektur und zum Neubeginn. Als Folge, so schreiben die Mitscherlichs, „werden wir an unseren psychosozialen Immobilismus wie an eine Krankheit mit schweren Lähmungserscheinungen gekettet bleiben."

„Ohne eine Erinnerungsarbeit", so schreiben sie weiter, „wirken unbewusst die alten Ideale weiter, die im Nationalsozialismus die fatale Wendung der deutschen Geschichte herbeigeführt haben."[37] Die Erkenntnis des Zusammenhangs war nicht neu.

Der Prophet Jeremia hatte sich schon über 600 Jahre vor der Geburt Jesu über die Folgen der Verfehlungen der Väter für ihre Kindern Gedanken gemacht. Bei Jer. 31, Verse 29 und 30 prophezeite er: „Zu derselben Zeit (gemeint ist die Endzeit, Anm.

d. Verf.) wird man nicht mehr sagen: ‚Die Väter haben saure Trauben gegessen und den Kindern werden die Zähne stumpf', sondern ein jeder wird um seiner eigenen Schuld willen sterben, und wer saure Trauben isst, dem werden die Zähne stumpf."

Ich frage mich: Was galt und was gilt nun für uns, die Nachkommen? Gab und gibt es verborgene Folgen der Verfehlungen der Väter und Mütter in unseren eigenen Leben? Und wie sehen solche Folgen aus?

Richard von Weizsäcker hat in seiner Rede zum 40. Jahrestag des Endes des Zweiten Weltkrieges am 8. Mai 1985 zu der Frage kollektiver Schuld und vor allem zum Thema Verantwortung klar Stellung genommen:

„Schuld oder Unschuld eines ganzen Volkes gibt es nicht. Schuld ist, wie Unschuld, nicht kollektiv, sondern persönlich." Er spricht von einer „schweren Erbschaft", die uns unsere Vorfahren hinterlassen hätten. Und er spricht von der Verantwortung für die Zukunft, die nachfolgende Generationen hätten: „Die Jungen sind nicht verantwortlich für das, was damals geschah. Aber sie sind verantwortlich für das, was in der Geschichte daraus wird."

Was Weizsäcker in dieser Rede nicht berührt, ist die Erbschaft, von der die Mitscherlichs sprachen und deren Bedeutung der Prophet Jeremia früh erkannte. Wir tragen die Taten unserer Vorfahren in uns und sie bestimmen unser Leben mit, es sei denn, wir erkennen sie und arbeiten sie in uns selbst auf. Mir begegnet in Menschen meines Alters heute, mehr als 75 Jahre danach, Scham, Trauer, Zorn, Depression und auch Negation, die ihr Leben weiter begleiten. Ich kenne aber auch eine Reihe von Menschen, die versucht haben wiedergutzumachen, obwohl sie wussten, dass das letztlich nicht möglich ist. Auch dieses Bemühen war für sie lebensbegleitend. Sie wussten: Die Schuld tilgen konnten sie nicht.

Es war wohl meine jugendliche Kompromisslosigkeit, die mich über die Schuld der Deutschen im Zweiten Weltkrieg so trauern ließ, als sei es meine eigene. Mir war meine so schön in Gut und Böse geordnete Welt verlorengegangen. Das Resultat aber war nicht nur Trauer, es war auch Wut. Davon später.
Kann es sein, dass die Mitscherlichs den Schlüssel fanden, als sie annahmen, dass es nicht in erster Linie um Erkenntnis der Schuld geht, sondern darum, über die eigene Unfähigkeit, den eigenen Egoismus zu widerstehen, zu trauern? Solange wir die Ursache nur in „den anderen" sehen, wird sich nichts ändern. Erst die Erkenntnis der Tatsache, dass jeder Mensch, also auch wir selbst, unter gegebenen Umständen zu solchem Handeln fähig ist, schafft Verständnis der individuellen Zusammenhänge und damit die Grundvoraussetzung für ein Umdenken.

Hamstern

Jedes Flüchtlingskind arbeitete. Wenn wir nicht hungern oder frieren wollten, mussten wir unseren Teil dazu beitragen, dass Nahrung und Brennmaterial da waren. Das leuchtete jedem ein. Das Wort Kinderarbeit war sowieso noch nicht erfunden worden.
Ein Lastwagen fuhr in den Innenhof. Das Ereignis konnte niemandem entgehen, denn Lastwagen hatten nur die Amis, die aber hatten wir uns durch eine List vom Leibe gehalten.
Das war so. In den ersten Tagen nach der Invasion kamen die Quartiermacher der Armee, um das Haus zu requirieren. Es war klar, dass die Sieger sich die schönsten Häuser zum Wohnen aussuchen durften und dieses war ein Schmuckstück. Was tun?

Onkel Karl ging den Soldaten, die in einem Jeep auf den äußeren Hof gefahren waren, freundlich entgegen. Einige der im Schloss untergebrachten Kinder standen neugierig daneben, jedes von ihnen mit einem Stein in der Hand hinterm Rücken. Auf der Brücke angekommen, erklärte der Hausherr in mühsamem Englisch die Geschichte der Wasserburg. Derweil ließen die Kinder wie zum Spiel ihre Steine ins Wasser fallen. Der Burggraben hatte seit Jahrhunderten die Fäkalien, nicht nur der menschlichen Bewohner, sondern auch die der Schweine aufgenommen und in Morast umgewandelt. Die geschlossene Schicht der Entengrütze verhinderte, dass unangenehme Gerüche daraus in die Nasen der Bewohner des Hauses entweichen konnten. Nun aber zerstörten die Steine der Kinder die gnädige Schutzschicht und bestialischer Gestank stieg aus dem Morast in die Nasen der Besatzer. Nebenbei ließ Onkel Karl das Wort „Diphtherie" fallen. Die Soldaten verabschiedeten sich schleunigst.
Dies konnte also kein amerikanischer Armeelaster sein. Er hatte ja auch keinen weißen Stern auf der Fahrertür. Auch hätte ein solcher kaum durch die Durchfahrt gepasst. Es war ein Holzfeuer getriebener Kleintransporter. Auf seiner Ladefläche stand ein mannshoher Ofen, der mit kleinen Holzklötzen gefüttert wurde. Neben dem Ofen, unter einer Plane versteckt, standen zahlreiche Fässer und Büchsen. Heringe! Vom Fahrersitz sprang Jürgen Ritter, ein Freund aus früheren Zeiten. Für seine Familie war Pätzig auch Heimat gewesen. Er umarmte die herbeigeströmte Familie herzlich. Er war einer der wenigen übrig gebliebenen Männer. Offizier war er gewesen und nun in Bremerhaven verheiratet. Er wurde unser Retter vor dem Hunger. Die Eltern seiner Frau besaßen eine Reederei. Die Fässer und Büchsen wurden abgeladen und im Keller verstaut. Wir waren nun reich, reich an Heringen.

Mein kleiner Bruder und ich zogen den Handwagen die Straße zum Nachbardorf hinauf. Die Dörfer hier haben viele Satelliten. Kleine Bauerngehöfte, die verstreut in der Landschaft stehen. Hier und da ein Wäldchen, hügeliger Acker, kaum Weiden. Die Gehöfte bestehen aus weißen Fachwerkhäusern mit einem großen Tor im Giebel und ein oder zwei niedrigen Nebengebäuden. Das große Tor des Bauernhauses hatte in der Mitte eine kleine Tür, das Tor schloss die Deele[38] ab. Rechts und links neben der Tür ließen kleine Fensterchen eine Spur von Licht in den hohen düsteren Raum fallen. Der gestampfte Lehmboden lagerte hier seit Urgroßmutters Zeiten und hatte geduldig alles in sich aufgenommen, was an feuchtem Überfluss auf ihn niedergegangen sein mochte. Von dort aus befanden sich, je nach Größe des Hofes, seitlich die Pferde- und Kuhställe oder die Gesindekammern. Es gab eine Mauer oder einen Zaun um jeden dieser Höfe, ein Hoftor und einen kläffenden mehr oder minder gefährlichen Hofhund, der, an ein quer über den Hof gespanntes Drahtseil gekettet, hin und her raste und Eindringlingen nach dem Leben trachtete.
Wir suchten uns den prächtigsten Hof aus. Das Hoftor stand offen. Der Hund schlief in seiner Hütte. Vielleicht hatte er gerade gefressen. Sein Kopf ruhte auf den Vorderpfoten. Wir machten vorsichtshalber einen Bogen um ihn und gingen quer durch die Deele in Richtung Küche, von wo wir Stimmen hörten. Durch ein Fensterchen seitlich der Küchentür sahen wir die Knechte und Mägde essend unter niedrigen Fenstern, um den blankgescheuerten Küchentisch sitzen. Ihre Ellenbogen waren aufgestützt, – die durften das –, keiner nahm Notiz von uns, als wir eintraten. Der Bollerwagen stand draußen. Ich, die Ältere, hatte eine tellergroße Büchse in den Händen. Wir blieben schüchtern an der Tür stehen. Auf der silbern blankgeputzten Herdplatte brutzelten Reibekuchen, im Osten nannten wir sie

Kartoffelpuffer und die gehörten zu unseren Lieblingsessen. Sie dufteten überaus köstlich. Der Wunsch, einen dieser Reibekuchen geschenkt zu bekommen, nahm in mir Platz. Wir hatten natürlich Hunger. Auch wenn wir nicht wirklich hungerten, wir bekamen täglich zu essen, so war es doch nie genug, und in Fett gebratene Reibekuchen standen schon lange nicht mehr auf unserem Speisezettel. Die Bäuerin stand über den Herd gebeugt. Ihre Schürze reichte bis fast auf den Boden. Ihre Haare waren im geflochtenen Kranz um ihren Kopf gelegt. Eine schwarzweiß gefleckte Katze strich um ihre Füße. Die Luft war von feuchter, köstlich duftender Wärme erfüllt. Der Bauer am Kopfende des Tisches nahm weiterhin keine Notiz von uns. Hier schien sie, die Bäuerin, zuständig zu sein. Wir warteten schweigend, bis sie die frischen Kartoffelpuffer an die unbeirrt Essenden am Tisch verteilt hatte. Jeden einzelnen Kartoffelpuffer. Aber der Topf, aus dem der Teig kam, war noch nicht leer. Sie bestrich die Herdplatte erneut mit Schmalz und setzte mit der Kelle Häufchen auf die heiße Platte. Jedes Mal zischte und spritzte das Fett und ein neuer Schwall von lockendem Duft erreichte unsere Nasen. Nun endlich drehte sie sich zu uns und fragte:

„Was wollt ihr?"

„Wir wollten fragen, ob Sie uns vielleicht für diese Heringe hier etwas Speck oder so geben könnten?"

„Wir brauchen keine Heringe!"

„Aber ..."

„Ich sag doch, wir brauchen keine Heringe. Ihr könnt gehen!"

Sie wandte sich wieder ihrer Arbeit zu.

Wortlos drehten wir uns mit unserer Büchse in der Hand um und gingen.

Von diesem Moment an, lehnte ich es ab, hamstern zu gehen. So nannte man das.

Vor der Währungsreform

Betteln sagte man nicht, man sagte ‚organisieren'. Ohne Tausch oder Betteln ging nichts, denn das Geld war nichts mehr wert. Mutter war ständig unterwegs, zuerst um Haushaltsgegenstände zu besorgen und dann um Baumaterial für ein zukünftiges Haus ranzuschaffen. Manchmal nahm sie uns mit. Vielleicht tat sie das, um die Menschen zu Mitleid zu bewegen, vielleicht aber auch, weil sie sich von uns Unterstützung versprach. Ich mochte das nicht. Ich fand es schrecklich peinlich, wenn sie in einer Behörde einen Bezugsschein beantragte und nicht locker ließ, wenn der Beamte sagte, er könne ihr keinen geben. Sie blieb stehen und redete und redete, und ich hätte mich am liebsten hinter ihr versteckt, weil es so peinlich war.

Einmal schickte sie Ina und mich zum Nachbargut von Oberbehme. Wir liefen hin. Der Besitzer eines grauen Schlosses, ein großer Mann, war sicher genauso genervt von der Flüchtlingsflut, wie alle hier und hatte wahrscheinlich auch das Haus voller „Gäste". Wir wurden nicht hereingebeten, das heißt nur bis in die Halle. Dort standen wir zu zweit vor dem alten Herrn, und Ina, die besser reden konnte als ich, sagte, unsere Mutter hätte uns geschickt und wir wollten fragen, ob er uns – und ich entsinne nicht mehr, was es war – dies oder das geben könnte. Ina gab sich große Mühe, höflich und doch eindringlich den Auftrag unserer Mutter auszuführen. Der alte Herr blieb gerade und formell vor uns stehen, dann versuchte er sich sehr umständlich und etwas gestelzt herauszureden und zu begründen, warum es ihm leider aus diesen und jenen Gründen nicht möglich sei, auf die Bitte unserer Mutter einzugehen. Es täte ihm außerordentlich leid und wir mögen unsere Mutter schön grüßen und er wünsche ihr alles Gute und viel Erfolg und so weiter und so fort.

Ina blieb ernst und ließ sich nicht anmerken, was sie von seinen Ausreden hielt. Ich aber fing an zu grinsen und prustete, ohne ein Wort zu sagen, plötzlich heraus, weil ich es so komisch fand, was ihm alles zu sagen einfiel, wo doch ein einfaches „Nein" vollständig genügt hätte.
Die große Tür hinter uns hatte sich kaum geschlossen, da bekam ich von Ina eine Gardinenpredigt, die sich gewaschen hatte. Ich wäre gemein, und das nächste Mal könne ich mich vielleicht mal anstrengen Mutter zu helfen und ich müsse lernen, mich anständig zu benehmen und so etwas dürfe mir nie wieder passieren, und mit mir zusammen würde sie ganz bestimmt nie wieder irgendwo hin organisieren gehen. Ina war so enttäuscht, dass sie es nicht geschafft hatte, den alten Herrn zu überreden, dass die Gardinenpredigt wahrscheinlich heftiger ausfiel, als sie sie gehalten hätte, hätten wir freudestrahlend nach Hause laufen können. Wir sind nie wieder zusammen losgeschickt worden, um etwas zu erbitten. Offenbar hatte Ina Mutter davon überzeugt, dass ich zum Organisieren nicht zu gebrauchen sei.

Glück gehabt

Es war noch immer kalt. Allmorgendlich leerte mein neunjähriger Bruder Peter den Einsatz des runden Blechofens, den er in Mutters Zimmer herausgenommen und auf den Dachboden getragen hatte. Er säubert ihn und füllte ihn neu. Unter dem gewaltigen uralten Dachstuhl auf dem Holzboden lagerte unser Brennmaterial, Sägemehl. Peter stieg an diesem Morgen mit dem zu einem Viertel mit Asche beladenen Rohr die schmale Holztreppe unters Dach herauf.

Unter uns Flüchtlingskindern war er der Jüngste. Er wurde im Kreis der Jugendlichen geduldet. Aber bei unseren Unternehmungen konnten oder wollten wir ihn nicht dabeihaben. Für uns war er noch Kind, schmächtig gebaut und verträumt. In Pätzig war er oft krank. Immer dann, wenn unsere Kinderfrau Donti in Urlaub fuhr, bekam er Durchfall. Dessen schämte er sich. Hier wirkte er wie gänzlich verwaist. Unser ältester Bruder Max, der im Krieg gefallen war, hatte sich ähnlich gegrämt, weil er nicht so kräftig gebaut war und nicht so robust, wie sein Vater sich das gewünscht hatte. Väter wünschten sich damals starke, tapfere Söhne. Sie sollten wohl brauchbar für den Hof, für die Jagd und fürs Militär sein. Musische Söhne, und der Älteste war so, mussten unter Beweis stellen, dass sie „tough" waren. Meinem Bruder ist das zum Verhängnis geworden, als er als junger Leutnant in Russland beschloss, allein einen Hügel einzunehmen, nachdem sein Trupp sich geweigert hatte, ihm zu folgen, weil die erfahrenen Soldaten den Versuch zu Recht als sinnlos eingeschätzt hatten. Was würde mein kleiner Bruder wohl in seinem Leben beweisen müssen? Welche neuen Werte würden ihn zu einem angesehenen Mann machen?
Auf dem Dachboden war es finster. Die alte Tür ächzte. Die jahrhundertealten, mächtigen Balken des Dachstuhls hatten Kriege überdauert. An einem Ende des hohen Gebälks gurrten im geräumigen, offenen Käfig aus Maschendraht die Hoftauben. Sie suchten sich selbst ihr Futter. Irgendwann wurden sie gefangen und als magere, aber immerhin fleischerne Leckerbissen in den Kochtopf der Gutsküche gesteckt. Peter leerte das Rohr und presste es mit frischem Sägemehl randvoll. Jetzt war das Rohr schwer. Er schleppte es die Treppe herab. Er war die Arbeit gewohnt. So ging das täglich.
Eines Morgens aber kam er unausgeschlafen auf den Dachboden und fand zu seinem Entsetzen im Sägemehl mehrere Feuernester.

Kleine rotglühende, heiße Kreise im nach vorn flach auslaufenden, hoch aufgeschütteten, gelben Holzmehlhaufen. Offenbar hatte am vorhergehenden Morgen noch Glut in der Asche gelegen, die er dort ausgeleert hatte. Er stolperte rennend die Treppe herab und kehrte mit Schaufel, Blecheimern und einem zweiten Kind zurück. Sorgfältig lösten sie die Glut aus dem Berg und ließen sie in die Eimer fallen. Sie trugen die Eimer nach unten und ließen Wasser hineinlaufen. Glück gehabt! Unausdenkbar, wenn das Schloss durch uns, die wir dort Zuflucht gefunden hatten, in Flammen aufgegangen wäre. Außer unserer Mutter erfuhr niemand davon. Erst sehr viel später hat er es mir erzählt. Und als ich vor kurzem in Oberbehme war und auf den Dachboden kletterte, zeigte mir die Gutsherrin die schwarz verrußten Balken, die nun nicht mehr ganz so gewaltig groß waren wie in der Erinnerung.

Bethel, Klaus und Onkel Haji

Am 1. Juni 1945 zogen Mutter und meine Schwester Christine nach Bethel, wo sie von Ida und Friedrich von Bodelschwingh aufgenommen wurden. Sie wollten in der Gärtnerei der Bodelschwinghschen Anstalten die Kunst des Gartenbaus erlernen. Sie schufteten von morgens bis abends, pflanzten und jäteten bei Wind und Wetter. Das war hart für Menschen, die Knochenarbeit nicht gewohnt waren.

Wir Kleinen waren nun wieder unserer ältesten Schwester Ruth-Alice zugeordnet. Sie wohnte im Herrschaftsteil des Schlosses mit ihrem Neugeborenen, ihrer Kinderfrau und den zwei kleinen Jungen. Ihr Mann Klaus hatte vorausschauend schon frühzeitig für seine schwangere Frau um Zuflucht gebeten. Ruth-Alice war zwölf Jahre älter als ich und hatte schon vor der Flucht ihren eigenen Gutshaushalt geführt. Zur Hilfe hatte sie für ihre drei Kinder und nun auch uns die Haustochter Trudel und die alte Kinderfrau Dane, die schon ihren Mann Klaus aufgezogen hatte.

Mein Schwager Klaus von Bismarck wurde als einer der Ersten am 22. Juni 1945 aus britischer Kriegsgefangenschaft in Schleswig-Holstein entlassen. Die Männer, die jetzt nach und nach ihre geflüchteten Familien wiederfanden, waren nun arbeitslos. Viele kamen von Höfen und hatten neben der Landwirtschaft keinen Beruf erlernt. So auch mein Schwager, er war Offizier und Landwirt. Viele dieser Landwirte wanderten nach Südamerika aus oder versuchten, sich mit fachfremden Jobs über Wasser zu halten. Unser Gastgeber Carl von Laer war inzwischen von den Alliierten zum Landrat ernannt worden. Er verschaffte Klaus seine erste Stelle als Jugendpfleger im gerade neu gegründeten Jugendhof Vlotho, 20 Kilometer östlich von Oberbehme. Ein Jahr später wurde er dessen Leiter. Dort brachte Klaus Jugendliche aus den verschiedenen, miteinander um die politische Richtung streitenden Häusern zusammen – Kinder von Nationalsozialisten, Kommunisten, Sozialdemokraten, Katholiken, Protestanten. Jede dieser Gruppen war auch in sich uneins, wie zum Beispiel die evangelische Kirche, in der die Bekennende Kirche und Deutsche Christen miteinander gestritten hatten. Im Jugendhof Vlotho sollten sie auf der Grundlage demokratischer Werte miteinander reden lernen.
Später irgendwann wurde auch der Bruder meiner Mutter, Hans Jürgen von Kleist-Retzow, aus dem Gefängnis entlassen, in dem er nach dem Attentat vom 20. Juli 1944 gefangen gehalten

worden war. Sein Gut im Osten hatte auch er verloren.[39] Nun saß Onkel Haji, wie wir ihn nannten, in der vom Holzfeuer im Herd leicht gewärmten Wohnküche am Esstisch und löffelte dampfende Wasser-Roggensuppe. Wir sahen in ihm einen der letzten „Herrn" und meinten damit Männer, die sich durch Charakterstärke, Zurückhaltung, politische Weitsicht und Klugheit auszeichneten. Er verkörperte damals für mich den Inbegriff eines Preußen, gradlinig, königstreu und dienend.

War es dort am Esstisch, dass er mich mit seiner nüchternen Feststellung „Wir sitzen auf einem Pulverfass!" beeindruckte? Ich versuchte mir vorzustellen, wie das ist, wenn ein Pulverfass explodiert. Es ist natürlich unmöglich, sich auszumalen, wie das ist, wenn man zerrissen wird. Aber die Gefahr, dass der Krieg wieder losgehen könnte, war uns ständig bewusst, und wir alle hatten eine Vorstellung davon, was das heißen würde.

Seit Vaters Tod war Onkel Haji als ältester Bruder meiner Mutter unser Vormund. Seine Frau und ihr Hund Woyna waren fast gleichzeitig mit ihm „zu uns gestoßen". So umschrieb man die nicht in einem Wort zu beschreibenden Arten, aus dem Nirgendwo anzukommen. Sie hatte die Russen noch „erlebt", richtiger sollte ich sagen „erlitten". Der Hund war ihr zugelaufen. Sein Schicksal war ihres. Er hatte ihr leidgetan. Sie nannte ihn „Woyny", abgeleitet von dem russischen Wort woina, das Krieg heißt. Tante Mieze, so nannten wir sie, wirkte zerstreut und redete ohne Unterlass leise vor sich hin. Keiner hörte ihr zu. Onkel Haji ließ sie reden. Sie wurde von uns kaum beachtet, wie ein Teil des Inventars oder die Wand. Wir fragten nicht nach dem, was die beiden erlebt hatten, weder sie noch ihn. Hätten sie reden wollen? Ich denke, nein.

Erst viel später habe ich mir vorzustellen gewagt, was Tante Mieze wohl durchgemacht haben musste.

Kohle organisieren

Die Bahngleise lagen jenseits der Werre, einem Zubringerflüsschen zur Weser. Mein kleiner Bruder und ich machten uns heimlich auf den Weg. Wir zogen unseren „Bollerwagen", einen Kastenhandwagen, hinter uns her. Wir waren inzwischen gewohnt, weite Wege zu gehen, so störten uns die fast fünf Kilometer zum Rangierbahnhof in Löhne nicht. Schließlich waren wir an unserem Ziel. Wo die Schienen die Werre in einem Viadukt überquerten, lagen die Bahngleise auf einem Schotterbett erhöht auf einem aufgeschütteten Bahndamm. Wir waren nicht die einzigen Menschen, die im Schutz der steilen Böschung kauerten. Jeder hatte einen Handwagen neben sich. Wir warteten auf den nächsten Zug. Hier an dieser Stelle hielten die Züge, bevor ein Signal ihnen die Weiterfahrt in den großen Bahnhof erlaubte. Lange Güterzüge aus dem Ruhrpott, die in Richtung Hamburg oder Berlin rollten. Es wäre gut gewesen zu wissen, wohin sie fuhren. Denn, wenn sie für die Siegermächte bestimmt waren, wäre es nicht so schlimm, sie zu beklauen. Wenn sie für die frierenden Menschen in den Großstädten bestimmt waren, sähe die Sache anders aus.

Wir sahen diese städtischen Menschen jetzt häufiger beim Hamstern. Sie wanderten von Hof zu Hof und bettelten um Kartoffeln oder Speck oder irgendetwas Essbares. Sie wirkten alle irgendwie grau. Grau gekleidet, nicht gerade abgerissen, aber doch ärmlich. Man erkannte sie daran, dass sie ein Köfferchen oder einen Rucksack trugen. Rucksäcke waren damals grünliche Beutel mit Lederriemen. Die meisten Bauern ließen die „Hamsterer" gar nicht erst auf den Hof. Das Wort passte eigentlich überhaupt nicht. Denn eigentlich hamsterten doch die, die zu viel hatten, und nicht die bettelnde Bevölkerung.

Mit großem Vergnügen sangen wir damals ein Lied, das von einem Serienmörder handelte, der nach dem Ende des Ersten Weltkrieges über zwanzig Jungen und junge Männer ermordet und zerstückelt hatte: „Warte, warte nur ein Weilchen, dann kommt Haarmann auch zu Dir, mit dem kleinen Hackebeilchen macht er Hackefleisch aus Dir."[40] Ich stellte mir vor, ich säße in einem der vorbeifahrenden Züge auf einer der Holzbänke, über mir im Gepäcknetz ein Pappmascheekoffer, aus dem frisches Blut auf mich herabtröpfelte. Ich erinnere nicht mehr, ob diese Phantasie eine kursierende Geschichte oder ein Traum war, der wieder an die Oberfläche kam. Können solche Gedanken Ängste bewältigen?

Die Züge hier am Viadukt bestanden aus einer Dampflok und vielen nach oben offenen Waggons, die mit Steinkohle oder Briketts beladen waren. Ein Zug rollte heran, wurde kreischend langsamer und blieb stehen. Wir stürmten kletternd auf allen Vieren den steilen Hang hinauf. Die Männer bestiegen die Waggons über die Puffer und warfen, so schnell sie konnten, Kohle herunter. Wir Kinder und die Frauen sammelten sie auf und warfen sie auf die Böschung, wo sie von selbst nach unten kullerten. Alles ging rasend schnell. Es war wohl so, dass einer der Männer das Signal beobachtete. Jedenfalls ertönte binnen Kurzem der Schrei „Runter!", und die Männer sprangen in Windeseile von den Wagen. Keiner wollte mitfahren, keiner wollte von einer Bahnpatrouille geschnappt werden und sich wegen Diebstahls im Gefängnis wiederfinden. Auch zwischen die Puffer wollte niemand geraten. Uns Kindern verboten die Männer strikt, mit ihnen hinaufzuklettern. Ich bewundere noch heute das Verantwortungsbewusstsein dieser Männer uns fremden Kindern gegenüber. Wir sammelten die Kohle in die Handwagen, bedeckten sie zur Tarnung mit am Straßenrand gepflücktem Löwenzahn, „Karnickelfutter“, und zogen den unsrigen nach Hause. In der Wohnküche stand Mutter am Herd, sie war ärgerlich: „Ich will auf keinen Fall, dass ihr das noch einmal macht. Das ist Diebstahl! Die Kohlen waren sicher für Menschen bestimmt, denen es viel schlechter geht als uns.“

Sommer 1945 – Freischwimmer

Es war Sommer. Wie schön, dass sich Wetter nicht um Krieg oder Frieden schert. Verblüffenderweise wird es jedes Jahr wieder Sommer, ganz und gar unabhängig davon, was wir Menschen damit machen. Die Sonne schien mir heiß auf die Haut. Ich lief barfuß über den Hof. Die rundgeschliffenen Pflastersteine waren weich unter meinen Füßen. Ich suchte meine Mutter. Die zu eng gewordenen Schuhe war ich los, auch mein Dirndl, in dem ich geflohen war, war zu eng geworden. Ich trug einen Trägerrock aus einem alten, blaukarierten Bettbezug. Nun war ich tags und nachts in Karo gekleidet. Ich wuchs.

Sie saß in ihrem Zimmer und schrieb. Seit ich meine Mutter kannte, war Briefeschreiben eine ihrer Hauptbetätigungen. Täglich hatte sie an meinen Vater ins Feld geschrieben und viele andere Kontakte gepflegt, nun aber war zu ihrem Kummer ihr Schreiben durch Papiermangel eingeschränkt.

„Darf ich mit den Anderen zum Baden gehen?“ Sie ließ sich nicht gern unterbrechen. „Erst, wenn du den Freischwimmer hast!“ „Ich kann schwimmen!“ Das stimmte nicht. In Pätzig waren wir mit dem Kutschwagen zum Achtersee am Rande des Nachbargutes der Familie von Tresckow in Wartenberg gefahren. In diesem See war vor Jahren ein Kind ertrunken. Wenn sie uns auch sonst größte Freiheiten ließ, vor dieser Art Freizeitvergnügen hatte meine Mutter Respekt. Dort in Wartenberg hatten wir Leibchen um den Brustkorb getragen, die mit brikettgroßen Korkstücken besetzt waren.

„Dann beweise es mir", sagte sie. „Wann?" „Von mir aus heute Nachmittag."

Das kam überraschend. Ein paarmal war ich heimlich oder mit Erwachsenen schon am Wehr der Werre gewesen. Die Mühle neben dem Wehr ratterte Tag und Nacht. Das Wasser des Flüsschens lief breit über eine Betonrampe. Am Fuß des Wehrs hatte das herabfallende Wasser eine Kuhle ausgespült. Dort war es tief. Auf dem Wehr tummelten sich die Kinder des Dorfes. Geschrei und Juchzen begleiteten das Rauschen des herabfallenden Wassers und das Rattern der Mühle. Oben in dem alten Gebäude wohnte der Müller mit seiner Familie. Man sagte, er könne ohne den Lärm, den das Mahlwerk verursachte, nicht schlafen. Das Getreide musste in diesem Sommer besonders schnell geerntet und verarbeitet werden, damit die Männer, die es Tag und Nacht bewachten, als Nächstes verhindern konnten, dass die Kartoffel- und Rübenfelder geräubert wurden. Die hochsommerlich warme Luft war gefüllt mit sattem Blütenduft aus den umliegenden Wiesen, gemischt mit trockenem Getreidestaub aus der arbeitenden Mühle.

Natürlich hatte ich keinen Badeanzug. Was zog ich an? Hatte Maxa mir einen geliehen? Ganz ausgeschlossen war es, ohne Badeanzug zu baden. Das Umkleiden am Ufer stellte ein Problem dar. Schrecklich der Gedanke, jemand könnte mich nackt sehen. Die Nackte wäre das Gesprächsthema des Dorfes und in meinen Ohren klänge heute noch: „Schämst du dich denn eigentlich überhaupt nicht?" Ängstlich, sonst war ich das nicht, zog ich das, was man mir zum Schwimmen gegeben hatte, unter meinen Hängerock. Mutter stand am Ufer mit der Armbanduhr in der Hand. Ich sollte zwanzig Minuten ohne Unterbrechung schwimmen, dann hätte ich den Freischwimmer und dürfte mit den Kindern ohne Aufsicht der Erwachsenen baden. Ich kannte das Wehr und das Wasser und wusste, wo es tief war. Mutter wusste das nicht. Ich konnte mich eine Weile über Wasser halten, aber zwanzig Minuten traute ich mir nicht zu. So schwamm ich dorthin, wo sich eine Sandbank unter meinen Füßen erhob. Nach zwanzig Minuten hatte ich meinen Freischwimmer!

Wir waren inzwischen an die Besatzer gewöhnt. Sie ließen uns in Ruhe und wir sie. Ihre Lastwagen waren jetzt fast die einzigen motorisierten Fahrzeuge auf den Straßen.

„Stellt euch vor, es gibt junge deutsche Frauen, die an der Weser flanierend mit amerikanischen Soldaten gesehen worden sind!"

In den entrüsteten Ton der Berichterstatterin stimmte die Hausgemeinschaft ein. „Wie kann man, wenn man noch etwas Anstand in den Knochen hat, mit Amerikanern anbandeln, unmöglich! Das sind wir doch unseren Soldaten schuldig, dass wir uns an solcher Verbrüderung nicht beteiligen! Das tun nur Flittchen. Wer weiß, was die dafür kriegen."

Der Unterschied zu den sonst oft politischen, sachlichen Gesprächsthemen fiel auf. Der Verdacht dämmerte in mir, sie redeten indirekt mit uns und wollten uns auf diese Weise davon abhalten, aus dem Ruder zu laufen. Das Bild der am Ufer flanierenden, seidenbestrumpften Mädchen, die ich nie gesehen hatte und die ein solches Missfallen hervorgerufen hatten, prägte sich mir ein. Ich könnte es malen. Und wir hatten noch kein Fernsehen!

Flöße

In den Straßengräben fand sich alles, was die amerikanischen Soldaten auf ihren Fahrten nicht mehr gebrauchen konnten. Besonders viele grüne Benzinkanister lagen dort. Offenbar bekamen sie diese gefüllt geliefert und warfen sie weg, wenn sie leer waren. Wir hörten zum ersten Mal das Wort „Wegwerfgesellschaft". „Stell dir vor, die tragen Kleider aus Papier, und nachdem sie sie einmal getragen haben, werfen sie sie in den Papierkorb!"

Die Kanister eigneten sich als Schwimmkörper. Vier Kanister mit Telefonkabel zusammengebunden, hielten einen von uns über Wasser. Allerdings, um Telefonkabel im Straßengraben zu finden, musste man schon etwas nachhelfen. Für die Werre waren Flöße allerdings ungeeignet, die hatte zu viel Strömung. Aber auf dem Schlossgraben inmitten der Entengrütze, das war doch was. Das Problem war, sie zu stabilisieren. Wir brauchten Holz. Aber wir brauchten erst gar nicht zu suchen, wir wussten ja, es gab keins. Es sei denn ...

Da war Hans Hermann, er war so alt wie ich. Seine Familie hatte sich aus der Großstadt aufs Land gerettet. Als Enkel des Hausherrn hatte er zwar etwas mehr Freiheiten, aber auch er war Gast im Haus und traute sich verständlicherweise nicht, auf dem Hof seiner Großeltern zu klauen. Wo konnten wir sonst Holz herbekommen? Auf der anderen Straßenseite gab es die Gutsgärtnerei. Sie war mit einem hohen Maschendrahtzaun gegen Diebe gesichert. Der Gärtner wohnte mit seiner Familie innerhalb des Zauns, mit ihm war nicht gut Kirschenessen. An einem Baum, etwas vom Haus entfernt im hinteren Bereich des Gartens, lehnten lange Bohnenstangen. Wenn wir die hätten, könnten wir Plattformen bauen, unter denen die Kanister schwämmen, und die Spitzen der Stangen könnten wir zum Staken im Morast verwenden. Die Flöße wären perfekt.

Tante Friederike saß in ihrem Rollstuhl, die wärmende Decke über den Knien; schwach, blass und zerbrechlich sah sie aus.

Hans Hermann sagte: „Großmutter, kannst du uns vielleicht helfen?"

Es war nicht das erste Mal, dass wir sie fragten. Es schien ihr Freude zu machen, in ihrer Hilflosigkeit wenigstens den Kindern ab und zu das Leben zu verschönern.

„Was fehlt euch denn?"

„Wir wollen Flöße bauen, und uns fehlt das Holz."

„Und wie kann ich euch dabei helfen?"

„Wir könnten in der Gärtnerei Bohnenstangen klauen."

„Und?"

„Kannst du es uns vielleicht erlauben?"

„Ihr könnt alles tun und lassen, was ihr wollt. Ihr dürft euch nur nicht erwischen lassen!"

Wir umarmten sie vorsichtig. Oder hab' ich ihr die Hand geküsst, wie ich das für den Umgang mit älteren Damen gelernt hatte? Ich weiß es nicht mehr. Sie freute sich an unserer Freude.

Das Hoftor des Schlosses wurde nachts verriegelt und verschlossen. Keiner kam unbemerkt rein oder raus. Wir weihten unsere kleinen Brüder ein. Sie mussten unsere Betten so bauen, dass niemand bemerkte, dass wir nicht da waren. Am Abend, eh das Tor verschlossen wurde, versteckten wir uns auf dem Heuboden des Kutschstalls. Heu pikst, wenn man drin schlafen will. So war es nicht schwer, wach zu bleiben, bis es Nacht wurde und außer der gelegentlichen Unruhe der Tiere unter uns nichts mehr zu hören war. Wir stiegen die Leiter hinab. Der schwarze Köter des Gärtners schlief und merkte nichts, als wir vorbeischlichen. Der Zaun war schnell überstiegen und die Stangen herübergereicht.

Wir trugen sie in den Park und versteckten sie im Gebüsch, dann kletterten wir wieder ins Heu. Niemand bemerkte etwas. Was wäre schlimmer gewesen, wenn es herausgekommen wäre, dass wir geklaut oder dass wir zusammen im Heu übernachtet hatten? Ich weiß es nicht. Am nächsten Tag zersägten wir die Stangen schnell und hofften damit zu verhindern, dass der Gärtner sie wiedererkannte.

Das Vergnügen war perfekt. Nicht nur wir Großen, auch unsere Geschwister beteiligten sich nun an Wasserschlachten besonderer Art. Es gab je zwei Flöße auf der Herrschaftsseite und zwei auf der Flüchtlingsseite. Die Feldsteinbrücke mit ihren beiden Bögen bildete die Grenze. Hinten herum konnte niemand fahren. Da hatten wir wegen des Schweinemorasts nicht genug Wasser unterm „Kiel".

Wer sich auf Feindeswasser begab, also unter einem der Bögen hindurchstakte, wurde gnadenlos angegriffen. Fiel er vom Floß, war er für diesen Tag außer Gefecht gesetzt. Er oder sie stürzte, möglichst nicht kopfüber, durch die Entengrütze hindurch in den Schlamm und paddelte dann wie ein Hund im dicken Morast zum Ufer. Dort kroch er oder sie die Böschung hoch und verließ, schwarz von Kopf bis Fuß und bestialisch stinkend, das Kampffeld. Dies passierte uns allen mindestens ein Mal, Peter mehrfach. Meine Mutter beklagte sich. Sie sagte: „Er stinkt noch Tage danach." Auch Seife war rationiert.

Noch ein weiteres Mal half uns Tante Friederike. Wir wollten Karnickelställe bauen. Im Dorf verkaufte jemand junge Karnickel. Aber Bretter, Nägel und Maschendraht gab es nicht. Tante Friederike erreichte, dass wir sie aus Beständen des Gutes bekamen, auch Heu und Stroh schenkte sie uns. Die Scharniere schnitten wir aus einem alten Fahrradmantel, und nagelten sie mit Dachpappennägeln ans Holz. Löwenzahn, das Lieblingsfutter der Karnickel, fanden wir im Chausseegraben. Ich lernte Bock von Zicke zu unterscheiden, und los ging die Zucht. Die Erwachsenen hofften, dass wir so zur Ernährung beitragen würden und unterstützten das Projekt. „Essen könnt ihr sie alleine!", sagten wir, und wir blieben dabei.

Maxa sah, dass unsere Zucht gelang. Eine Ecke des Schlosshofes barg bald eine Reihe Karnickelställe; auch andere Kinder schlossen sich uns an. Da übertrug mir Maxa die Sorge für den Taubenschlag. Ich fühlte mich geehrt. Die lieben Tiere aber entpuppten sich bei näherer Bekanntschaft als zänkische, ungeahnte Massen an weiß-schwarzem Kot produzierende, ständig gurrende Viecher. Meine Aufgabe war es, ihren übelriechenden Verschlag zu säubern und jede beim Kampf untereinander geschwächte oder verletzte Taube in der Küche abzuliefern. Als ich die Aufgabe übernahm, hatte ich nicht darüber nachgedacht, dass es zu meinen Aufgaben gehören würde, die entzückenden, kranken Tierchen umzubringen.

„Wie macht man das?" Ich hielt eine Taube an beiden Flügelansätzen, als Erich über den Hof kam. Der schloss seine Hände zu Fäusten und drehte sie gegeneinander. „So", sagte er ungerührt. Ich ging zum betongefassten Abfallhaufen neben der Küchentür, fasste den Hals der Taube mit beiden Händen und drehte. Mein Magen stülpte sich nach oben. Das Leben, dem ich ein Ende gesetzt hatte, war in meine Hände gekrochen und von dort durch meine Arme über die Schulterblätter hinunter schwer in meinen Magen gefallen, der sich mit Schwung der Last entledigte. Das Gefühl in meinen Armen und Schultern kann ich seither jederzeit erneut abrufen. Ich gab die ehrenvolle Aufgabe an Maxa zurück.

Annema ist gekommen!

Seit gestern steht ein Wohnwagen im Park. Ein englischer Soldat hat ihn da hingestellt. Er empfängt dort seine Freundin. Es ist Spätsommer. Uns Kindern ist verboten worden, uns dem Wagen zu nähern.

Heute Morgen sind die Räder vom Wohnwagen verschwunden. Der Wagen steht jetzt fein säuberlich auf Ziegelsteinen aufgebockt im Park. Wer das wohl war?

Eine meiner Zicken hat Junge bekommen, sie hat sich Wollknäuele aus dem Fell gerissen und damit ein Nest in der hinteren dunklen Ecke ihres Stalls gebaut. So einfach kann Nestbauen sein!

Es gab zwei geschlossene Veranden, die aus Holz seitlich an das Schloss angebaut waren und den Graben überbrückten. Onkel Carl und Tante Friederike hatten dort jeden Nachmittag in der Veranda des Herrschaftsteiles ihren Tee aus einer silbernen Teekanne, die auf einem silbernen Tablett serviert wurde, getrunken.

Im Sommer des letzten Jahres hatte Onkel Carl meine Schwester Ruth-Alice und ihren Mann Klaus zur regelmäßig um vier gehaltenen Teestunde zu sich gebeten. Sie kamen. Es waren nur zwei Tassen gedeckt. Sie standen, als Onkel Carl verkündete, dass er eine Stelle als Leiter des Jugendamtes in Herford für Klaus habe. Alle Landwirte aus dem Osten, auch wenn sie durch den Krieg dezimiert waren, waren arbeitslos. Onkel Carl wusste, wie gut die Nachricht für Klaus war, aber warum bat er die beiden jungen Verwandten nicht, sich zu setzen und mit ihm und seiner Frau Tee zu trinken?

Meine große Schwester sagt: „Onkel Carl sah sich nicht in der Lage, den Aachener Fabrikarbeiter zum Tee einzuladen, und so konnte er den eigenen Neffen nicht bevorzugen. Das war sein westfälischer Gerechtigkeitssinn: Alle sollen die gleichen Rechte und Pflichten haben, damit es keinen Streit gibt."

In der zweiten geschlossenen Veranda, die im Flüchtlingstrakt über das Wasser des Schlossgrabens ragte, standen Blumentöpfe fast jeder Größe, Geranien und Fleißige Lieschen. Wir hatten eine Blumenzucht aufgemacht. „Wir", das waren Annema und ich.

Annema, meine einzige, liebste, beste Freundin war zu uns gekommen! Sie war eine Enkelin der ältesten Schwester meines Vaters, Anne von Klitzing. Eigentlich war der Grund furchtbar traurig. Annemas Eltern, Hans und Ingrid von Klitzing, waren beide umgekommen. Hans, der vom Militärdienst freigestellt worden war, um den Hof und das Gestüt seiner Eltern zu verwalten, wurde von den Russen erschossen. Er war rechtzeitig mit seiner Familie aus seinem Gut Charlottenhof getreckt, dann aber abends wieder zurückgeritten, um seine Kühe zu tränken. Er hatte eine Pistole bei sich. Als die Russen ihm begegneten, haben sie ihn erschossen. Ingrid ist später gestorben. Annema, ihr kleiner Bruder und die Mutter waren schon bis zur Elbe gekommen. Ihr Treckwagen stand in einer Scheune in Parey an der Elbe[41], als diese bombardiert wurde. Der Treckwagen verbrannte mitsamt dem Insulin, das die Mutter zum Überleben brauchte. Nun waren Annema und ihr Bruder Waisen. Als Annema gefragt wurde, zu wem sie gehen wolle, hatte sie gesagt, „zu Lala". Ich war mehrfach in den Ferien zu Annema und ihren Eltern eingeladen worden und hatte dort ihre Pferde reiten dürfen. Mutter nahm sie ganz selbstverständlich mit in die Familie auf.

Annema verstand viel von Pflanzen und Tieren, so hatten wir zusätzlich zur Karnickelzucht eine Blumenzucht. Zwei Geranien und zwei Fuchsien schenkte uns der Gärtner und Blumentöpfe

dazu, so viele wir wollten. Annema zeigte es mir: Die Zweige abknipsen, im Wasserglas Wurzeln treiben lassen, in die Erde stecken und begießen. Wir würden Geld verdienen.
Zuerst aber pflückten wir Wiesenblumensträuße. Der Bollerwagen war bis zum Rand gefüllt, wir zogen ihn am Sonnabend ganz früh sieben Kilometer weit bis in die Innenstadt von Herford und stellten uns an eine belebte Straßenecke. Tatsächlich, Frauen hielten freundlich lächelnd an und kauften uns einen oder auch zwei Sträuße ab. Nur die Gräsersträuße, die wir besonders schön fanden, blieben übrig. Als wir am nächsten Sonnabend wieder an der Straßenecke standen, wurden wir von der Gewerbepolizei nach Hause geschickt.

Eine mutige Frau – Mutters innere Stimme

Und noch einmal möchte ich über meine Mutter schreiben.
Das Essen war abgeräumt. Die Familie saß um den blank gescheuerten Tisch. Die Sonne schien durch die geöffneten Fenster. Draußen zwitscherten die Vögel. Die Blätter der riesigen Parkbäume begannen sich zu verfärben. Es war September. An ihrem Tonfall war zu erkennen, dass das, was sie zu sagen hatte, unangenehm war. Wir würden zur Kenntnis nehmen, was es war und ihr nicht widersprechen. So war das. Manchmal holte sie Meinungen von Menschen ein, deren Urteil sie achtete, aber die änderten eigentlich nie etwas an ihrem Entschluss. Sie nannte das, was sie zu tun beschlossen hatte, „meine Aufgabe“ oder „meinen Auftrag“, oder sie sagte „Ich weiß, dass ich das tun soll“, oder sie sprach von ihrer „inneren Stimme“.

Wir hörten schweigend zu, als sie uns verkündete, dass sie nach Hinterpommern reisen wollte. Nach Hinterpommern? Das war der reine Wahnsinn. Allein schon bei dem Versuch, von Westfalen nach Berlin zu kommen, konnte sie im Gefängnis landen. Völlig ausgeschlossen war, dass sie die Fahrt in die russisch oder polnisch besetzten Gebiete jenseits der Oder heil überstehen würde. Ich weiß nicht, ob einer von uns ihr ins Gesicht gesagt hat, dass die Idee verrückt war, gedacht hat es jeder.

Fast alle deutschen Frauen, die im Osten geblieben waren, hatten die „Rache" der russischen „Soldateska" erlebt. Die, die vorher entkommen waren, konnten von Glück reden. Reisen, allein das Wort „Reisen" war schon Hohn. Die Grenze zu der Sowjetischen Zone war dicht. Dort standen sich alliierte und sowjetische Truppen gegenüber, und die Angst ging um, irgendein Soldat könne anfangen zu schießen. Ein einzelner Schuss, so fürchtete man, konnte den Krieg neu anfachen. „Papiere", diese Wunder bewirkenden, lebensrettenden Kostbarkeiten, waren fast nirgendwo und nur unter großen Schwierigkeiten zu haben, und ohne „Papier" ging gar nichts. Sie würde der Willkür jedes einzelnen Soldaten ausgeliefert sein. Und, und, und... Aber sie fuhr. Am ersten Tag ihrer Reise schrieb sie: „17.9. – Ich fahre nun endgültig. Es zieht mich unwiderstehlich dorthin, als riefe mich unentwegt jemand um Hilfe. Verzeiht mir, wenn es Leichtsinn sein sollte. Ich bin durchaus nicht furchtlos bei diesem Unternehmen, nach allem, was ich von den Grenzübergängen hörte. Aber in mir wird täglich und fast stündlich die Sicherheit stärker, daß dies geschehen muß."[42]

Natürlich würden wir unsere Mutter suchen, wenn sie nicht zurückkommen würde. Aber vernünftig war ihr Entschluss nicht. Damals habe ich meine Mutter bewundert. Heute habe ich Mühe, sie zu verstehen.

Man mag über die „innere Stimme“ meiner Mutter denken, was man will. Tatsache ist, dass sie ihre sterbende Mutter auf wundersame Weise drei Tage vor ihrem Tod in Hinterpommern noch ansprechbar fand, sich von ihr verabschiedete und sie beerdigte. Auf dem Rückweg konnte sie sich zwar nur mit List als Putzfrau getarnt aus einem polnischen Gefängnis „verabschieden“, aber sie kehrte unversehrt zu uns zurück. Man kann die Geschichte in ihrem Buch „In des Teufels Gasthaus“ nachlesen.[43] Wer es liest, wird vielleicht nachdenklich. Jedenfalls ging es denjenigen so, die ihre Unternehmung vehement hinterfragt hatten. Ich schrieb es schon. Sie lebte vom „Auftrag“ her. Die innere Stimme, der sie folgte, wurde von ihr wohl als Gottes Stimme gesehen. Und die hielt sich nicht an rationale Überlegungen.

Es war nicht das erste Mal, dass sie sich selbst in Gefahr begeben hatte. 1939 etwa muss es gewesen sein, da hatte sie in einer Nacht- und Nebelaktion die Gewehre des Stahlhelms auf unserem Dachboden versteckt. Sie ließ die Gewehre ohne Wissen meines Vaters unter den Fußbodenbrettern verschwinden. Der Stahlhelm war eine noch aus Kaisers Zeiten stammende paramilitärische Organisation, die von den Nazis aufgelöst, bzw. in die SA überführt werden sollte. So ein Verhalten konnte einem den Kopf kosten.

Später, als nach dem 20. Juli 1944 eines Tages der Diener an ihrem Schreibtisch erschien und ihr die „Herren der Gestapo“ an der Haustür meldete – sie waren leicht an ihren bis auf die Schuhe hängenden beigen Trenchcoats zu erkennen –, reagierte sie konzentriert sachlich. Sie sagte dem Diener, er möge die Gäste bitten, sich einen Augenblick zu gedulden, ging zur Glasvitrine, ließ die Gästebücher wegen der vielen darin enthaltenen Namen verschwinden, zog stattdessen Hitlers „Mein Kampf“ aus der Versenkung und stellte das Buch an die sichtbarste Stelle.

Abgesehen davon, dass die obligate Hakenkreuzfahne bei uns nicht über dem Haupt-, sondern über dem Kücheneingang hing und ihre Haltung vielleicht als fragwürdig kolportiert worden war, hatte sie nichts zu befürchten. Aber die Gästebücher enthielten die Namen von verschiedenen Widerstandskämpfern, und die Gestapo war an allen Namen interessiert, die mit diesen in Zusammenhang zu bringen waren. Da standen unter anderen der Name unseres Nachbarn, Henning von Tresckow und auch der meines angeheirateten Vetters Fabian von Schlabrendorff. Die Herren verabschiedeten sich nach geraumer Zeit, ohne etwas erfahren zu haben.

Im Winter ging sie einmal allein mit unserem Jagdhund, um eine angeschossene Sau zu suchen. Sie wusste, dass solche kreuz und quer, ungeachtet der Dickichte durch den Hochwald und Sumpf liefen und bisweilen sogar Menschen angriffen. Als sie die Sau fand, gab sie ihr den Fangschuss, obwohl sie sich sonst nicht an der Jagd beteiligte und keinen Jagdschein besaß.

Im Januar 1945 hatte sie sich dem „Auftrag" verpflichtet gefühlt, sich um die „Leute", die Arbeiter ihres Gutes zu kümmern. Die Verpflichtung ihren Kindern gegenüber ordnete sie der Verantwortung für die ihr anvertrauten Arbeiterfamilien unter. An ihre eigene Sicherheit dachte sie nicht. Wie schon erwähnt, hatte ihr unser Vater vor seinem Tod in einem seiner täglichen Briefe geschrieben: „Sollte es so weit kommen, schick' die Kinder in den Westen." Wir Kinder lasen es anders als sie. Wir konnten uns nicht vorstellen, dass unser Vater sie, die als Besitzende in besonderer Gefahr stand umgebracht zu werden, dieser aussetzen wollte. Sie nahm die Worte unseres Vaters wörtlich und schickte uns in den Westen. An sich selbst hatte man zuletzt zu denken. Es erforderte Mut, die Kinder alleine auf eine derart gefährliche Reise zu schicken. Gottvertrauen und Pflichtbewusstsein bestimmten meine Mutter. Sie fühlte sich gestärkt durch die Beweise ihres Mutes. Ihre Situation später im Westen bot zu Heldentaten wenig Gelegenheit.

Gerechtigkeit

Als erwachsene Frau habe ich begriffen, dass es Gerechtigkeit in dem Sinn, in dem ich sie als Kind verstanden und eingefordert habe, nicht gibt. Wenn ich jetzt beschreibe, in welchen Konflikt ich als junger Mensch in dem Haus der Verwandten, die uns liebevoll aufgenommen hatten, geriet, dann ist es mir wichtig klarzustellen, dass ich heute differenzierter denke. Alle waren damals überfordert. Das habe ich nicht gesehen. Dem Unverständnis und Zorn, die mich damals umtrieben, sind Dankbarkeit und Nachdenklichkeit gewichen. Nachdenklichkeit angesichts der Einsicht, dass das Überleben in absehbarer Zukunft nur möglich sein wird, wenn wir lernen zu teilen und zu helfen, statt anzuhäufen und festzuhalten. Vielleicht werden dann gegenseitige Zeitgeschenke wertvoller erachtet werden als materielle Gaben und Notleidende nicht mehr mit Unverständnis zu den „Besitzenden" hinüberschauen.

Die Großfamilie funktionierte. Meine älteste Schwester übernahm die Rolle der Mutter.

Die Stube der Kunsthistorikerin war dunkel und roch streng und beladen. Über Eck standen zwei Betten, in der Mitte ein Tisch, in der anderen Ecke ein Ofen. Mehr Mobiliar gab es nicht. Wozu auch, was man hatte, trug man auf dem Leib. Die Kunsthistorikerin, Grete Dimel, ich habe sie schon beschrieben, war klein, rundlich und hatte weiße Stoppelhaare auf dem Kopf.

Warum mochten wir Kinder sie nicht? Sie war ein bisschen betulich, aber intelligent und als Kunsthistorikerin anerkannt. Sie hielt große Stücke auf unsere Mutter, und diese verehrte sie. Sie lebte zusammen mit ihrer Freundin. Fräulein Rath hatte ein glattes pausbäckiges Gesicht und straff zurückgekämmte braune Haare. Sie sagte nur etwas, wenn wir Dreck machten oder selbst dreckig waren. Sie war Weißnäherin. Das war ein Beruf, mit dem konnte man nun Geld verdienen. Aber sie hatte keine Nähmaschine. So ging sie in Häuser, wo es eine gab.
Beide kamen aus Berlin. Sie waren nach Pätzig gekommen, um den Bomben zu entgehen. Schon da wirkten sie wie Fremdkörper im Haus. Nun waren sie hier in diesem dunklen Nebenzimmer der Oberbehmer Gärtnerei untergebracht und hatten genau so viel wie wir, nichts. Die Kunsthistorikerin unterrichtete uns, denn der Unterricht in Schulen hatte noch nicht wieder angefangen. Die Stunden zogen sich für mich unendlich in die Länge. Es gab kein Schulbuch und kein Papier, und das Zimmer konnte nicht gelüftet werden, weil die Damen sonst froren. Falls ich sie vorher jemals gehabt hatte, verlor ich hier vorerst jegliche Lust am Lernen.

Im Schloss hielt Annette, Onkel Carls Tochter, jeden Sonntag am Abend eine Andacht. Die Hauskapelle war ein schmaler Raum mit einem sprossenunterteilten Fenster gegenüber der Tür, rechts stand ein um eine Stufe erhöhter Altar und links einige Reihen Stühle. Der Raum konnte durch eine dem Altar gegenüberliegende Flügeltür in den dahinterliegenden Saal erweitert werden. Die Feier wurde nach dem Ritus der Michaelsbruderschaft gehalten, einer Reformbewegung innerhalb der evangelischen Kirche, deren Mitbegründer mein Vater gewesen war und die sich bei den kirchlichen Verwandten in einigen

Schlössern durchgesetzt hatte. Ich kannte den Ritus, er war Bestandteil unserer morgendlichen Familienandachten. Es waren sich wiederholende Gebete und Texte aus dem Stundenbuch, in dem für jeden Tag des Jahres vorgezeichnet war, welcher Text aus der Bibel gelesen werden sollte. Eine Predigt war nicht nötig. Die Tatsache, dass Maxas und Annettes Eltern das Schloss für die Verwandten und deren Freunde und Angestellten weit geöffnet hatten, lag auch an der hier gepflegten christlichen Tradition und der selbstverständlichen Gepflogenheit oder sogar Verpflichtung solcher Gutshäuser, sich der unverheirateten und alternden Angehörigen anzunehmen. Hier jedenfalls war man fromm, je nach Veranlagung bisweilen auch sehr fromm, außerdem wusste man „was sich gehört".

Da saß ich nun und stimmte in die mit Inbrunst gesungenen, schönen alten Kirchenlieder ein, fügte mich ins Psalmodieren, öffnete mich den vorgetragenen biblischen Texten: „Selig sind, die da geistlich arm sind; denn das Himmelreich ist ihr. Selig sind, die da Leid tragen; denn sie sollen getröstet werden. Selig sind, die da hungert und dürstet nach der Gerechtigkeit; denn sie sollen satt werden. (...) Selig sind, die um Gerechtigkeit willen verfolgt werden; denn das Himmelreich ist ihrer."[44]

Da tauchte sie auf, die Rede von der Gerechtigkeit, mit der ich mich so schwertat.

Diese Texte halfen mir, über Gerechtigkeit nachzudenken. Ich durfte, so verstand ich das, die Ungerechtigkeit, die der Krieg hinterlassen hatte, wahrnehmen und Gerechtigkeit ersehnen („hungern und dürsten"). Ich musste mein Inneres nicht fortwährend verwinden, meine Fragen und meine Verzweiflung verleugnen, um „von Herzen" dankbar zu sein, denn meine unbeantworteten Fragen verhinderten die Dankbarkeit unseren Gastgebern gegenüber. Wie sollte ich dankbar für das Wenige sein, was uns an irdischen Gütern geblieben war? Denn das sickerte auch langsam in mein Herz, dass das Land, das wir heiß liebten, und das immer noch Bestandteil meiner selbst war und es bis an mein Lebensende bleiben würde, endgültig verloren war.

Aber was hieß Gerechtigkeit? Eindeutig gerecht war, dass wir Deutschen die Last des von uns verursachten Krieges tragen mussten. Eindeutig ungerecht war, dass die Last so ungleich verteilt war. Wir Flüchtlinge aus dem Osten hatten doch nicht mehr Verantwortung für den Krieg als alle anderen. Es war doch nicht allein unsere Schuld, dass wir nun den Verwandten im Westen zur Last fielen. Ich hatte meinen Vater und meinen Bruder im Krieg verloren und jetzt auch noch mein Zuhause. Ich bezog die Worte aus dem Matthäusevangelium damals auf meine ganz persönliche Lage. Wo war da die Gerechtigkeit? Meine gleichaltrigen Vettern, Enkel der Hausherren, hatten ihren Vater und ihr Zuhause noch, auch wenn sie es vielleicht neu aufbauen mussten. Ich suchte nach Gerechtigkeit, nicht unbedingt für mich selbst, eher für meine Mutter und andere Flüchtlinge, mit denen ich mich innerlich solidarisierte, und war gerne bereit mich um der Gerechtigkeit willen „verfolgen" zu lassen. Was hatte ich denn zu verlieren? Aber wie? Ich hatte keine klare Vorstellung davon, was mit „verfolgen" konkret für mich gemeint sein könnte, und was ich vielleicht ertragen müsste. In jedem Fall aber würde es mich ehren! (im Nachhinein!) So hatten es mich Geschichten von Märtyrern gelehrt. Andererseits wusste ich, dass ich auf jeden Fall Ärger mit meiner Mutter kriegen würde, wenn ich nicht in ihre Dankbarkeitshymnen einstimmte. Und dass es angenehmer ist, sich nicht mit rebellischen Ansichten unbeliebt zu machen, hatte ich auch schon mitgekriegt. Dennoch war Widerstand ein positiv geladenes Wort. Es gefiel mir. Es gab mir eine Perspektive heraus aus dem lähmenden Erdulden. Zorn und Wut waren nicht erlaubt, aber für andere kämpfen war ein den Kämpfer ehrendes Ventil.

Während ich Annette lauschte, ertappte ich mich bei dem Gedanken, dass sie die Worte eigentlich nicht ernst nehmen konnte. Dass ich als 13-Jährige die Worte richtig verstand, daran hatte ich keinen Zweifel. Zugleich schämte ich mich, dass ich nicht zufrieden war. Ich hatte Mitleid mit meiner Mutter, es war sogar mehr. Ich war zornig, dass sie „so ungerecht behandelt wurde". Ich sah hilflos zu, wie sie darum kämpfte, für sich und uns Kinder ein Stückchen Land bewirtschaften zu können und dies nicht auf dem Boden ihres Schwagers tun konnte. Stattdessen war sie dankbar für die Aussicht, einen von Schützengräben zerfurchten Hang auf einem ehemaligen Truppenübungsplatz pachten zu können, der ohne Anbindung oder Erschließung sieben Kilometer entfernt lag und natürlich nur zu Fuß zu erreichen war. Meine Gedanken saßen in einer Zwickmühle, aus der ich sie nicht befreien konnte.

Es wurde kühl, Herbst eben, und die Lebensmittel wurden immer knapper. Hätten wir die Heringe nicht gehabt, die uns unser Freund Jürgen Ritter, der die Tochter eines Bremer Reeders geheiratet hatte, gebracht hatte, und die nun morgens, mittags und abends auf den Tisch kamen, wäre es uns schlecht gegangen. Ich wuchs und wuchs. Sobald ich irgendwo etwas länger stehen musste, wurde zuerst mein Kopf innen kühl und dann, nach ein paar Sekunden Bedenkzeit, fiel ich um. So hockte ich mich bei solchen Anzeichen vorsorglich hin oder setzte mich auf den Boden und vermied den Kollaps. Manchmal ließ es sich jedoch nicht vermeiden, zum Beispiel in der Kirche beim Vaterunser.

Ich stand mit einem Porzellankrug am Ausguss im Flur und ließ Wasser aus dem Hahn in den Emaille-Krug laufen. Mir wurde schummerig im Kopf. Ich schaffte es gerade noch, das Gefäß abzustellen, schlug aber leicht mit dem Kopf gegen den eisernen Ausguss. Alles war soweit gut gegangen! Ich stand auf. Da kam mir eine Idee. Ich legte mich neben den Ausguss und wartete, bis mich jemand entdeckte. Die Aufregung war groß genug. Mutter war noch im Osten unterwegs. Sie legten mich in das Zimmer meiner Schwester auf ein herbeigeschafftes Bett und verordneten mir striktes Liegen für drei Wochen. Die Diagnose Gehirnerschütterung wurde in der Familie sehr ernstgenommen und durch strenges Liegen kuriert. In Kiekow war einmal ein Kind von der Schaukel gefallen, hatte nach kurzer Bewusstlosigkeit weitergespielt und war dann kurze Zeit später gestorben. Ich genoss meine Ruhe. Endlich frei vom Holzsammeln und Schulstunden im muffigen Zimmer. Die Erwachsenen kümmerten sich besorgt um mich, eine Prozedur, die, seit wir Pätzig verlassen hatten, nicht mehr so vorgekommen war. Ich bekam eine extra große Ration Essen und besorgte Blicke, die ich genüsslich und Elend schauspielend entgegennahm. Erst in der dritten Woche fasste mich die Langeweile und ich verließ das Bett heimlich, um aus dem Fenster zu schauen, wo ich die auf dem Hof spielenden Kinder beobachten konnte. Der Gedanke, meiner Schwester, die zusätzlich zu ihrem Neugeborenen und den beiden Kleinkindern ihre Geschwister versorgen musste, ungerechtfertigt Mühe zu machen, kam mir nicht. Sie gehörte zu den Erwachsenen, meinen Widersachern. Allerdings fügte die Tat meinem schlechten Gewissen eine weitere Wucherung zu.

Tante Friederikes Tod – 2. Oktober 1945

Und dann starb Tante Friederike. Ich hatte sie schon längere Zeit nicht mehr gesehen. Ihr hölzerner Rollstuhl stand leer im Flur. Aber sie war noch da, wenn auch für mich unerreichbar. Ihr Leiden hatte man von uns ferngehalten. Als sie dann starb, war es, als ginge dort drüben im Herrschaftstrakt auch für mich das Licht aus, als sei die letzte spürbare Gegenwart meines gefallenen Vaters verschwunden. Ihr Tod traf mich tief und hinterließ eine schmerzende Leere.

Über uns die Blättergewölbe der alten Buchen, unter unseren Schuhen feuchte, den Sohlen seitlich ausweichende, schwarzbraune Erde. Rotbraunes Buchenlaub in tiefen breitgefahrenen Treckerspuren, misshandelt, verschmutzt. Mühsam, gesenkten Kopfes und schweigend stapften die Trauergäste durch den Matsch. Der lange Trauerzug aus schwarz gekleideten Menschen bewegte sich unnahbar schweigend zum Familiengrab mitten im Wald. Mit einem hohen angespitzten Eisenzaun umgeben, bot er auf schmalen Gängen zwischen bemoosten Grabsteinen Platz für die nächsten Angehörigen, für solche, denen vor ihrem eigenen Ableben dort der Zutritt gestattet war. Zu ihnen gehörten wir nicht. Peter und ich schlängelten uns vorsichtig zwischen regungslos hängenden Mänteln bis ans Gitter. Hans Hermann und seine Brüder, Enkel der Verstorbenen, durften am Grab stehen. Mich packte Neid und eine Mischung aus Trauer und Wut. Hatte ich sie nicht genauso geliebt wie die drei Jungen? Hatte ich sie vielleicht noch mehr gebraucht – den Menschen, der als seine Schwester, einen Teil meines gefallenen Vaters verkörperte? Dort verschwand in einem schwarzen Loch unsere Fürsprecherin, eine, die mich gesehen hatte, eine, an die ich

mich hatte wenden können. Und sie hatte mich gehört. Aber nur ich wusste, was ich verlor. Ich fühlte mich verlassen.
Dann kam der Nachmittag. Die Trauergäste versammelten sich im Herrschaftstrakt zum Tee, wir Kinder draußen im Innenhof. Da war die rosa Röschenhecke, hinter der sie an sonnigen Tagen in der Hausecke vor der gelben Wand oft gesessen hatte. Ein Hauch von ihr schien diesem Ruheplatz noch anzuhaften. Die Sonne schien wieder, und wir spielten Fangen um die Hecke, glücklich, die Trauer beim Laufen und einander jagend abzuschütteln. Etwa zehn spielende Kinder machten Lärm, der von den Wänden des Innenhofes verstärkt ins Haus drang. Da erschien Maxa mit vorwurfsvoller Mine: „Habt ihr denn gar keinen Respekt vor Tante Friederike, dass ihr heute solchen Krach macht?" Erschrocken und schuldbewusst standen wir still. Ich hätte gern etwas gesagt, aber die Worte blieben unter der Kehle stecken. Sie hatte uns komplett falsch verstanden. Wir hatten Tante Friederike nicht vergessen. Wir wussten: „Tante Friederike hätte uns verstanden, und sie hätte sich an unserem Spiel gefreut." Das hätte ich sagen wollen, aber das wäre frech gewesen, und den Mut hatte ich nicht.

Mutter ist wieder da – 22. Oktober 1945

Sie kam wieder! Plötzlich war sie wieder da! Auf dem Rückweg aus Hinterpommern, nachdem sie die Oder Richtung Westen überschritten hatte, war sie zu „unseren Leuten", die inzwischen aus Pätzig vertrieben worden waren, gefahren oder gelaufen. Sie hatte eine Nacht in Hohenfinow im Bett unseres ehemaligen

Dieners geschlafen. Nun brachte sie uns die Nachricht, dass unser Haus abgebrannt war. Niemand konnte oder wollte uns sagen, ob es eigene Leute oder Flüchtlinge geplündert und dann gezündelt hatten, oder ob es die Russen waren. Ich stellte mir vor, dass die Soldaten mein Cello auf seine Seite auf den Flügel gelegt und sich mit Zielschießen darauf amüsiert hatten. Geschichten dieser Art kursierten. Von nun an wiederholte sich für lange Zeit derselbe Nachttraum. Ich träumte, ich krabbele auf allen Vieren über den kalten Backsteinboden des unteren Flures im Elternhaus, über mir brennt es lichterloh. Ich komme kein Stück weiter, bin wie gelähmt. Dann wache ich auf. Noch heute träume ich ab und zu von dem Haus meiner Kindheit. Immer versuche ich, es zu bewohnen, wiederherzustellen. Obwohl sich das Haus im Traum zur Unkenntlichkeit verändert, ist die Freude, es wiederzusehen, wie ein längst nicht mehr erwartetes Glück.

Butter klauen

Geld war nicht viel wert. Die Lebensmittelmarken[45], briefmarkengroße Abschnitte mit Buchstaben drauf, deren Gegenwert je nach Versorgungslage in den Zeitungen bekanntgegeben wurde, bescherten jedem von uns jetzt pro Woche eine Portion Butter in etwa der Größe einer halben Zigarettenschachtel. Die fettarme Ernährung bewirkte in mir verstärkt Gier auf Fett. Jeder von uns hatte eine Untertasse, auf der wir unserer Butterration Linien verpassten, eine Art Selbstdisziplin, die helfen sollte, nicht das ganze Stück am ersten Tag aufzuessen. Mutter hatte auf einer ihrer vielen Touren, auf denen sie versuchte, das zusammenzuschnorren, was wir brauchten, die Tellerchen in einer Porzellanfabrik ergattert. Weil Farbproben auf ihnen eingebrannt waren, eigneten sie sich mit ihren unterschiedlichen Mustern besonders gut für diesen Zweck. Jeder konnte sofort erkennen, welcher Teller ihm gehörte und wie sparsam die anderen mit ihrer Butter umgingen.

Der Zeitpunkt nach dem Mittagessen schien günstig. In der Wohnküche waren die Stühle auf den Tisch gekippt, damit die täglich frisch gewischten alten Holzdielen trocknen konnten. Die Hausbewohner hielten Mittagsruhe. Ich schlich leise in den Raum, öffnete die linke untere Tür des mit Schnitzereien gezierten Eichenschranks, schabte vorsichtig mit einem Messer von jedem Butterwürfel etwas ab und schmierte es mir in den Mund. Ich verließ die Wohnküche unbemerkt. Da mir der Coup gelungen war, wurde eine Gewohnheit daraus. Jeden Nachmittag schlich ich jetzt in die Wohnküche und bediente mich. Das konnte nicht verborgen bleiben. Schließlich geschah, was geschehen musste. Vom Sofa her, verborgen hinter hochgekippten Stühlen, ertönte eine Stimme: „Da hab ich ja den Dieb!" Ich entsinne keine Strafe.

Ich darf fahren

Es war ein Problem, dass wir Kinder wuchsen und zum Winter neue Schuhe brauchten. Woher nehmen und nicht stehlen? Die Zeiten wurden besser, eine Fabrik nach der anderen tat sich auf. Eine neue Fabrik produzierte Holzschuhe aus Pappelholz. Zuhause hatten wir sie „Oderkähne" genannt. Wir freuten uns auf die neuen Schuhe. Als sie schließlich kamen, stellten wir fest, dass sich unser Spann am Holz wund rieb. Leder war kostbar und lag nicht auf der Straße, schließlich bekamen wir doch genug Riemenstücke, die wir über die Holzschuhe nagelten. Die Riemen verminderten den Druck. Wenn wir aber viel mit den Holzschuhen liefen, rieb sich der eine oder andere Zeh wund. Heute sind das Hühneraugen.

Ich hatte weiterhin ein einziges Kleid. Aber der Arbeiterfamilie mit ihren dreizehn Kindern, die aus Aachen hierher evakuiert worden war und auch im Schloss wohnte, ging es nicht anders. Das war gerecht.

"All animals are equal, but some animals are more equal than others." Diesen Satz aus George Orwells 1945 erschienenem Buch „Animal Farm", das die westliche Auseinandersetzung mit dem Kommunismus dieser Zeit beschreibt, haben wir damals mit Freude gelesen, aber nicht so sehr auf den für uns fernen Kommunismus bezogen, sondern auf unsere eigene Situation.

Als ich klein war, das war nun schon eine Ewigkeit her, war mein Zukunftstraum ein Gestüt. Ich hatte mir in Einzelheiten ausgemalt, wie mein Hof aussehen würde, und in meiner Fantasie waren edle Pferde mit ihren Fohlen auf hügeligen Weiden mit wehenden Mähnen galoppiert. Das war der Tagtraum, mit dem ich mich regelmäßig getröstet hatte, wenn ich zur Strafe ins Bett musste. Nun aber zogen die beiden jungen Pferde, die mir tatsächlich gehört hatten, wenn sie noch lebten, wahrscheinlich russische Panjewagen.

„Willst du mich nach Kirchlengern fahren?" Onkel Carl überraschte mich mit seinem Angebot. Ich war elektrisiert. „Natürlich!" Nichts Schöneres konnte mir angeboten werden. Seine Schimmelstute stand auf dem Hof fertig angespannt vor dem Einspänner. Das Gefühl, wieder die weichen Lederleinen in der Hand halten zu dürfen, mit denen es mir gelungen war, ein Pferd

„in die Hand" zu bekommen, war zutiefst beglückend. Der Umgang mit Pferden war ja das Einzige, was ich anerkanntermaßen konnte. Als ich auf dem Bock saß, erfasste mich Erregung und Glück von den Fingerspitzen bis in die Zehen. „Mal sehen, ob du das kannst", sagte Onkel Carl. Hier hatte ich nun nicht den geringsten Zweifel. Hatte man mir den Kutschstall zuhause doch schon anvertraut, als ich noch zehn war, und hatte ich doch bisher jedes mir anvertraute Pferd heil wieder nach Hause gebracht. Ich genoss die Fahrt, achtete auf jede Kleinigkeit, ließ das Pferd nur auf Sandboden traben. Es ging leicht am Zügel. Ich war mit mir und der Welt zufrieden. Auf dem Rückweg forderte Onkel Carl mich auf, auf Asphalt anzutraben. Innerlich widerstrebend gehorchte ich. Plötzlich nahm er mir die Zügel aus der Hand und sagte: „Ich fahre." Was hatte ich gemacht? „Hast du nicht gemerkt, dass du viel zu nah an dem Fußgänger eben vorbeigefahren bist? Bei euch im Osten konntet ihr vielleicht so mit Menschen umgehen. Bei uns hier geht das nicht!" Was tat nun mehr weh, die abfällige Bemerkung über „uns im Osten", die Kritik an meinem Fahrstil oder das Ende für meine Leidenschaft? Ich denke Ersteres. Jede Kritik an meinen Eltern traf mich härter als Kritik an mir selbst. Insbesondere unser Vater war für uns unantastbar. Die Tränen kamen erst, als ich in meinem Bett lag.

Und dann, welche Freude! Unser Kutscher war gekommen. Unser heißgeliebter Kutscher Erich hatte uns wiedergefunden. Mit ihm hatten wir in Pätzig Stunden auf der Futterkiste gesessen und seinen wunderbaren Geschichten zugehört. Zum Teil hatte er sie von unserem Vater übernommen. Die Geschichten gehörten uns! Mit Schirmmütze und langer blauer Schürze hatte er uns reiten und fahren gelehrt. Im Stall hatten wir unter seiner Anleitung das Putzen und Füttern gelernt. Er hatte uns vor der Kinderfrau und vor der Lehrerin in Schutz genommen und manchmal in der Futterkiste versteckt. Von Erich hatten wir gelernt, dass Obst fremder Leute Bäume abzupflücken nur Klauen ist, wenn man über den Zaun steigt. Und wenn er augenzwinkernd sagte „Das sagste man lieber Vatern nich", entstand zwischen ihm und uns eine Schwurgemeinschaft, in der wir wussten, er würde es Vater sagen, aber wir würden straffrei davonkommen. Dann war er eingezogen worden und hatte sich in der Etappe bewährt. Er war ein Organisationstalent. Ihm oblag dann auch jetzt hier das „Organisieren", eine neue Wortschöpfung, die beides enthielt, Herbeischaffen und Klauen. Man konnte sich aussuchen, was man hörte. Das hatte ihm beim Militär Freunde gemacht, erzählte er uns. Er war auch hier zu gebrauchen. Onkel Carl vertraute ihm sofort den Stall an. Unser Kutscher, sein Ruf eilte ihm voraus, war ein vorzüglicher Kutscher. Peter und ich freuten uns auf ein Stück wiedergefundene Heimat. Endlich würden wir wieder mit ihm auf der Futterkiste sitzen, welches Glück. Aber bald stellte sich heraus, dass wir auch unseren Kutscher verloren hatten. Nicht wir, sondern die Enkel seines neuen Herrn saßen jetzt auf der Futterkiste mit ihm und hörten seinen, nein, unseren Geschichten zu. Das Betreten der Ställe war uns verboten. Die Welt kindlichen Vertrauens bekam einen Knacks.

Ein Offizier der Besatzungsmacht, mit dem Onkel Carl im Landratsamt zu tun hatte, erkor den Park, um sein Zelt dort aufzustellen. Eines Tages war das Zelt weg. Nicht lange Zeit danach war Erich mit einem neuen Anzug aus Segeltuch zu sehen. Dieser Anzug hatte zwar eine andere Farbe, aber das Material erinnerte verräterisch an das Zelt. „Honi sois qui mal y pense."[46]

Ich beschloss abzuhauen. Mein kleiner Bruder und Kumpel war der Einzige, den ich einweihte. Er bat mich unter Tränen, dazubleiben. Obwohl ich nicht wusste, wohin ich gehen könnte, packte ich demonstrativ vor ihm die wenigen eigenen Fotos und restlichen Habseligkeiten in meinen Rucksack und verließ das Haus. Ich wollte die Erwachsenen strafen. Sie sollten um mich trauern. Peter winkte mir aus dem Mansardenfenster nach. Seine Trauer wärmte mein Herz. Aber ich kam nicht weit. Als ich am äußeren Hoftor ankam, wusste ich nicht, in welche Richtung ich gehen könnte. Eh das Hoftor zum Abend geschlossen wurde, kehrte ich reumütig zurück. Es war schon finster draußen. Mutter tat, als hätte sie es nicht bemerkt. Sie reagierte überhaupt nicht. Ich dachte, Mutter wusste wohl, dass ich wiederkommen würde. Gegen die Wand der Erwachsenen war eben nicht anzukommen.

Mutter wurde immer angespannter. Obwohl sie nur noch Haut und Knochen war, behielt sie ihre Energie. Abends las sie uns nicht mehr vor. Ich hatte den Eindruck, ich ärgere sie. Wir Kleinen rangierten in ihrer Werteskala unten. Wer am meisten leistete, war oben.

Schließlich gaben Mutter und Christine die Gärtnerlehre in Bethel auf.

Christine zog zu Langmaacks nach Hamburg, die ihr ermöglichten, dort zum Lyzeum zu gehen. Sie wurde sehr freundlich aufgenommen. Gerhard Langmaack, Architekt des Umbaus der Pätziger Kirche, war ein Freund unseres Vaters und wie er Michaelsbruder. Seine Tochter war Christines beste Freundin. Aber in Hamburg war der Hunger noch größer. Einmal am Tag ging sie mit ihrem Suppenschälchen auf die Straße. Eine Gulaschkanone kam vorbei und versorgte die Menschen, die dort geduldig warteten.

Herbst 1945

Maria hatte im Herbst 1945 mit dem Studium der Mathematik in Göttingen begonnen. An manchen Wochenenden kam sie nach Oberbehme und erfüllte den Raum mit Humor und fröhlicher Ausgelassenheit. Sie übernahm, wenn sie da war, die Gespräche der Tischrunde. Egal worüber gesprochen wurde, sie fand das gegenteilige Argument, ob sie selbst davon überzeugt war oder nicht, spielte keine Rolle. Plötzlich war Leben, Leichtigkeit da. Ich denke, vielleicht war sie aufgebrochen oder geflüchtet, wie Viele in dieser Zeit, aus der überwältigenden, alles überschattenden Trauer um den Verlust von Menschen, Heimat, Besitz und Identität, auf der Suche nach Ablenkung und Lebensfreude. Die Kinos waren voll. Glamour- und Liebesfilme hatten Hochkonjunktur. Endlich konnte man wieder tanzen und lachen. Die Vergangenheit war finster, aber jetzt wollten sie die Vergangenheit hinter sich lassen. Marias besondere Art war es, mit Heiterkeit, Humor und Esprit Menschen zu helfen, auch dafür wurde sie von Vielen geliebt.

Die schweren Gespräche verwandelten sich in farbige, neue und vorher nicht denkbare Gedankenspiele. Es wurde gelacht und spaßeshalber gestritten. Sie brachte mathematische Rätsel aus ihrem Studium mit und spannende Geschichten von Kommilitonen, die nicht unbedingt stimmen mussten, aber immer zum Lachen oder Staunen waren. Sie erzählte von Strümpfen, mit denen die Frauen jetzt herumliefen, die so dünn seien, dass man durchgucken könne. Nur von hinten sähe man einen geraden Strich von oben bis unten, wie mit Buntstift gezogen, das sei die Naht. Und wenn die Mädchen sich die teuren Strümpfe nicht leisten könnten, dann malten sie sich den Strich mit Buntstift hinten auf die Beine.

Sie brachte Schallplatten und ein paar Studenten mit und organisierte Tanzfeste für das ganze Haus. Ich wurde zum ersten Mal zum Tanzen aufgefordert, natürlich konnte ich nicht tanzen und trat meinem Tanzherrn auf die Zehen. „Du musst deinen Tanzherrn unterhalten", sagte Maria. Sosehr ich auch darüber nachdachte, was ich mit ihm reden könne, mir fiel nichts ein. Es war mühsam. Aber auf einem der Stühle, die ringsum an den Wänden aufgereiht standen, zu sitzen und nicht aufgefordert zu werden, war noch schlimmer. Maria war uns „Kleinen" nah. Sie gehörte für uns nicht zu den Erwachsenen, den Erziehern, den Vorgesetzten. Sie war unser Pal.[47] Maria und Mutter hatten es schwer miteinander. Sie waren so verschieden. Für mich war sie die große Schwester, die mir half, ich selbst zu sein. Von ihr kamen keine Vorschriften. Sie half mir mit Tricks, wie ich besser mit Mutter zurechtkommen könnte. Sie versuchte mir meine Ernsthaftigkeit auszureden. Statt dem bei uns üblichen Lehrsatz „Nimm dich nicht so wichtig" kam von ihr „Nimm es nicht so wichtig!" Dass sie nebenbei auch manchmal wütend wurde und heulte, brachte sie mir umso näher. Von ihr fühlte ich mich verstanden.

„Was? In diesen Zeiten tanzen?", sagten die Tanten. Einige schüttelten den Kopf ob solcher Respektlosigkeit. Andere sagten: „Vielleicht ist es das letzte Mal. Lasst sie feiern, solange sie es noch können." Die „alten Tanten" wurden „Drachenfels" genannt, weil sie „über" dem Geschehen thronten wie der Drachenfels im Siebengebirge über dem Rhein. Entlang der Tanzfläche saßen sie auf Stühlen und bewunderten die kunstvollen Drehungen der Paare, was sicher den einen oder anderen besonders anspornte. Gleichzeitig wachten sie aber auch über unser Wohlverhalten. Es gab keinen Alkohol, nur Musik von einem kleinen Grammophon mit kratzender Nadel. Der Drachenfels wunderte sich, dass die Jugend auch ohne Alkohol so ausgelassen feiern konnte.

Diese Feste in ihrer Ausgelassenheit schienen wie eine trotzige und zugleich verheißungsvolle Insel in einem dunklen Meer der Unsicherheit.[48]

Kutscher Erich vor dem Gutshaus in Oberbehme

Aus Lehmziegeln gebautes Haus der Familie Döpke mit Fluchtwagen und Pferden

Zeichnung des Fluchtwagens von Lala, 2022

Ruth auf dem Einspänner in Pätzig

Maria, ca. 1955

Christine, 1943

Die auf die Flucht mitgenommenen Pferde der Familie

Gut Oberbehme
mit Brücke
zum Haupteingang

Gut Oberbehme
mit Burggraben

Toreinfahrt zum Gut Oberbehme,
vom Innenhof nach außen

Carl von Laer

Maximiliane, genannt Maxa, von Laer und ihre Schwester Annette Reschke

Friederike von Laer im Kreis einiger ihrer Enkel, Nichten und Neffen, hinten rechts Lala, unten links Peter

Gut Oberbehme, 1945, noch mit Schweinemisthaufen im Hof

v. l. Lala, Tante Knienchen, die Mutter Ruth, Christine in Pätzig, ca. 1944

Ruth von Wedemeyer, ca. 1940

Ruth von Wedemeyer, ca. 1960

Ruth von Wedemeyer mit Enkelsohn Ernst auf dem Arm, Bertha Volck genannt Dane, Ruth-Alice und Klaus von Bismarck mit seinem Sohn Klaus an der Hand im Innenhof von Oberbehme, ca. 1948

Veranda des rechten Flügels in Oberbehme

Ruth von Kleist-Retzow mit ihrer Tochter Ruth von Wedemeyer, 1929

1946

Onkel Carl stirbt am 26. April 1946

Seltsam, aber der Tod von Onkel Carl ist mir nicht in Erinnerung geblieben. Er ist nur kurz krank gewesen und daher, anders als Tante Friederike, unerwartet wenige Wochen nach seinem 73. Geburtstag gestorben. Auf seinem Grabstein steht geschrieben: „Siehe, ich komme bald; halte, was du hast, dass niemand deine Krone nehme!" Maxa war nun ganz allein für die Leitung des Gutes verantwortlich. Es gab immer noch keine Nachrichten vom ältesten Sohn Otto.

Die Schule – Juni 1946

Im Juni 1946 wurde ich nachträglich, ich war nun 14, in die fünfte Klasse der Königin-Mathilde-Schule in Herford aufgenommen. Ich war das einzige Flüchtlingskind in einer Klasse, die sich schon kannte. Ich war die Neue, und es war das erste Mal, dass ich nach den ersten zwei Jahren Dorfschule einen Klassenraum betrat. Ich hatte keine Ahnung, wie man sich da benimmt. Das fanden die Klassenkameradinnen natürlich komisch. Alle Schulbücher waren vernichtet worden, weil sie ausnahmslos mit nationalsozialistischem Gedankengut belastet waren. Wir hatten also keine Bücher und kein Papier. Ich entsinne, dass die gesamte Klasse sich einmal in der Aula zwischen den Bankreihen versteckte, um dem ungeliebten Unterricht zu entkommen. Die Direktorin, bei der das sofort gemeldet wurde, fand das nicht komisch. Wir mussten nachsitzen, wie lange, weiß ich nicht mehr. Schularbeiten machte ich auf der Rückseite alter Akten, die Maxa uns zur Verfügung gestellt hatte. Aus

Raummangel hatten wir abwechselnd vor- und nachmittags Unterricht. Regelmäßig wurden wir, wie alle Schulkinder in der Nähe ländlicher Gebiete, zum Kartoffelkäfer-Einsatz auf Kartoffelfelder transportiert. Man sagte uns, wenn wir nicht jeden Käfer fänden, könnte die Ernte um zwanzig Prozent geringer ausfallen. Jede von uns wusste, was das für den Magen bedeutete. Wir bekamen eine Blechbüchse in die Hand und zwei Kartoffelreihen zugeteilt. Die Käfer leuchteten zwar orange, aber sie saßen unter den Blättern der Kartoffelpflanzen. Kein Mensch kann alle Blätter umdrehen.

Bei der Klassensprecherwahl kriegte ich zwei Stimmen. Immerhin! Und dann bekam ich eine „Fliegerjacke". Die war eine der ersten neuen Produkte, die man kaufen konnte. Sie war aus grau gefärbtem Militärstoff, herrlich fest, mit Bündchen an Handgelenken und Taille. Nun konnte ich mich in der Schule sehen lassen.

Die kürzere Strecke zu Fuß nach Herford verlief auf den Bahngleisen. Wir nahmen die Holzschuhe in die Hand und tippelten von Bahnschwelle zu Bahnschwelle. Sie lagen für einen Schritt leider zu nah aneinander. Entweder man sprang oder man tippelte. Lange ging weder das eine noch das andere. Dennoch war es auf den Schienen schneller als auf der Straße, und die wenigen Züge hörten wir früh genug. Nachmittags sammelten wir weiterhin Holz.

Dann endlich fuhren die Züge von Oberbehme nach Herford wieder. Es waren Wagons mit Tonnendächern, die über offene Plattformen vor und hinter jeden Wagon reichten. Am liebsten standen wir Schüler auf der hintersten Plattform und ließen uns den Wind um die Ohren sausen. Es gab Ketten vor den Treppen, damit man nicht herunterfiel. Die Fahrten waren das Schönste am ganzen Schultag.

Am 20.9.46 war die Werre, an der die Strecke nach Herford dicht entlangführte, weit über die Ufer getreten. An einer Biegung des Flusses gingen die Gleise geradeaus weiter. Wir waren kurz vor der Stelle angekommen, an der der Fluss sich von den Gleisen verabschiedete, als ich auf der letzten Plattform stehend, das folgende Schauspiel betrachtete: Der Bahndamm, auf dem mein Zug gerade gefahren war, rutschte unter mir ins Wasser. Einfach so. Die Erde platschte ins Wasser und verschwand. Das Bahngleis wurde zum in der Luft hängenden Gitter. Glück, dass es erst beim letzten Wagen geschah, sonst wären wir wohl alle ins Wasser gerutscht. Der Schaffner war dankbar, dass wir Schüler es bemerkt hatten. So konnte er den nächsten Zug warnen. Nun mussten wir wieder zur Schule tippeln.[49]

Margarine

Es war ein warmer Sommerabend. Die untergehende Sonne erleuchtete die frischgestrichene weiße Wand. Sie strahlte durch ein nigelnagelneues einflügeliges Fenster und ließ Licht und schrägen Schatten auf den davorstehenden Tisch fallen. Darauf lag eine grüne Schreibunterlage, aber kein Papier und kein Bleistift. Das Zimmer war mit einem Bücherbord ohne Bücher, einem Bett und einem Stuhl ausgestattet. Ich saß auf dem Bett und fühlte mich wie im Gefängnis. Ich wollte weg, aber die Höflichkeit verbot es mir.

Meine Klassenkameradin Sabine hatte mich zu sich nach Hause eingeladen. Sabine war in der Sexta der Oberschule in Herford, einer Einrichtung nur für Mädchen, die Klassensprecherin und diejenige, auf die die Klasse hörte. Sie hatte blondes Haar, einen

Bubikopf mit Dauerwelle vom Friseur kunstvoll gewellt. Sabine besaß verschiedene Sommerkleider von der Schneiderin nach neuesten Schnittmustern angefertigt. Sie hatte eine flinke Zunge und ein von sich selbst überzeugtes Gebaren. In den Pausen scharte sich stets eine Gruppe von Bewunderinnen um sie. Ich gehörte nicht zu ihrer Clique. Ich gehörte in gar keine Clique, darum kam die Einladung überraschend. Sabines Eltern hatten mich über Nacht in ihr neues Haus eingeladen. Warum taten sie das? Vielleicht war es das „von" vor meinem Namen. Sabines Vater war Margarinefabrikant. Ich freute mich.

Alles, was Menschen unbedingt zum Leben brauchten, war in dieser Zeit Gold wert. Am besten hatten es die Fleischer, danach die Bäcker, dann die Landwirte, so hatte Sabines Vater es schnell zu etwas gebracht und für sich und seine Familie eines der ersten neuen Häuser gebaut. Sabine war Einzelkind.

Ich war in meinem blaukarierten Bettbezugstoffkleid zu Fuß zu Sabines Haus gelaufen. Die Holzschuhe hatte ich in der einen, einen Feldblumenstrauß in der anderen Hand. Als ich an der Gartenpforte klingelte, las ich das Schild am Gartenzaun: „Warnung vor dem Hund", daneben das Foto eines Schäferhundes. Ich nahm es ernst. Mit Schäferhunden war nicht zu spaßen. Es waren die Lieblingshunde der Nazis. Alles war neu in dem Haus. Die Haustür mit einem vergitterten Milchglasfensterchen in lackiertem Holzrahmen. Innen spiegelglatter Steinfußboden. Die hochlehnigen Stühle um den Esstisch passten zur geschminkten Hausfrau. Mir fiel das Wort „neureich" ein. Hatte ich auch Vorurteile? Beim Essen wollte sie wissen, was mein Vater gemacht hatte. Unmöglich ihr das zu erzählen. Ich sagte: „Er war Landwirt" und war froh, dass sie nicht weiter fragte. In diesem Haus schien alles zusammenzupassen, der kurzgeschorene Rasen, die säuberlich abgestochenen Rabatten, der ordent-

lich aufgewickelte Gartenschlauch. Nichts lud zum Verweilen oder gar Spielen ein, alles war neu, zu neu zum Gebrauch.
Sabine zeigte mir ihr helles Zimmer. Sie hatte Spielzeug, Puppen und einen Schreibtisch mit Papier und Schreibzeug. Mit Puppen spielte ich schon lange nicht mehr, aber auch Sabine schien sie nicht zu benutzen. Nachdem Sabine mir ihren Reichtum gezeigt hatte, fiel uns nichts mehr ein, was wir miteinander hätten tun können. Wenn es doch Brennholz gäbe, das ich für meine Gastgeber spalten könnte oder einen Spaten und ein Stück Land zum Umgraben. Aber alles war schon fertig. So brachte sie mich in mein Zimmer und ging weg. Dort saß ich nun und fühlte mich fehl am Platz, leer, einsam, verlassen. Ich fragte mich: Ist das Heimweh? Aber „Heim"-weh könnte ich doch eigentlich nur auf Pätzig bezogen haben und diese Sehnsucht kannte ich. Das jetzt Erlebte war neu. Ein Gefühl der Isolation, wie ich es noch nicht kannte. Zu diesen Menschen hier bestand keinerlei Verbindung. Sie konnten mit mir nichts anfangen, kannten meine Welt nicht und schienen auch nicht sonderlich daran interessiert zu sein. Erst in dieser Nähe und dem auf sie angewiesen sein, wurde diese unsichtbare Wand für mich offenbar und traf mich unvorbereitet und völlig hilflos.

Wie einfach, dachte ich, wäre das Leben, wenn ich wie Sabine mitreden könnte, über Jungen zum Beispiel. Aber meine Gedanken über Jungen, meine Fragen über ihre Rolle in meinem Leben, meine Gefühle konnte ich noch nicht formulieren, wenn sie denn überhaupt schon da waren. Jedenfalls schienen sie anders zu sein als Sabines. Meine Gedanken schienen mir kindlich und aus der Zeit gefallen und waren andererseits erlernt überheblich („die sind neureich"). Jungen, die ich bis dahin kannte, waren Spielgefährten für Abenteuer und ernstzunehmende Gegenüber. Sabine und ihre Freundinnen flüsterten und kicherten, sobald das Thema auf Jungen kam. Gespräche, in die ich nicht eingeweiht wurde. Aber so viel wusste ich, sie würde sich schieflachen über meine Dummheit und meine Unerfahrenheit zum Gesprächsthema mit anderen machen. Am Morgen schenkte mir Sabines Mutter ein Pfund Margarine. Für die Familie in Oberbehme war mein Besuch ein Erfolg.

Anhalter

Der Schulalltag nahm seinen Lauf, die Personenzüge standen in den Depots. Ich wünschte mir nichts sehnlicher als ein Fahrrad. Ich lief am Rand der Chaussee, sieben Kilometer morgens hin und sieben Kilometer mittags wieder zurück. Ich hatte meine Holzschuhe in der Hand, auf Asphalt läuft es sich besser barfuß. Meine älteste Schwester hatte eines ihrer drei Treckpferde, das kleine Beipferd, für ein Fahrrad eingetauscht. Das hätte ich trotz meiner Fahrradträume nicht getan. Ein Pferd für ein Fahrrad! Verrückte Welt. Man verkauft doch nicht, was man lieb hat. Die Äpfel wurden reif, aber die Straßenbäume wurden streng bewacht. Sogar das Fallobst war für uns tabu.

Während ich vor mich hertrottete, stellte ich mir vor, wie das wäre, eines Tages ein Fahrrad im Straßengraben zu finden, aber das war so, wie das Schlaraffenland herbeizusehnen.

Es war uns strengstens untersagt, per Anhalter zu fahren. Fast alle vorbeifahrenden Autos waren Armeefahrzeuge. Ab und zu fuhr eines langsam und lud mich zum Mitfahren ein. Ich hatte jedes Mal abgelehnt, nur heute nicht. Ein Laster mit weißem Stern auf der Beifahrertür hielt, die Tür ging auf. Ich kletterte hoch, zog die Tür heran und setzte mich auf den Beifahrersitz.

Zwischen dem Soldaten und mir war die Gangschaltung. Er sagte etwas. Ich verstand kein Wort. Er fuhr los. Ich sah die Straßenbäume mir entgegen und dann an mir vorbeilaufen. Es war deutlich bequemer, wenn die Bäume das Laufen übernahmen. Mit der rechten Hand griff er herüber und öffnete das Handschuhfach. Das war mit Süßigkeiten gefüllt. Er holte Schokolade und Bonbons heraus. Das kannten wir von den Amis. Sie waren nett zu Kindern. Aber dieser hier gab mir die Süßigkeiten nicht. Da lagen nun die Köstlichkeiten zwischen Fahrer- und Beifahrersitz neben den Schaltknüppel. Er hantierte mit der gleichen Hand, die die Süßigkeiten geholt hatten an seiner Hose. Ich erschrak bis ins Mark. Ich öffnete die Tür. Er hielt an und ich sprang raus. Er fuhr weiter und ich hatte meine Lektion verstanden.

Konfirmandenunterricht

Mutter hatte den Pastor der St. Jakobi Kirche in Herford ausgesucht, weil er Michaelsbruder war. Seinen Konfirmandenunterricht entsinne ich als Plage. Das ist seltsam, denn ich war ein frommes Kind, und er war sicherlich kein schlechter Pastor. Es lag ein kleines Dorf zwischen Oberbehme und dem Ort, in dem der Konfirmandenunterricht stattfand. Ich ging an der ehemaligen Flakstellung vorbei den Hügel hinauf und dann geradeaus weiter durch die Felder. Allzu weit war es nicht, aber das Dorf lag genau auf dem Weg. Für die Kinder dieses Dorfes war ich ein Fremdling. Der Gang durch den Ort wurde zum Spießrutenlauf. Die Kinder spuckten auf die Erde, wenn ich vorbeikam. Ich nahm von da an einen weiten Umweg. In der

Konfirmandengruppe ging es ähnlich zu. Die Konfirmanden kicherten und stießen sich gegenseitig an, wenn ich den Kopf zum Gebet senkte, wie ich es von zuhause gewohnt war.
Pastor Henche forderte die Beichte vor der Konfirmation. Das war mir trotz allen Schuldbewusstseins unangenehm. Ich behauptete: „Mir fällt nichts ein." Mutter sagte: „Ach, da kann ich dir helfen." Sie setzte sich zu mir an den Küchentisch und diktierte: lügen, stehlen, meine Pflichten versäumen, petzen, schlecht über andere denken. Pauschal ohne bestimmte Ereignisse, an die ich mich erinnerte, zu nennen. Ich schrieb alles auf und lief damit nach Herford. Das Amtszimmer von Pastor Henche war ganz gemütlich, geräumig und hoch. An der Wand hinter seinem Schreibtisch hing ein dunkles Bild von Martin Luther. In der Mitte des Raumes stand ein Kniepult. Er hatte einen weißen Talar an. Er forderte mich auf, dort zu knien, und stellte sich vor das Pult. Immer wenn ich zu Gott geschaut hatte, hatte ich in die Weite geschaut. Und so hatte ich es verstanden, bekannte ich Gott meine Sünden und nicht dem Pastor. Hier war jetzt eine Wand, ein weißes Gewand zwischen mir und Gott. Ich habe meinen Zettel vorgelesen und war froh, als ich wieder draußen war. Die Schuld aber, die mich intensiv bedrückte, die Schuld, die wir, das ganze Land, auf uns geladen hatten, hatte nicht auf dem Zettel gestanden.
Und dann kam Fräulein Neumann. „Fräulein" nannte man damals alle unverheirateten Frauen, egal wie alt sie waren. Sie war eine unverheiratete fromme Frau. Bis dahin hatte sie bei Bodelschwinghs[50] in der Küche gearbeitet. Margarete Neumann war Hauswirtschafterin mit der Befugnis, Lehrlinge auszubilden. Sie war einer der Menschen, die mir zum Vorbild wurden. Sie verließ ihre gesicherte Anstellung im Haus Bodelschwingh, wo sie ein eigenes warmes Zimmer und satt zu essen hatte. Sie kam,

um unserer Mutter beim Aufbau ihres Projektes zu helfen, eine Gärtnerei auf dem Truppenübungsplatz in Bischofshagen aufzubauen. Mutter tat ihr leid. Fräulein Neumann tauschte den geringen Wohlstand, den sie hatte, mit Armut, weil sie so die Bibel verstand.[51]
Das Flüchtlingsleben wurde zur Normalität. Neue Verwandte kamen und vergrößerten die Gemeinschaft. Der ältere Bruder meiner Mutter war dabei. Was er sagte, war durchdacht und hatte Hintergrund. Er war eine Autorität in der Familie. Ich lauschte den kontroversen Gesprächen am Esstisch und stellte fest, dass ich immer noch keine eigene Meinung hatte. Jedes gut vorgetragene Argument überzeugte mich. Wieder störte mich, dass ich zwischen den verschiedenen Meinungen der Erwachsenen hin- und hergerissen war. Es ging um Politik, es ging um Glauben, es ging um die aktuelle Lage und um die Zukunft. Onkel Haji hatte das Gut Kieckow und das kleinere Gut Klein Krössin in Pommern verloren. Das lag dort, wo meine Mutter gerade ihre Mutter begraben hatte. Ich erinnere, dass er später einmal sagte: „Wenn wir uns so um unser Land bemühten, wie die Israelis sich um das Land Israel bemühen, könnten wir es wiederkriegen." Er fügte aber hinzu: „Keinesfalls mit Waffengewalt!"

Holz sammeln

Wir sammelten weiterhin mühsam Holz zum Heizen und Kochen. Das Holz wurde weniger, wir froren.[52] Täglich durchstreiften wir Flüchtlingskinder das Wäldchen auf der Suche nach Fallholz. Die hohen Buchen warfen wenig ab. Dichtes

Laub bedeckte den Boden. Später würden wir hier Bucheckern sammeln, aus denen Öl gepresst wurde. In der Nähe des Schlosses war bald kein Stöckchen mehr zu finden. Aber jetzt war noch Winter. Stunden jeden Nachmittag suchten und schleppten und hackten wir Holz. Es war eine lästige Arbeit. Klauen war uns von unserer Mutter streng verboten. Also blieb uns nur, im Wald trockene Äste vom Boden aufzulesen und sie auf den Hof zu schleifen. Außerhalb des Hofgeländes stand ein Holzklotz, in den ein Beil geschlagen war. Dort zerhackte ich die Äste in herdgerechte Stücke. Das machte mir Spaß. Danach trug ich sie ins Haus und warf sie in die Holzkiste neben dem Herd.

Wehe uns, wenn wir etwa nachhalfen und versuchten, im Baum einen Ast abzubrechen! Onkel Carl hatte unmissverständlich gesagt, dass er das nicht haben wolle. Und wir wussten, wenn er uns nicht aufgenommen hätte, ginge es uns jetzt sehr viel schlechter. Also mussten wir alles tun, was er von uns erwartete. Ich arbeitete gern, und wäre der leere Magen nicht gewesen, hätte mir der Wettbewerb mit den anderen Flüchtlingskindern, die dicksten und meisten Zweige zu finden und zu zerhacken, Spaß gemacht. Nach und nach aber leerte sich der Boden des Waldes, immer tiefer mussten wir ins Wäldchen hineinlaufen, immer weiter wurden die Wege, immer dünner die Stöckchen, mit denen wir nach Haus kamen. Und immer häufiger mussten wir laufen, um genügend Brennmaterial fürs Kochen heranzuschaffen.

Irgendwann beschäftigte mich die Frage, was unser Vater gemacht hätte, wenn der Krieg andersherum gelaufen wäre und die hiesigen Verwandten bei uns hätten Zuflucht suchen müssen. Gewiss, wir hatten im Osten viel mehr Wald, und es hätte unserem Vater vielleicht nicht so viel ausgemacht wie den Verwandten hier, ein paar Bäume zu opfern. Auch unser Vater wurde ärgerlich, wenn wir im Winter die Fenster aufmachten. Er sagte dann: „Ihr jagt meinen Wald zum Fenster raus." Sparsam war er auch gewesen. Aber eine von den großen Buchen hier würde gewiss den Bedarf eines Winters für alle Flüchtlingsfamilien decken. Es waren doch genug Bäume hier im Wald. Je mühsamer das tägliche Suchen wurde, desto öfter wühlten in mir Fragen und auch Wut. Und sofort schämte ich mich, weil ich so undankbar war.

An den Fenstern tauchten zauberhafte Eisblumen auf. Im anderen Teil des Hauses gab es eine steinkohlenbetriebene Zentralheizung. Steinkohle gab es noch im Keller. Dort hatte man sie, bevor die Amerikaner kamen, beiseite geschippt, die Kostbarkeiten des Hauses an ihre Stelle getan, eine Mauer davorgesetzt und die Steinkohle wieder dagegen geschippt.

Meine Karnickel gediehen. Tante Anne und Onkel Siegfried Klitzing, Annemas Großeltern, kamen. Unabhängig von ihr, ihrem Bruder und ihrer Mutter waren diese auch aus Charlottenhof getreckt. Sie waren irgendwo hängengeblieben. Nun zog sie zu ihnen in den rechten Flügel des Hauses.

Wir lebten weiter in der Furcht, irgendein Ereignis könne den nächsten Weltkrieg entfachen. Die beiden Heere standen einander hochgerüstet gegenüber. Die Doktrin war, wer Deutschland hat, hat Europa. Noch war nicht geklärt, wo die Zonengrenzen verlaufen würden. Unter den Westmächten war das kein Problem, aber die Angst war, dass die Ostgrenze zur russischen Armee hin umkämpft werden könnte und dass es um Berlin Ärger geben würde. Die Situation war hochbrisant. Man munkelte, ein versehentlicher Schuss könne den Krieg wieder entzünden. Dass Berlin gefallen und Hitler umgekommen war, entsinne ich nicht als bedeutende Nachrichten. Ich denke, wir hatten damit gerechnet. Aber vielleicht war es für die Erwachsenen anders, und ich hab es nicht mitbekommen. Auch die Atombomben auf Hiroshima und Nagasaki im August 1945 waren für mich zu weit weg. Dafür waren wohl die Folgen des Krieges hier noch zu beherrschend und ich hatte keine Ahnung von Geografie außerhalb dessen, was die Nachrichten hergaben.

Bischofshagen

Und dann kam doch noch Hoffnung auf eine neue Existenz. Ein ehemaliger Truppenübungsplatz sechs Kilometer östlich von Oberbehme in der Nähe von Bischofshagen gehörte in Onkel Carls Landkreis und sollte in einzelnen Parzellen verpachtet werden. Mutter und unser ehemaliger Verwalter Herr Döpke bekamen je zwanzig Morgen Land zugeteilt, sie durften das Land pachten und bewirtschaften. [53]

Die Lage war ziemlich ungeeignet, weil das Gelände weit weg von der nächsten Stadt lag. Es war ein mit Gras und Unkraut bewachsener Hang ohne Bäume, nur ein paar Büsche säumten die Ränder. Gebäude gab es keine. Aber alles war besser als nichts. Hatte Onkel Carl daran gedacht, unserer Mutter eigenes Land zur Verfügung zu stellen und sich dagegen entschieden? Hatte sie überhaupt gewagt, ihn zu fragen? Sie hätte es uns nicht erzählt. Ich bewunderte sie.

Mutter beschloss also, in Bischofshagen eine Gärtnerei aufzumachen. Sie sagte: „Von nun an wird sich unser Leben drastisch verändern."

Das Land war von Panzerketten aufgewühlt und von Schützengräben durchzogen. Schippte man sie zu, läge der Lehm oben und der wüchsige Mutterboden irgendwo dazwischen. Jahre würde es dauern, bis da Gemüse gedeihen würde. Mutter hatte keinerlei Gerät, keinen Pflug, keine Egge, geschweige denn ein Haus oder einen Stall. Sie hatte die drei Ackerpferde, die den Treckwagen gezogen hatten, und den Wagen und die Hände ihrer Kinder. Das war alles. Es musste genügen. Sie zog durch die Lande, um Baumaterial zu „organisieren".

Herr Döpke wurde mit seiner kleinen Familie von einem freundlichen Bauern in der Nähe aufgenommen! Dort durfte er auch unsere drei Pferde unterstellen. Der Bauer lieh ihm Pflug und Egge, so fing er an, das Land urbar zu machen. Unser Zuhause blieb Oberbehme.

Carl von Laer, Herr auf Oberbehme, Landrat des Kreises Herford, geb. 16. März 1873, gest. 26. April 1946. *Siehe, ich komme bald; halte, was du hast, daß niemand deine Krone nehme! Offbr. 3, 11*

1947

Hohenwehrda

Im März 1947 wurde ich konfirmiert, aber daran kann ich mich nicht mehr erinnern, außer, dass Maxa mir aus ihren Reserven ein Kleid lieh. Es war schwarz und glänzte und hatte einen weißen Bubikragen. Mutter schenkte mir die Bibel meines gefallenen Bruders. Es fiel ihr schwer, sich davon zu trennen, dazu ein aus Pätzig gerettetes Gesangbuch mit Goldschnitt. Kostbarkeiten! Zwischen den letzten Seiten kleben heute noch kleine Zettel, Wegweiser für die Passionsandachten in Pätzig.

Ich war schlecht in der Schule. Die Tochter von Freunden meiner Eltern ging auf ein Internat nördlich von Fulda. Sie war sehr gut in der Schule – ich bekam auch einen Platz. Ich wurde nicht gefragt. Es war üblich, dass die Kinder aus östlichen Gutshäusern ihre Oberschulzeit in Internaten verbrachten. Es bedrückte mich, dass Mutter so viel dafür bezahlen musste.[54] Mein Schwager Klaus fuhr mit mir in seinem Volkswagen über die Brücke des Wasserschlosses. Es fiel mir schwer, mich von meinem kleinen Bruder und von meinen Freunden zu trennen.

Es war Frühling. Die Wiesen blühten und die Buchen breiteten ihr Dach aus lichtem Grün über den mit Anemonen bedeckten Waldboden. In der Mitte eines lieblichen Wiesentals der Rhön liegt Hohenwehrda, ein Dörflein, ringsum auf den Höhen von Wald umgeben. Eine Viertelstunde zu Fuß vom Dorf entfernt, ganz für sich im Waldrand, steht das Haupthaus der Hermann-Lietz-Schule, Schloss Hohenwehrda.[55] Die Fassade des grauen Renaissanceschlösschens war damals von einem dichten Teppich aus Efeu umwachsen. Das Gebäude erinnerte mich mit seinen Türmchen und bunt verglasten Fenstern an die Zeichnung eines verwunschenen Schlosses im Märchenbuch der Brüder Grimm. An das Haupthaus schloss sich ein finsterer Fichtenwald an.

Wir durchschritten die schwere Eingangstür. Ein hoher, holzgetäfelter Raum empfing uns. Er schien gefüllt mit Dunkelheit, Leere und Stille. Der Raum ging in einen niedrigen, ebenso dunklen Speisesaal über. Durch ein paar gucklochgroße Fensterchen fiel dort mühsam dürftiges Licht. Nur ein hohes Jugendstilfenster zur Rechten ließ diffuses, buntgefärbtes Licht auf die breite Holztreppe fallen, die sich in einem Schwung nach oben wand. Die Farben der Gläser waren die einzigen Farben im Raum, es sei denn, man nennt Braun eine Farbe. Buchstäblich alles war dunkelbraun gestrichen! Die Treppe mündete oben in einen Flur, der gänzlich mit Schränken gesäumt war. Nur, wenn sich eine Tür der Mädchenzimmer öffnete, fiel dort kurz Licht in den langen Raum.

Ich hatte meine Fotos zusammengesucht, Briefpapier, Umschläge, Federhalter, Tinte und Briefmarken. Außerdem meine Bücher: Bibel, Gesangbuch und „Lennacker" von Ina Seidel.[56] Wir folgten der Direktorin die Treppe hinauf, an ihrer doppelt gepolsterten Doppeltür vorbei in den Gang, an dessen Ende sie die Tür zu einem lichtdurchfluteten Zimmer öffnete. Frau Dr. Kutzer war schwarz gekleidet, zierlich und drahtig. Ihre Haare trug sie glatt zurückgekämmt und zu einem Dutt am Hinterkopf zusammengefasst. Zwei Mädchen, die an einfachen hölzernen Tischen saßen, erhoben sich sofort und knicksten, als sie die Direktorin hereinkommen sahen. Sie begrüßten mich freundlich. Frau Dr. Kutzer zeigte mir mein Bett und meinen Tisch.

Es gab nur Frauen im Internat. In den Zimmern standen drei bis vier Betten, ebenso viele Tische und Stühle. Der einzige Platz für persönliche Gegenstände war auf dem Schreibtisch. Wenn man alles verloren hat, nehmen die paar Habseligkeiten, die einen begleiten, einen besonderen Platz in der eigenen Werteskala ein. Ich baute sie dort auf. Abends versammelten wir uns im großen

Saal hinter der Eingangshalle. Über dem Kaminsims leuchtete ein rechteckiger heller Fleck in der Tapete. Jeder wusste, wessen Abbild dort bis vor kurzem gehangen hatte. Die Hermann-Lietz-Schulen waren auch innerlich braun angestrichen gewesen. Offenbar war ein den Ansprüchen der Direktorin angemessenes neues Bild bisher nicht gefunden. So offenbarte der Fleck sicher ungewollt und peinlich zugleich die Gesinnung der Vergangenheit. Darunter, wie eine schwarz gekleidete Puppe aufrecht in einen für sie viel zu großen Ohrensessel gesetzt, thronte Abend für Abend Frau Dr. Kutzer. Ihr zu Füßen versammelten wir uns schweigend, um in uns aufzunehmen, was sie erwählt hatte, uns vorzulesen. Wir durften dabei stricken. Ich verachtete Stricken. Sie saß neben dem kalten großen Kamin mit schmalem Gesicht, spitzer Nase und dunklen Augen. Nie sah ich sie bunt gekleidet. Ich wurde von einer Schülerin der oberen Klassen eingewiesen. Sie wurde meine Mentorin. Ich mochte sie.

Jeden Mittag gab es Brennesselsuppe. Vor dem Essen standen wir hinter unseren Stühlen. Wir warteten dort, bis sich alle Schülerinnen und Lehrerinnen versammelt hatten. Dann läutete eine Glocke. Die Tür der Direktorin öffnete sich, alle verstummten. Frau Dr. Kutzer, umgeben von einer Wolke aus Ehrfurcht und Respekt bietender Distanz, schritt die Treppe herunter, die Hacken ihrer Schuhe machten „klack, klack, klack", dann ging sie auf dem Parkettfußboden entlang bis zu ihrem Platz. Keiner wagte es, sich zu regen. Erst nach dem Tischgebet oder irgendeinem weisen Spruch (ich erinnere es nicht) durften wir uns setzen. Wir saßen in so genannten „Familien" an einem Tisch. Im Anschluss an das Essen sammelten wir Brennnesseln für die nächste Mittagsmahlzeit.

Mit Ausnahme von Geometrie und Religion war ich schlecht. Geometrie war das Lieblingsfach meiner Mentorin. Manchmal hatte die Brennesselsuppe Einlagen, zum Beispiel ein Taschentuch oder so. Wir aßen sie trotzdem. Nachmittags konnten wir wählen zwischen Brennnesselnpflücken und Holzsuchen im Wald. Da ich kräftig gebaut war, brachte ich die größten Äste heran. In der Hoffnung, die Direktorin würde mich vielleicht sehen, ging ich damit besonders langsam an ihrem Fenster vorbei. Dies schien mir die einzige Gelegenheit zu glänzen, ansonsten erwies ich mich wiederum als Problemkind. Morgens gab es Haferschleim. Richtig satt waren wir selten. Ich hatte Heimweh, schrieb lange Briefe an eine geliebte Tante und an Mutter. Ich lebte mit der großen Angst, sie könnten sterben.

Vier Wochen fanden sie mich ganz nett in meinem Zimmer. Wir waren zu viert. Wir hatten Spaß. Dann wollten die drei anderen mich raus oder jemand anderen rein haben. Im neuen Zimmer machten sie Witze, wenn ich mich abends zum Beten ans Bett kniete. Für sie war das fremd. Es wäre vernünftig gewesen, stattdessen unter der Bettdecke zu beten, aber das kam nicht in Frage. Ich hätte mich selbst für feige gehalten.

Sommer in Bischofshagen 1947

Schließlich kamen die Sommerferien. Ich trampte nach Oberbehme. Es gab bestimmte Regeln, die man beim Trampen beachten musste, damit man nicht in Schwierigkeiten geriet. Am besten war, man trampte zu zweit. Das Mädchen stellte sich vorn an die Straße und streckte die Hand mit dem Daumen nach oben (wichtig!) raus. Der Junge mit dem Gepäck versteckte sich im Straßengraben oder hinter einem Busch. Wenn das Auto anhielt, stieg zuerst der Junge mit dem Gepäck und dann erst das Mädchen ein. Wenn ein Laster kam, galt es, niemals das Gepäck hinten draufzuwerfen, ehe einer von beiden im Führerhäuschen saß, sonst war, wenn man Pech hatte, das Gepäck weg. Es standen Reihen von Trampern an den Tankstellen, hinter den Autobahnauffahrten und an den Stadtgrenzen. Man musste sich als Letzter einordnen. Manche Autobesitzer fuhren langsam an der Reihe vorbei und suchten sich das hübscheste Mädchen aus. Die Tramper waren zuständig für die Unterhaltung. Wenn man allein war und der Fahrer, ohne zu halten, von der Route abwich, musste man sehen, dass man so schnell wie möglich rauskam! Manchmal stand man viele Stunden, manchmal brauchte man nur vier Autos, bis man am Ziel war, manchmal hatte man Glück und erwischte ein schnelles Auto, dann lohnte es, sich bei der Unterhaltung des Fahrers besonders anzustrengen, damit er einen nicht frühzeitig raussetzte. Ich nahm mir vor, sollte ich mal ein Auto besitzen, ich würde jeden Tramper mitnehmen.

Im Sommer, so war der Plan, würden wir zusammen mit Herrn Döpke in Bischofshagen anfangen, zuerst sein Haus zu bauen. Leider gab es immer noch überhaupt kein Baumaterial.

Da war sie nun, 49 Jahre alt und Witwe. Aber sie war ja nicht allein, denn sie hatte eine große Verwandtschaft, darunter einige, die hatten in Franken Schlösser und Güter. Wir kannten sie von den großen Herbstjagden in Pätzig.

Die Treibjagden in Pätzig waren berühmt, und die Einladungen heiß begehrt in Nachbarschaft und der weit verstreuten Großfamilie. In Pätzig gab es viel zu jagen, Rotwild, Schwarz- und Niederwild. Die Jagdgäste waren mit Pferdewagen zu sorgfältig vorbereiteten Ständen gefahren worden. Arbeiter aus dem Dorf hatten ihnen das Wild zugetrieben. Wir Kinder hatten uns in viel zu großen Gummistiefel, denn in Pätzig musste gespart wer-

den, in die Treiberreihen eingeordnet. Abends war den Gästen am langen, mit einem Wappentischtuch bedeckten Tisch von dunkel gekleideten Dienern mit weißen Handschuhen der Rehrücken gereicht worden. Sie hatten gepflegten Reden auf „Volk und Vaterland“ und dem Jagdkönig gelauscht und anschließend bei Zigarre und Cognac im Herrenzimmer Politik diskutiert. Sie hatten in von Dienstmädchen frisch bezogenen Betten geschlafen und waren schließlich in Kutschen von den Kutschern der umliegenden Güter, in deren Gästezimmern sie genächtigt hatten, zum Bahnhof nach Bad Schönfließ gebracht worden. Dann kehrte wieder der schlichte Alltag mit Bratkartoffeln und Wachstuchtischdecke ein.
Das war jetzt alles Vergangenheit. So als lebten wir auf einem anderen Stern, oder als sei eine neue Zeit angebrochen, verschwand das Alte in Geschichtsbüchern. Nun herrschten neue Regeln.
Mutter nahm, wie viele andere, nun heimatlos gewordene östliche Großgrundbesitzer den Verlust ihres Besitzes und dem damit verbundenen Status mit Würde. Aber nicht jeder machte sich wie sie auf die Socken. Sie fing von vorn an. „Ich will wieder in die Situation kommen, anderen Menschen helfen zu können“, war ihr Motto. So zog sie von Verwandten zu Verwandten und bettelte um Baumaterial. „Ich habe zwanzig Morgen Ackerland gepachtet und will eine Gärtnerei aufbauen. Ich brauche Bauholz für Stall und Wohnhaus.“ Sie fuhr nach Süddeutschland, und sie fuhr wieder zurück, ohne Holz. Sie seien an die Einschlagquote gebunden. Es fiel ihr, und besonders uns Kindern, schwer, das zu verstehen.
Vierzehn Millionen Flüchtlinge. Jeder einzelne war einer zu viel. Sie war enttäuscht, aber sie gab nicht auf. Sie würde zwei Häuser bauen, komme was wolle. Natürlich würden ihre Kinder helfen! Ganz selbstverständlich plante sie uns ein. Wir würden das erste

und dann das zweite Haus bauen. Das erste für den Verwalter, das zweite für uns. Wir würden es auch ohne die Verwandten schaffen. Nur eines war unmöglich: „Herumsitzen und nichts tun!". Dass es anders kam, konnte Mutter nicht ahnen.
Wir liefen in unseren hölzernen „Oderkähnen" an den Füßen den Berg hinauf nach Bischofshagen. Maria lief vorneweg, dann Hans-Werner, Christine und ich, Peter als Letzter, jeder mit etwas Abstand. Die Älteren als Zugpferde für die meist trödelnden Geschwister. Auf dem Heuboden über dem Stall des Nachbarn schliefen wir. Es pikte. Wir hatten vor, in den Ferien Lehmziegel zu formen und Schindeln zu schneiden. Auf dem Berg, eigentlich war es ein Hang, gab es zwei Bauern, Fremde, die halfen, wo sie nur konnten.
Ich durfte pflügen! Endlich war ich wieder in meinem Element. Drei Pferde vor einem Pflug zu lenken und den Pflug dabei in gerader Linie neben der Furche zu halten, war mit vierzehn nicht ganz leicht. Herr Döpke sagte, er könne es sich vor den Augen der Nachbarn nicht leisten, ein unordentliches Feld zu haben, und mir war klar, er meinte, was er sagte. Also gerade Furche oder keine Arbeit mit den Pferden! Die Leine hing lose um meinen Hals. Damit die Pferde gingen, wo sie sollten, mussten kurze Griffe in die Leine genügen. Der Pflug mit beiden Händen gefasst, schnitt in den harten, seit vielen Jahren nicht mehr bewegten Boden. Mein linker Fuß trat in die frisch aufgerissene Furche, der rechte höher auf harten Boden, die Pferde zogen mich voran, während ich mich humpelnden Schrittes weg vom gleitenden Pflug gegen die Vorwärtsbewegung lehnte.
Wir hatten eine Art Riesenquirl in einem Bottich. Dort wurde Lehm, Wasser und Häcksel aus Stroh zu einem Brei gequirlt. Das war Männerarbeit. Wir Kinder schnitten das Stroh zu Häcksel. Die Maschine, mit der wir schnitten, sah aus wie eine

überdimensionale, antike Brotschneidemaschine. Einer von uns schob das Stroh in einer Rinne nach vorn, der andere hob und senkte ein seitlich gehaltenes Fallbeil. Das Wasser zogen wir in Eimern aus einem Brunnen, den Herr Döpke als Erstes hatte bauen lassen. Den Lehm hatten wir gratis unter den Füßen. Ich erinnere nicht, ob das Flügelrad, welches Lehm, Wasser und Häcksel zu einem Brei mischte, von einem Pferd betrieben wurde. Undeutlich taucht in mir das Bild eines schweißüberströmten Mannes auf, der den Lehmbrei mit hochrotem Kopf in der sommerlichen Hitze bewegte, um für seine Frau und sein Kind aus dem Nichts eine Existenz aufzubauen. Wir Kinder hatten ziegelsteingroße Holzrahmen, die wir dicht nebeneinander auf den Boden setzen. Wir füllten den festen Lehmbrei hinein, strichen ihn mit einem Holz glatt und zogen den Rahmen nach oben weg, dann setzten wir den Rahmen neben den fertigen Stein und füllten ihn erneut. Am Abend schauten wir auf ein kleines Feld scharfkantiger Lehmhaufen. Regnete es stark in der Nacht, war die Arbeit vergebens. Waren die Lehmziegel soweit getrocknet, dass sie sich stapeln ließen, wurden sie unter einem provisorisch errichteten, offenen Pappdachschuppen so lange getrocknet, bis sie sich verbauen ließen. Wir wechselten uns beim Häckselschneiden und beim Streichen des Lehmbreis ab. Die Arbeit mit gebücktem Rücken bescherte den Erwachsenen am Abend Rückenschmerzen, uns Kindern machte sie Spaß.

Mutter war wieder unterwegs. Sie organisierte das Zubehör. Sie hatte über die Behörden Bezugsscheine für das Holz des Dachstuhls bekommen, aber Dachziegel gab es nicht. Wenn sie mich auf so eine Tour zu einem Beamten mitnahm, der irgendetwas bewilligen musste, fand ich es mühsam, neben ihr zu stehen. Sie ließ nicht locker. Ich war mir sicher, es war zwecklos, und sie brachte den Beamten nur in Schwierigkeiten, aber sie redete weiter. Ich schämte mich für sie, lächelte dem Beamten verstohlen zu, um mich von ihr zu distanzieren, oder ich guckte nach unten, um ihr nicht in den Rücken zu fallen. Egal, sie hörte nicht auf. So trieb sie eines Tages eine Schindelmühle auf. Die war aus zwei großen eisernen Rädern gebaut. Ein Rad lag fest horizontal etwa achtzig Zentimeter über dem Boden unter einem drehbaren zweiten Eisenrad. An dem unteren Rad waren liegende Messer befestigt. Darüber drehte sich das zweite Rad, zwischen dessen Speichen Boxen eingeschweißt waren, in denen auf Maß geschnittene, runde Kiefernstammstücke Platz hatten. Die locker liegenden Klötze wurden über die Messer des festliegenden Rades gezogen. An dieses Rad spannten wir die Katze, das Beipferd unseres Gespanns. Es lief Stunde um Stunde im Kreis und schnitt Schindeln. Das war harte Arbeit für das Pferd. Es spaltete die Schindeln von den Klötzen. Wir trieben das Pferd an, während wir die Mühle fütterten und die herunterfallenden Schindeln wegräumten. Das Pferd tat mir leid.

Schwarzhandel

Nach den Sommerferien fuhr ich von Bischofshagen aus zurück nach Hohenwehrda. Mutter verlangte, dass ich ihr regelmäßig schrieb. Auf den Briefumschlag schrieb ich „Ihre Hochwohlgeborene Frau Ruth von Wedemeyer“ oder abgekürzt: I.H. Frau Ruth von Wedemeyer. Sie verlangte das. Weil mir nichts Unverfängliches einfiel, das ich ihr schreiben konnte, erzählte ich ihr Predigten nach, die ich sonntags in der Dorfkirche gehört hatte. Ich hatte das Gefühl, Mutter war nicht gut auf mich zu sprechen.

Ich hörte, es hieß, ich wolle mich so bei ihr lieb Kind machen. Vielleicht stimmte das.
Ich wohnte nun mit drei Schülerinnen der siebten Klasse in einem Durchgangszimmer. Im Nachbarzimmer wohnte Uta von Tresckow. Sie kam aus Wartenberg, einem Nachbargut von Pätzig. Uta war eine Musterschülerin und der Grund für meine Aufnahme im Internat. Man hatte wohl erwartet, dass ihr Fleiß auf mich abfärben würde. Sie hatte als Kind eines Widerstandskämpfers selbst eine Zeit im Gefängnis zugebracht, auch deshalb hatte sie im Internat eine herausgehobene Stellung. Später studierte sie Medizin. Die Direktorin kam häufiger auf dem Weg zu ihr durch unser Zimmer. Wir fühlten uns beobachtet.
Es war Abend. Wir hatten unsere Nachthemden angezogen. Bald würde die Glocke ertönen, dann war Ruhe angesagt. Ich war, seit ich es erinnern konnte, daran gewöhnt allabendlich zu beten. In Pätzig saßen wir dazu mit gefalteten Händen aufrecht in unseren Betten. Hier hatte ich beschlossen, mich weiterhin ans Bett zu knien und die gefalteten Hände auf die Decke zu legen. Ich wollte meine Überzeugung nicht vor meinen Zimmergenossinnen verstecken. Heide, eine der beiden Klassenkameradinnen im Zimmer, tat das ja auch nicht. Sie sagte, sie sei Atheistin.
„Du weißt ja gar nicht, was für Schweinereien in deiner Bibel stehen", sagte sie plötzlich, eh ich mich hinkniete. „Du spinnst."
„Gib mal her." Ich gab ihr bereitwillig meine Bibel.
Sie schlug das Hohe Lied des Salomo auf, suchte eine Weile und las vor: „Deine zwei Brüste sind wie zwei Rehzwillinge, die unter den Rosen weiden" und „Dein Wuchs ist hoch wie ein Palmbaum und deine Brüste gleich den Weintrauben."[57] Sie las weiter und weiter. Ich wurde rot. Ich schämte mich. Das Hohelied des Salomo kannte ich nicht. Das hatte meine Mutter aus

wohl gutem Grund bei den Andachten ausgelassen. Ich schaute aus dem Fenster in die große Linde davor. Das Grün war so undurchdringlich wie mein Gehirn. Ich wusste keine Antwort.

Die Versorgungslage in Oberbehme wurde nicht besser. Mutter schrieb: „Wer jetzt einkellert, (für den Winter vorsorgt) bekommt nur noch einen halben Zentner Kartoffeln pro Person." Das musste auch in ländlichen Gegenden für den ganzen Winter reichen, und Kartoffeln waren das Hauptnahrungsmittel. Tante Anne, die Schwester meines Vaters, die noch in Oberbehme war, verdiente sich bei ihren Nichten Annette und Maxa mit Schotenpahlen und Kirschenaussteinen 40 Pfennig pro Stunde. Den Winter über gab es weder Fett noch Fleisch. Geld war kaum noch etwas wert. Alle versuchten zu tauschen. Tauschen konnte aber logischerweise nur der, der etwas hatte. Für diese Art Geschäft waren die Flüchtlinge auf Pakete aus dem Ausland oder auf Glück angewiesen. Meine große Schwester Ruth-Alice tauschte mit Tante Anne, die selbst geflohen war. Tante Anne bekam Pakete von ihrer Tochter in Afrika. So wechselten je eine Hose für ihre beiden Jungen gegen sechs Teller und sechs Porzellanbecher aus Mutters „Fang" in einer Porzellanfabrik ihren Besitzer. Die große Trockenheit machte den Landwirten und der Bevölkerung Sorge.

Der Zustand unseres Zimmers im Internat entsprach nicht den Ordnungserwartungen der Direktorin. Nach mehreren Ermahnungen wurden wir aufgefordert, unsere persönlichen Gegenstände in einen Karton zu packen und auf den Dachboden zu bringen. Nur meine Bibel durfte bleiben. Dies war eine der schwersten Strafen, die ich aus meiner Kindheit erinnere. Wir hingen an unseren kleinen Erinnerungen. Sie waren letzte Bruchstücke unserer Heimat. Sie hielten uns buchstäblich über „Wasser".

Aus einem Care-Paket bekam ich eine warme Jacke und zwei große Tafeln Schokolade. Ich überlegte, was ich mit dem wertvollen Luxus machen könnte. Ich hütete den Schatz sorgfältig. Da hatte Heide eine fantastische Idee. Ihre Mutter kannte Leute, die Schokolade auf dem Schwarzmarkt verkauften. Ein Pfund für 250 Mark. Das war in meiner Erinnerung ungefähr so viel, wie Mutter monatlich für das Internat zahlen musste. Mein geliehenes Cello hatte einen Schaden und musste repariert werden. Dafür würde das Geld wahrscheinlich reichen. Ich willigte ein und gab ihr die kostbare, blau eingepackte und nicht angerührte Schokolade. Das Geld kam. Ich schickte es voller Glück sofort an Mutter. Am nächsten Tag aber kamen Heide Zweifel. Hatte vielleicht jemand an der Tür gelauscht und etwas von unserem Handel mitbekommen und es der Direktorin gepetzt? Voller plötzlicher Sorge beschlossen wir, uns selbst anzuzeigen. Die eichene Doppeltür zum Zimmer der Direktorin hatte Noppen im Polster. Sie öffnete sich, an eine zweite gehängt, in den Raum. Auf den braunen Holzdielen lag ein riesiger Perserteppich. Am jenseitigen Ende stand vor dem kleinen, bunt verglasten Fenstern ein massiver Schreibtisch auf dicken gedrechselten Beinen. Dahinter saß in ihrem breiten Lehnstuhl, fast verschwindend, die winzige Direktorin. Wir schlossen die Tür hinter uns und blieben stehen.

„Was wollt ihr?"

Heide hatte sich bereit erklärt, das Reden zu übernehmen: „Wir haben Schokolade auf dem Schwarzmarkt verkauft. Wir wollten das melden und um Entschuldigung bitten."

„Was habt ihr getan?"

Heide musste ihren Spruch wiederholen. Ich wurde nach kurzem Zögern mit der Weisung, mich in der Nähe aufzuhalten, herausgeschickt. Nach einer Weile kam Heide heraus. Ich musste hineingehen, ohne mich mit ihr absprechen zu können. Ich schloss die gepolsterte Doppeltür hinter mir und blieb mit dem Rücken zur Tür stehen. Die Direktorin war vor dem Fenster mit bunten Scheiben nur als Silhouette zu erkennen. Aber ihre Stimme war schneidend:

„Heide hat mir gesagt, dass sie dir 200 Mark gegeben hat. Was denkst du dir eigentlich dabei? Wie kannst du diese unglaubliche Summe für ganze zwei Tafeln Schokolade annehmen?"

Ich stand da wie ein Schluck Wasser. Ich wusste nicht, was ich jetzt sagen sollte. Die Tatsache stimmte, aber die Summe nicht. Sollte ich korrigieren, was Heide gesagt hatte? Wenn ich das getan hätte, hätte ich sie zusätzlich angeschwärzt. Das war gegen die Regeln der Kameradschaft. Petzen tat man nicht! Ich blieb stumm.

„Was hast du mit dem Geld gemacht?"

„Ich habe es meiner Mutter geschickt."

„Ich werde darüber nachdenken müssen, was ich mit euch mache. Du weißt, dass Schwarzhandel im Internat streng verboten ist und mit Schulverweis bestraft wird?" „Ja." Ich konnte gehen. Wenige Tage später rief sie mich wieder zu sich. Sie sah noch härter, noch düsterer aus als beim letzten Mal. Sie sagte:

„Jetzt hast du auf den unglaublichen Schwarzhandel, den du zu verantworten hast, noch eine Lüge draufgesetzt. Was hast du dir dabei gedacht? Hast du geglaubt, ich finde das nicht heraus? Deine Mutter hat mir 250 Mark geschickt, du hast gesagt, du habest 200 Mark bekommen, warum hast du mich angelogen?"

Ich war wieder in der Klemme, konnte aber nicht anders, als ihr die wahre Geschichte zu erzählen. Heide flog von der Schule. Das war ungerecht, und natürlich waren nun auch Geld und Schokolade weg. Die Direktorin schickte das Geld an Heides

Mutter. Die hatte nun beides – Geld und Schokolade und dazu ihre Tochter zurück. Ich blieb vorerst.

Lietz-Internat Schloss Hohenwehrda

1948–Juni 1949

Frühjahr 1948

Nach einem Jahr, im Frühjahr 1948, wurde ich aus dem Internat erlöst. Man gab mir, weil meine Leistungen nicht ausreichten, nur die „Eingeschränkte Mittlere Reife". Damit war mir der Weg in die Oberstufe versperrt. Was sollte man jetzt mit mir anfangen? Hauswirtschaftslehre, Krankenpflegeausbildung? Dafür brauchte ich ein „Haushaltsjahr". Meine Mutter, ihr Bruder, meine älteste Schwester und ihr Mann Klaus hielten Rat und beschlossen, ein Haushaltsjahr sei in jedem Fall gut. „Sicher heiratet sie ja mal." Ich fühlte mich als völlige Versagerin. Wer würde mich nehmen wollen?

Aber erstmal konnte ich Mutter wieder in Bischofshagen helfen. Mutter hatte in der Zwischenzeit eine Baracke organisiert. Vielleicht aus alten Armeebeständen? Diese hatte zwei Räume. Das hintere Viertel der Baracke war durch eine Pappwand, in der eine dünne Tür hing, abgetrennt. Sie war mehr Sichtschutz als Wand. Der abgetrennte Raum war mit einer knöchelhohen Holzbohle parallel zur Trennwand ausgestattet. Die so entstandene große, mit Stroh gefüllte Kiste diente als Bett für die, die am Bau arbeiteten. An der Trennwand waren Haken angebracht. Strohschütte und Haken stellten Bett und Kleiderschrank für acht bis zehn Personen dar. Zwei hinzugekommene arbeitswillige Männer schliefen in einem Zelt außerhalb der Baracke.
Es gab eine Waschschüssel aus Emaille. Wie solche Schüsseln es an sich haben, hatte sie schon einige dunkle Flecken, dort wo die Emaille abgeplatzt war. Es gab einen Wassereimer aus Zink, ein paar Bänke ohne Lehne, einen Tisch, einen Kochtopf und einen Kohleherd mit Ofenrohr, das durch die fensterlose Wand nach draußen führte. Außen bog das Rohr sich gen Himmel

und endete unter einem kleinen Hütchen kurz über der Dachkante. Gegenüber vom Herd schaute man durch ein Fenster auf die Baugrube. Die war voller Wasser gelaufen, und die Wänder fielen ein. Hätten wir dies als Omen nehmen sollen?
Draußen gab es ein Plumpsklo mit Herzchen in der Tür. Die Emailleschüssel war der meistgebrauchte Gegenstand in der Baracke. Sie diente morgens als Waschschüssel für die Arbeiter, dann für die Wäsche und mittags als Küchenschüssel für Kartoffelsalat und Heringe. Der wichtigste Mensch in der Baracke aber war Fräulein Neumann, die mit uns gekommen war. Nicht ein einziges Mal habe ich sie ungeduldig, ärgerlich oder mit schlechter Laune erlebt. Ihr Lebensmotto war Dienen. Sie tat alles freundlich, zufrieden und gelassen. Nur einmal, in meiner Erinnerung, lehnte sie ab, etwas zu tun. Ich bot ihr an, ihr das Anschirren von Pferden beizubringen. Da sagte sie „Nein". Als ich sie fragte „Warum?", antwortete sie: „Dann muss ich das auch noch machen." Fräulein Neumann war mitgekommen, um uns zu helfen. Reichsmark, das Einzige, das Mutter ihr von ihrem Sparbuch bieten konnte, wollte sie nicht. Sie schenkte uns ihre Arbeit.
Maurer waren nicht zu haben. Die deutsche Bevölkerung stand vor riesigen Schutthalden, und die zerkrümelten Häuser mussten wieder aufgebaut werden. Jeder neue Stein war kostbar.
Aus reiner Hilfsbereitschaft setzten jetzt drei angehende Theologiestudenten[58] ihre Ferien dafür ein, uns zu helfen. Einer war Alfred Butenuth – er hatte eine Mauerausbildung. Unter seiner Anleitung wollten wir zuerst einen Stall und dann, dort, wo die Baugrube in sich zusammensackte, ein Wohnhaus bauen.
Das Dumme war nur, wir hatten immer noch kein Baumaterial. Das Herstellen von Lehmziegeln und Holzschindel hatte sich als so mühsam erwiesen, dass Mutter ruhelos durch die Lande tin-

gelte, um Baumaterial zu erbetteln. Keiner von uns mochte sie dabei noch begleiten. Ihre Hartnäckigkeit war uns allen zu peinlich. Sie ließ solange nicht locker, bis ihre Gegenüber schließlich nachgaben, nur um sie loszuwerden. So hatte sie schließlich allerhand Handwerkszeug, Kalk und Zement ergattert, aber die Steine fehlten und wieder einmal das Holz für den Dachstuhl. Aus der Verwandtschaft kamen Vorwürfe, sie mute ihren Kindern zu viel zu. Sie ließ sich nicht beirren. Wir freuten uns, ihr helfen zu können, und der Ausblick auf Eigenes war verlockend.

In Brake bei Bielefeld stand ein Kalksandsteinwerk. Wir spannten die Pferde an und fuhren hin. Mutter hatte dort eine Grube entdeckt, in der Flüchtlinge sich angeblich „Bruch“ ausgraben durften. Hinter dem Werk war eine tiefe Sandkuhle, die zur Kippe umfunktioniert worden war. Über Jahre hinweg hatte man Steine, die beim „Backen“ oder beim Transport zerbrochen waren, vom oberen Rand aus hineingeworfen. Jetzt war die eine Hälfte voller Bruch, in die andere konnte man hineinfahren. Unten standen schon zwei Pferdefuhrwerke, deren Besitzer die gleiche Absicht hatten wie wir. Sie buddelten halb- und dreiviertelgroße Steine aus der Steinhalde und warfen sie in einer Menschenkette auf ihre, wieder ihrem ursprünglichen Zweck zugeführten Treckwagen. Sie machten uns Platz und rieten uns: „Ladet nicht zu viel auf, sonst schaffen die Pferde es nicht den Hang rauf.“ Wir kletterten in die Halde, bildeten unsere eigene Kette und warfen Steine von Hand zu Hand bis hin zum Wagen. Keiner hatte Handschuh, woher auch. Nach einer Weile lernten wir den Stein oben im Flug zu greifen, in dem Augenblick, wo er noch leicht ist, mit der Flugbahn zu schwingen, den Flug aufwärts zu verstärken und ihn im richtigen Moment zum nächsten Greifer hin loszulassen. Es machte Spaß. Gegen Mittag wurde

es heiß in der Grube. Abends fuhren wir glücklich zurück nach Bischofshagen. Wir waren täglich unterwegs. Mutter fuhr mit, warf Steine wie wir. Schließlich aber wurde die Halde, von der wir unten weggeräumt hatten, steil und dann unterhöhlt. Eine etwa zwanzig Meter hohe Mauer aus ineinander verkeilten weißen Sandsteinen türmte sich vor und fast über uns auf. Wir lösten weiter Steine unten heraus. Eines Tages war die Wechte über uns so angewachsen, dass wir befürchteten, die Steinhalde könne abbrechen und uns alle begraben. Was tun? Jemand musste gefunden werden, der oben auf die Wechte hinaufging und sie herunterstakte. Das war eine lebensbedrohliche Aufgabe. Die Wagen wurden beiseite gefahren, die Kinder und Frauen aus der Grube beordert. Ein junger Mann, einer, der noch keine Kinder zu versorgen hatte, wurde bestimmt. Er wurde angeseilt, mit einer Stange ausgerüstet und hinaufgeschickt. Wir schauten gebannt zu. Uns klopften die Herzen vor Aufregung. Der Überhang fiel und verschwand in einer großen Staubwolke am Boden der Grube! Der junge Mann blieb unversehrt.
Geld war immer weniger wert, es wurde getauscht oder mit Zigaretten oder anderen Begehrlichkeiten bezahlt. An einem der nächsten Tage beschloss Mutter, eine Havanna zu opfern. Die Havanna gehörte zu den wenigen Kostbarkeiten, die sie aus Pätzig gerettet hatte. Sie schrieb einen Brief. Das konnte sie! Sie gab Peter die in einem Metallröhrchen verpackte Zigarre und den Brief in die Hand und schickte ihn, auf sein entzückendes Aussehen und Gottes Hilfe vertrauend, zum Direktor der Steinfabrik. Peter stapfte tapfer den Hang hinauf und zum Fabriktor und ließ sich von der Vorzimmerdame beim Direktor melden. Nach einer Weile kam er hüpfend und stolz mit einer Antwort zurück. Wir luden die am Morgen aus der Halde gesammelten Steine wieder ab, fuhren den Hang hinauf, durchs Fabriktor

und unter den Kran der „Sandsteinbäckerei". Ein warmer, noch dampfender Block weißer, unverletzter, scharfkantiger Steine wurde auf den Gummiwagen gesetzt. Der ging dabei leicht in die Knie, aber die Reifen hielten. So glücklich, als hätten wir das große Los gezogen, fuhren wir nach Hause, diesmal nicht müde, sondern aufgekratzt fröhlich.

Die freiwilligen Helfer mauerten, wir arbeiteten als Handlanger. Unsere Ernährung bestand im Wesentlichen aus Heringen. Fräulein Neumanns Ideenreichtum, wie man Heringsgerichte schmackhaft variieren könne, war nahezu unerschöpflich. Morgens, mittags, abends eingelegte Heringe. Wir wurden satt! Ich lernte mauern. Die jungen Helfer waren nett. Abends saßen wir auf unseren Steinen, sangen zur Gitarre und diskutierten über Gott und die Welt. Es gab viel zu klären in dieser Zeit nach dem Ende des Krieges. Nichts schien mehr so zu sein, wie es vorher war, auf nichts schien Verlass. Wir mussten die Welt sozusagen neu erfinden. Für die Theologiestudenten waren Glaubensfragen vorrangig. Warum hatten die Kirchen so jämmerlich versagt? Wie konnte es geschehen, dass so wenige wissen wollten, was in den Konzentrationslagern geschehen war? Warum war die evangelische Kirche so zerstritten? Konnte man mit den Feinden zusammen Abendmahl feiern? Konnte man mit deutschen Kommunisten Abendmahl feiern? War der Kommunismus vielleicht die einzige wirklich christliche politische Staatsform? Waren Kommunismus und Christentum vereinbar? Wie sollte man mit den Nationalsozialisten umgehen? Erschöpft von der körperlichen Arbeit und aufgewühlt von den Gesprächen schliefen wir im Stroh gut. Das Leben machte Spaß!

Nun war es doch passiert. Mutter lag mit gequetschtem Fuß im Stroh. In der Bruchsteingrube war ihr ein Stein auf den Fuß gefallen, ein Knochen war gebrochen. Die zweifelnde Verwandtschaft fühlte sich bestätigt. Hatte sie nicht von vornherein gewusst, dass das alles Unsinn war?

Am Ende des Sommers waren wir mit dem Stall so weit gediehen, dass die Betondecke für den Heuboden gegossen werden konnte. Mutter hatte über eine Zuteilung Holz und Dachziegel für den Dachstuhl des Stalls bekommen. Mein Selbstbewusstsein wuchs. Ich konnte mauern und durfte mit den Studenten in einer Reihe arbeiten. Dann aber legte ich mich mit Alfred an. Er wollte mir verbieten, Speis die Leiter hoch auf den Dachboden zu tragen. Speis war Mörtel und wurde mit einem Spaten im Bottich angerührt, dann wurde er in kleine Wannen geschippt, die vorn einen Griff und unten in der Mitte eine Delle hatten. Die linke Hand fasste den Griff, die rechte die Leiter. Die Delle sicherte die kleine Wanne auf der Schulter, so dass sie beim Hochsteigen nicht abrutschte. Alfred sagte: „Das ist nicht die richtige Arbeit für Mädchen, die noch Kinder kriegen wollen." Ich war wütend und nicht gewillt, mir meine Position als ebenbürtiger Maurer streitig machen zu lassen.

„Ich hab hier das Sagen!"

„Ich bin kräftig genug, den Speis zu tragen."

„Du kannst nicht überblicken, was das für dich später bedeutet."

„Das ist meine Sache. Misch dich da raus."

So ging das hin und her. Ich musste nachgeben, und er schrieb mir später ins Zeugnis, dass ich Schwierigkeiten mit der Subordination hätte.

Währungsreform Juni 1948

Niemand wusste, wann die Währungsreform kommen würde. Plötzlich war sie da, und über Nacht war die Reichsmark sozusagen wertlos. Man musste das, was man an Bargeld hatte, auf ein Konto einzahlen, später wurde es dann umgetauscht. Man stelle sich das mal vor. Über Nacht war alles Ersparte fast nichts mehr wert. Pro Kopf gab es 40 D-Mark im ersten Monat und dann nochmal 20 D-Mark im Monat danach. Aber, oh Wunder, mit einem Schlag waren die Schaufenster in den Städten gefüllt mit Waren, von denen wir gar nicht mehr wussten, dass es sie gab, sie waren auf einmal buchstäblich in Hülle und Fülle da. Nagelneue Fahrräder! Wo kamen die plötzlich her? Ein Liter Milch kostete 39 Pfennig, eine Briefmarke 24 Pfennig. Das war vielleicht das Bitterste für Mutter – sie schrieb viele Briefe, nun war es zu teuer. Einer der Arbeiter, die im Zelt schliefen, lag dort eines Morgens tot. Peter fand ihn und erschrak sich so, dass er das Bild nie mehr loswurde. In der zweiten Nacht nach der Währungsreform verschwand der andere und mit ihm das Kopfgeld aller Familienmitglieder. Das war eine Katastrophe! Vielleicht läutete das das Ende der eigenen Existenz für uns ein. Mehr als der Stall wurde auf unserer Parzelle nie gebaut. Wir arbeiteten zwar bis zum Ende des Sommers noch weiter, legten Elektroleitungen und Wasser. Ich verputzte die Kammer für den zukünftigen Knecht im Stall und war überaus stolz, dass mir der Putz von der Decke nicht wieder entgegenkam, nachdem ich ihn hochgeworfen hatte.

Zwei Zentner Weißkohl, die ersten Früchte vom neuen Land, brachten wir am Ende des Sommers mit zurück nach Oberbehme. Sie sollten, zu Sauerkraut verarbeitet, zusammen mit den Heringen im Winter die Versorgung der Familie sichern.

Die Kohlköpfe lagen einstweilen auf der Holzbrücke vor der Veranda, in der Annema und ich unsere Fleißigen Lieschen gezogen hatten. Da passierte das Malheur. Hans, er war drei, warf alle Kohlköpfe in den Graben. Das sah schön aus, Monet hätte seine Freude daran gehabt. Sie waren kaum noch zu sehen, nur kleine hellgrüne Kreise in der den Graben bedeckenden, dichten hellgrünen Schicht Entengrütze. Es sah aus, als hätte die Grütze kreisrunde Blüten entwickelt. Als meine große Schwester davon erfuhr, war sie im Chor mit dem gesamten Hausstand fassungslos. Wir fischten den stinkenden Kohl aus der Entengrütze und wuschen ihn ab. Daraufhin legten wir ihn zum Trocknen wieder auf die Brücke und warteten darauf, dass der Vater des Bösewichts nach Haus käme, um ihn zu verdreschen. Ich vermute, er kam ohne Prügel davon. Ich wurde beauftragt, im Keller in einer Ecke mit zwei Karren Ziegelsteinen einen Bottich zu mauern und diesen innen zu verputzen. Der Kohl wurde geschnitten und mit Salz vermengt dort hineingeschüttet. Dann traten wir stundenlang barfuß von einem Fuß auf den anderen auf dem Kohl herum, um ihn weichzuquetschen. Ich entsinne nicht, dass er noch stank.

Am Ende des Sommers trennten wir Geschwister uns wieder. Maria ging ins Studium, Hans-Werner in eine Tischlerlehre, Christine wurde in Schweden von der Direktorin der Schule in Sigtuna wie eine Tochter aufgenommen, ich machte ein Haushaltsjahr in Marburg, und Peter wurde von einem für ihn wildfremden Pastoren aufgenommen, der ihn in seinem Wohnzimmer schlafen ließ.

Mutter hatte sich ausgedacht, dass ich in diesem Herbst, eh die Schule wieder losging, die Landarbeitsprüfung machen sollte. Sie setzte sich mit mir hin und brachte mir etwas über Fruchtfolgen, Ernteerträge und Düngung bei. Ich war ja nie ein Landarbeiter gewesen, also konnte ich die Prüfung wahrscheinlich nicht schaffen. Sie wollte, dass ich es versuchte. Und tatsächlich schaffte ich sie. Offenbar hatte sie mich gut vorbereitet. Für die praktische Prüfung sollten wir anhand von Sand, der auf einem großen Haufen in einer Obstplantage lag, und einer aus Blech vor dem Bauch hängenden, gebogenen Molle vorführen, wie man Dünger streut. Die etwa sechs übrigen Prüflinge, alles Jungen, die echte Landarbeiter waren, standen und warteten darauf, dass jemand eine Schaufel brachte, um den Sand vom Haufen in die Molle zu schaufeln. Da ich keine Ahnung hatte, bückte ich mich, schob die Molle mit der Kante in den Sand und füllte sie. Dann streute ich, ohne auf die Jungen zu warten, wie ich es bei Bauern und in dem Gemälde „Der Sämann" von van Gogh gesehen hatte, den Sand mit großen Schritten und weit ausholendem Arm zwischen die Obstbäume. Das gefiel dem Prüfer: „Du hast bestanden!"[59]

Zu dieser Zeit gab Mutter Bischofshagen endgültig auf. Sie hatte wohl erkannt, dass eine kleine Gärtnerei sie nicht über Wasser halten würde. Vielleicht aber war es auch, dass sie merkte, dass sie das Baumaterial und alles, was dazu gehört, für einen wenn auch nur kleinen Betrieb nicht würde heranschaffen können. Der Verwalter übernahm ihre zwanzig Morgen Pachtland mit und bearbeitete bis fast an sein Lebensende beide Parzellen. Das Lehmhaus hat wohltemperiert all die Jahre seiner Familie gute Dienste geleistet. Der von uns gebaute Stall wurde abgerissen. Er lag unrentabel weit weg von seinem Haus. Mutter nahm eine Stellung als Hausdame in einem Altenheim im Ruhrgebiet an. Danach wurde sie Wirtschafsleiterin in einem Müttererholungsheim in Schönau bei Berchtesgaden und wohnte in einem wunderschönen alten Bauernhaus mit Blick auf die Alpen. Aber da war ich schon in Amerika.

Marburg –
Mai 1948 bis Juni 1949

Von Oberbehme aus fuhr ich mit dem Fahrrad nach Marburg. Die erste Nacht verbrachte ich in Eldagsen[60] bei meiner geliebten Tante Pessy, Mutters ältester Schwester, die in der Großfamilie für alles, was mit Musik zu tun hatte, sorgte. Sie hatte dort Zuflucht von Berlin herkommend gefunden. Die Fahrt war mühsam. Das Fahrrad hatte keine Gangschaltung, und ich hatte alle meine Habseligkeiten dabei. Nur einmal hatte ich Glück und konnte mich mit der freien Hand an einen langsam fahrenden Laster anhängen. Leichter ging es danach westlich von Kassel entlang der Weser. Es war eine Lust, durch die herrliche Landschaft zu fahren.

Die Villa in Marburg bestand aus drei Geschossen. Dunkelgrüner Efeu hatte sie mit dickem, dichtem, haarigem Gewebe erobert. Die kleinen Fenster mit ihren dunklen Glasscheiben schienen darum zu kämpfen, durch die aggressiven Ranken hinausblicken zu dürfen. Ehe der Besucher hineingehen konnte, musste er eine graue Steintreppe hinaufsteigen. Die Türschilder wiesen aus, dass das Haus das Evangelisch-Lutherische Pfarramt der Universitätskirche und zwei Familien beherbergte. Ich drückte die zweite Klingel. Der Summer ging. Ein Terrazzoflur empfing mich kühl. Ich stieg die Treppe hinauf. Tante Marete Ritter[61], eine sogenannte Nenntante – die Freunde der Eltern wurden auch Tante und Onkel genannt – stand auf dem Treppenabsatz, hinter ihr die Wohnungstür in einer Fensterwand, die mit Gardinen verhängt war. Sie trug hochgekämmte, dunkelbraune Haare über einer adrett gebügelten, hochgeschlossenen Bluse. Ein grauer Trägerrock fiel über die aufrechte Gestalt. Der

Trägerrock reichte ihr bis über die Knöchel. Sie begrüßte mich und führte mich ihrem Mann vor, der im Arbeitszimmer hinter seinem Schreibtisch saß und freundlich aufsah, lange genug, um der Form zu genügen. Ich war gespannt auf diesen Freund meines Vaters. Die beiden kannten sich über die Berneuchner Bewegung, die in den 1920er-Jahren nach Wegen suchte, die Kirche von innen heraus zu erneuern. Er hatte Theologie und Philosophie studiert und war Pfarrer an der Universitätskirche, Kirchenrat, Studentenseelsorger und Dozent an der philosophischen Fakultät. Seine blassblauen Augen schienen den Gedanken, der ihn gerade beschäftigt hatte, noch festzuhalten, während er mich begrüßte: „Hast du eine gute Reise gehabt? Ich hoffe, du fühlst dich bei uns wohl." Ich bestellte herzliche Grüße von meiner Mutter.

Tante Marete zeigte mir mein Zimmer unterm Dach. Es war die Bibliothek. Ich würde in einem Pfarrhaus auf der Couch schlafen, wie mein kleiner Bruder. Die Wände waren hinter Büchern versteckt. Die Dachschräge und darüber die schmale Zimmerdecke waren weiß gekalkt. Ansonsten gab es einen Tisch, auf dem sich Bücher türmten und einen Stuhl vor einem kleineren Tisch unter einem Dachfenster. In der vom Zimmer abgetrennten fensterlosen Abseite stand ein Waschtisch. Dort gab es eine Kleiderstange für mein Kleid. Es war 1948 nicht selbstverständlich, dass man ein eigenes Zimmer hatte, und zwischen Büchern zu wohnen, gefiel mir. Ich war glücklich, der Schule entronnen zu sein. Ich war zufrieden.

Tante Marete führte mich durch ihre Wohnung, mein zukünftiges Betätigungsfeld. Der lange, fensterlose Flur endete in einem kleinen Balkon, davor die weiß gestrichene Tür zur Küche: Terrazzoboden, Spüle, Herd, Tisch, Stuhl, ein Küchenschrank oben mit Glastüren, ein Vorratsschrank mit Fliegengitter, alles weiß gestrichen und blitzsauber. Die Küche hatte die Gemütlichkeit eines Eisschranks, und der Balkon ging nach Norden. An der Längsseite des Flures befanden sich das Schlafzimmer von Tante Marete und Onkel Karl. Dieses war für mich tabu. Tante Marete putzte es selbst. Der Salon mit polierten Möbeln und allerlei Nippes, vielleicht waren es aber auch wertvolle Skulpturen, wurde nur selten benutzt, sollte aber täglich von mir geputzt werden. Außerdem sollte ich das Arbeitszimmer – „Du darfst auf keinen Fall irgendwelche Papiere anfassen!" –, das Esszimmer, Küche, Bad, WC und Treppenhaus putzen. Ich war hier, um zu lernen, wie man putzt, wäscht, bügelt und kocht. Letzteres ging etwa so: Man nehme etwas Fett, streue genügend Mehl hinein, lasse das Mehl leicht braun werden und gieße nach und nach kräftig rührend Wasser hinein, das Mehl darf auf keinen Fall klumpen, lasse es kochen, bis es sämig wird und schmecke die Bratensoße (den Braten musst du dir dazu denken) mit Salz, Maggi (wenn du hast) und Kräutern (wenn du hast) ab. Wenn es kein Fett gab, musste es ohne gehen. Dies ist das einzige Rezept, das ich in Erinnerung behalten habe. Was soll man einem jungen Ding auch beibringen, wenn es fast nichts zu kaufen gibt? Das Bügeleisen wurde auf dem Kohleherd während des Kochens heiß gemacht. Das Wäschestück wurde mit Kernseife (so man hatte) eingeseift und auf dem Waschbrett gerieben und zwischendurch immer wieder ins Wasser getaucht, solange bis es sauber war. Dann wurde es ausgewrungen. Für große Stücke brauchte man dazu vier Hände, und auf der Leine musste die Tisch- und Bettwäsche in Reih und Glied mit dem Monogramm nach links unten aufgehängt werden. Der Garten hinter dem Haus war eine winzige Wiese mit irgendwelchen Gewächsen rings herum. Vielleicht waren da ein paar Johannisbeersträucher und Gemüsebeete? Aber ganz sicher gab es einen großen Kirschbaum mit ausladenden Zweigen in einer Ecke. Es gab keine Blumen. Eigentlich wurde seit dem Krieg jedes fruchtbare Stückchen Erde für den Anbau von Gemüse und Kartoffeln genutzt.

Ich arbeitete von morgens früh bis zum Abendbrot. Weil wirklich nicht genug für zwei Frauen in einem Dreipersonenhaushalt zu tun war, musste alles noch säuberlicher, noch ordentlicher und sorgfältiger getan und wiederholt werden. Abends und an Sonntagen hatte ich frei und durfte zu Spaziergängen das Haus verlassen, aber auf keinen Fall in Herrenbegleitung. Die Sorge war damals groß, dass ein so unerfahrenes junges Mädchen schwanger werden und ein uneheliches Kind zur Welt bringen könnte. Das wurde zu der Zeit für Mutter und Kind als ein nicht wiedergutzumachender Makel gesehen. Ich bekam 10 D-Mark Taschengeld im Monat. Ich durfte mir zusätzlich, ich erinnere den Betrag nur vage, etwa 30 D-Mark mit Blutspenden verdienen, musste aber die Lebensmittelmarken, die es im Tausch für das Blut gab, bei Tante Marete abliefern. Eine ärztliche Untersuchung wurde vorher fällig. In welcher behüteten Ahnungslosigkeit ich aufgewachsen war, zeigt folgende Begebenheit. Der untersuchende Arzt nahm meine Daten auf und fragte schließlich: „Hast du schon Verkehr gehabt?" Ich war unsicher, wagte aber nicht nachzufragen, dachte an Freundschaften und sagte „Ja". Er sah mich so erstaunt an, dass ich begriff, dass ich die Frage wohl falsch verstanden hatte. Ich entschloss mich um und sagte: „Nein", wusste aber immer noch nicht, was er wissen wollte. Er schien jetzt aber mit meiner Auskunft zufrieden. Sobald ich wieder im Haus war, holte Tante Marete mich auf den Balkon. Der Arzt hatte sie, besorgt um mich, angerufen. Dort klärte sie mich auf. Es ging, wenn ich mich richtig erinnere, nur um den richtigen Sprachgebrauch, denn aufgeklärt fühlte ich mich und wenn ich noch mehr wissen wollte, dann sicher nicht von Tante Marete. Es war ihr und mir außerordentlich peinlich. Im Sommer durfte ich nach Oberbehme fahren. Am Straßenrand ein grüner Beutel mit zwei Lederriemen, mein Rucksack, daneben ich. Ich trug lange blonde Zöpfe und einen Mittelscheitel, an den Füßen braune Haferlschuhe mit grünen Senkeln und immer noch meinen nun prall um den Oberkörper spannenden Trägerrock aus blau kariertem Bettbezugsstoff. Dazu schmückte mich eine in Herbstfarben karierte warme Jacke, die aus einem Care-Paket aus Kalifornien stammte. Mit dem Rücken zur Fahrtrichtung schaute ich den Autos entgegen. Es gab schon wieder alle Fabrikate, auch tiefliegende Sportwagen. Sobald ein Auto nahte, streckte ich meinen rechten Arm weit heraus. Meine Finger waren zur Faust gerollt, der Daumen nach oben gestreckt. Ein Auto hielt, und ich stieg ein. Noch war es erlaubt zu trampen. Militärfahrzeuge hielten nicht mehr an.

Im Herbst wurde ich aufs Land zu einem Bauern zur Erntearbeit geschickt. Tante Marete versprach sich davon bäuerliche Lebensmittel. Ich freute mich aufs Landleben. Das kiloschwere Federgebirge, unter dem ich schlief, und die Federn des Kopfkissens waren in rotes Inlett gefüllt und wurden ohne Bettbezüge genutzt. Ich stellte mir vor, wer darunter wohl schon geschlafen haben mochte. Es ekelte mich. Die Bauersleute waren unfreundliche Leute, und Kartoffeln in große, mittlere und kleine zu sortieren, war nicht meine Leidenschaft. Tante Marete war durchweg unzufrieden mit mir. Man sollte meinen, ein so kleiner Haushalt wäre von einer Frau ohne Hilfe zu erledigen. Damals waren die Frauen aus „besseren“ Kreisen aber daran gewöhnt und dahin erzogen, Personal zu haben und zu beschäftigen. Ich reichte nicht hin und nicht her, zugleich fühlte ich mich weitgehend überflüssig. Sie erklärte mir, ich schaffe zu wenig. Ich flüchtete mich zu ihrer Schwiegertochter, die oben unterm Dach des Hauses wohnte. Sie beteiligte sich nicht an den kirchlichen Veranstaltungen ihres Schwiegervaters. Sie war Konzertmeisterin im städtischen Orchester und spielte bezaubernd schön Geige. Eine ungemein liebevolle junge Frau mit kleinen Kindern. Ihr Mann war dabei, sein Jurastudium in Kassel abzuschließen. Wir fanden und trösteten einander. Später im Herbst schickte mich Tante Marete mit einem fünf Liter fassenden Marmeladeneimer in den Wald, um Blaubeeren zu suchen. Sie verabschiedete mich mit dem Hinweis „Ich kann genau sehen, ob du gegessen oder gearbeitet hast. Das sehe ich an deiner Zunge, die wird blau, wenn man Blaubeeren isst." Ich beschloss, das sollte mir nicht passieren.

Eines Abends auf dem Weg aus dem Blaubeerwald begegnete mir eine der wenigen, übrig gebliebenen Sinti und Roma. Ich war schon wieder in der Stadt, hatte den langen Heimweg hinter mir und meine Zunge war makellos rot, keine Blaubeere war darüber gerutscht. Die kleine Frau bettelte mich um eine Handvoll Beeren an. Der Eimer war gestrichen voll, und ich erwartete Lob von Tante Marete. Ich lehnte ab und schäme mich dafür noch heute.

Ich hatte dauerhaft Hunger. Bei Tisch versuchte ich Tante Marete zu gefallen, indem ich wenig aß. Später beim Abwaschen klaute ich aus dem Vorratsschrank. Eines Tages erwischte mich die andere Tochter des Hauses, die zu Besuch gekommen war. Sie hatte sich hinter der Tür versteckt, um mich zu beobachten. Tante Marete kontrollierte meine Arbeit mit weißen Handschuhen und hielt mir den Staub auf ihren Handschuhfingern unter die Nase. Immer wieder vergaß ich irgendetwas beim Tischdecken. Dann sagte sie: „Lala, hol die Leiter!" Auf der Stehleiter stehend, sollte ich entdecken, was ich vergessen hatte.

Ich holte das Vergessene wortlos nach und brachte die Leiter weg. Im Herbst durfte ich zu ihrer Schwiegertochter wechseln, die unterm Dach wohnte und ein Baby hatte, das ihr Sorgen machte, weil es nicht trinken wollte. Sie war entzückend zu mir, und mich mit ihren Kindern zu beschäftigen, machte mir deutlich mehr Spaß.

Auch heute ist es mir immer noch ein Rätsel, Tante Maretes Verhalten zu erklären. Sie, die mit ihren Kindern in den Nachkriegsjahren zu guten und hilfreichen Freunden meiner Familie geworden war, wurde für mich der Mensch, der meinen noch kindlich gefestigten Gauben bitter enttäuschte. Einer von ihren Söhnen hatte uns die Heringsdosen gebracht, die uns 1946 ernährt hatten, der andere wurde mit seiner Frau zu meinen besten Freunden in Marburg. Und auch, dass sie mich, eine Jugendliche, mit der niemand so recht etwas anzufangen wusste, aufnahm, tat sie sicher, um meiner Mutter zu helfen. Es war eine schwere Zeit, eine unsichere Zeit, die bei manchem die schweren und unsicheren Seiten hervorbrachte, bei anderen aber, und das war mir Trost und Halt, ungewöhnliche Einfühlsamkeit und Hilfsbereitschaft. Sehr viel später bekam ich von Tante Marete einen Brief. Ihr damaliges Verhalten tat ihr leid. Es war ein kurzer Brief. Sie hat nicht erklärt, wie es dazu kam. Das musste sie ja auch nicht. Ich habe es ihr hoch angerechnet, dass sie diesen Schritt gegangen ist.

Onkel Karls Theologie

Ich war also einsam und unglücklich. Aber es gab einen Lichtblick. Abends hielt Onkel Karl Vorlesungen in der Universität. Ich besuchte sie regelmäßig. Ich hörte ihm gebannt zu. In den Pausen standen die Studenten draußen im Kreis und unterhielten sich. Ich war, wenn auch nicht unter Gleichaltrigen, so doch unter interessierten Menschen. Die Studenten diskutierten das Gehörte heiß, standen im Kreis und rauchten. Ich hätte gern zu ihnen gehört. Einer bot mir eine Zigarette an. Plötzlich änderte sich die Situation, ich kam mir erwachsen vor. Mir wurde kotzübel, aber die Zigarette half. Sie half nicht nur gegen die Einsamkeit. Ich gehörte dazu, war eine von ihnen. Das Hungergefühl verschwand. Das waren sie mir dann wert. Von da an kaufte ich sie einzeln, immer dann, wenn mich die Verlassenheit überkam. Mein Taschengeld ging dabei drauf. Bald war ich abhängig. Unterdessen begann Onkel Karls Philosophie und Theologie meine Gedanken auszufüllen. Ich fing an, in seiner Bibliothek zu stöbern, las kreuz und quer, aber vor allem Theologie. Noch heute ergreift mich Freude, wenn ich lese, was dieser Theologe veröffentlicht hat. Seine Klarheit und Eindeutigkeit fiel damals mitten in mein Herz und bestärkte meinen Wunsch, im Glauben die Antwort auf meine unzähligen Fragen zu finden.

Onkel Karl und mein Vater waren einander begegnet, als dieser Abgeordneter der Deutschnationalen Partei und mein Vater Sekretär von Franz von Papen[62] in Berlin war. Die Deutschnationale Partei war stark im Kirchenkampf, der Auseinandersetzung der Bekennenden Kirche mit den von Hitler begeisterten Deutschen Christen, engagiert. Seine Berufung an die Theologische Fakultät der Universität zog ihn zuerst aus dem Schussfeld der Gestapo, nicht aber schützte es ihn vor der dauerhaften Überwachung. In jedem Gottesdienst und jeder Bibelstunde hatte ein Spitzel gesessen. Er wurde verhaftet und wieder freigelassen. Er erlitt einen Zusammenbruch, den er bei seinem Bruder in der Türkei kurierte. Nach seiner Rückkehr wurde er erneut verhaftet. Er entging der Überführung ins KZ durch die Einberufung zum Heer und diente als Transportoffizier in Rumänien. Dort hatte er erlebt, wie die Deutschen mit der Bevölkerung der besiegten Gebiete umgegangen waren. Er nannte es Vergewaltigung. Ich musste an meinen Vater denken, der sich in Russland aus dem Stab ohne für uns Kinder oder unsere Mutter ersichtlichen Grund an die Front gemeldet hatte und innerhalb kürzester Zeit gefallen war. Hatte er diese Erfahrungen in Russland auch gemacht und sich, weil er nicht mehr ertrug, was das deutsche Heer der Bevölkerung antat, an die Front gemeldet? Er sang so gerne laut Soldatenlieder. War ihm da noch nach Singen zumute gewesen? Mir fiel eines dieser Lieder ein, in dem es heißt „Im Felde, da ist der Mann noch was wert (...)".[63] Was hatten diese Männer alles gesehen, über das sie nicht, auch später nicht, sprechen mochten? Hatte er sich an die Front gemeldet, weil er meinte, in all dem Schlamassel nur noch im Kampf seinen Wert zu finden?

Ein befreundeter Arzt versteckte Onkel Karl bis zum Ende des Krieges in seiner Nervenklinik. Nach dem Zusammenbruch wollten die Amerikaner ihn zum Bürgermeister machen. Stattdessen blieb er als Pfarrer und Dozent in Marburg.

Was hat mich an Onkel Karls Theologie so fasziniert? Wieviel davon habe ich für mein Leben übernommen, was habe ich verworfen?

Es ging mir nicht um ein Studium oder einen Beruf. Es ging mir ausschließlich um mich selbst und um die Logik meines Glaubens. Was für mich gesicherter Glaube gewesen war, hatte sich

weitgehend aufgelöst, war zerfallen wie ein mottenzerfressenes Stück Stoff. Einige Menschen, die mir Glauben verkündet hatten, hatten mich enttäuscht. Das waren weder mein Vater noch meine Mutter. Ihr Glaube war, weil ich ihn als echt und gelebt empfunden hatte, wahrscheinlich der Ursprung meiner Suche. Ich wollte dem Glauben selbst auf den Grund gehen. Ich wehrte mich dagegen, eine Theologie zu akzeptieren, die von den Lehrenden selbst nicht gelebt wurde. Glauben wollte ich nur von glaubwürdigen Menschen annehmen. Unter den vielen möglichen Theologien wollte ich, wenn es sie denn gab, diejenige finden, die sich mit meinem Verstand vereinbaren ließ. Mein Gefühl, schlecht zu sein, meine Sünden, meine Auflehnung gegen die Erwachsenen und Deutschlands allgegenwärtige Schuld drückten mich nieder. Ich suchte einen Ausweg im Glauben.
Onkel Karl sah die Liturgie als Gefäß für die Erfahrung der Gegenwart Gottes. Er feierte täglich die evangelische Messe im weißen Gewand. Er wollte die Kirche zu den Ursprüngen der christlichen Lehre zurückführen. Er wollte an eine Zeit anknüpfen, als die Kirche Mittelpunkt des Lebens der Menschen gewesen war. Er sprach von der Gegenwart Gottes in der Liturgie. Eine Ahnung davon erlebte ich selbst beim Abendmahl. Es leuchtete mir ein, dass Gott nur durch „Etwas" erfahrbar für uns Menschen ist, zum Beispiel durch Wind, Wasser oder Feuer. Dafür gab es genügend Erzählungen in der Bibel. Konnte es auch sein, dass Gott durch Gebet und Feiern der Messe erfahrbar zu machen wäre?
Onkel Karls Gedanken trafen meine Sehnsucht, Gott zu erfahren, und entzündeten Hoffnung in mir. Wer außer Gott konnte in diesem Durcheinander von Gefühlen nach diesen unfassbaren deutschen Verbrechen, nach dem Totalverlust des Vertrauens in politische Versprechen und Gesetzestreue noch

für mich Wegweisung sein? Er sprach von der göttlichen Philosophie als Versuch, Freiheit und Liebe miteinander zu verbinden. Ich verstand, Gott will meine Freiheit. Wenn ich ihn finde, kann ich frei sein.

Diese Sicht auf Gott öffnete meiner Sehnsucht, diesem Durcheinander von in mir rumorenden Schuldbildern zu entkommen, einen Weg. Das wollte ich. Ich wollte frei sein und irgendwie von vorn anfangen.

Und da war noch etwas anderes. Und dies hatte nichts mit dem Felsbrocken deutscher Schuld zu tun, der auf mir zu lasten schien. Ich fühlte mich eingeengt von unzähligen Forderungen durch Tradition und Erziehung. Ich fühlte mich überhäuft mit Verboten und Ermahnungen: „Dies darfst du nicht!", „Dies tut man nicht!", „Schämst du dich nicht!", „Das kannst du uns nicht antun!" Wenn ich mich nicht, wie es „sich gehörte", benahm, betraf das nicht nur mich, sondern es bedeutete „Du beschmutzt dein Nest!", „Du bist undankbar!", „Das verstehst du noch nicht!", „Du wirst sehen, was daraus wird, wenn du ..."

Und vor und über allem stand: „Gott will das nicht."

Von Onkel Karl hörte ich, und es sank tief in mich ein: Gott, die ewige Liebe, will meine Freiheit.

Ich hörte ihm gebannt zu. War der Gehorsam, die Unterwerfung des Menschen im Gehorsam unter unzählige Forderungen, die Bereitwilligkeit, auch Unrecht unter Anordnung und Befehl zu tun, die Ursache für das unsägliche und unerklärbare Massaker, das wir angerichtet hatten? Eine ganze Bevölkerung hatte sich freiwillig der NS-Herrschaft unterstellt, sich damit seiner Freiheit entledigt und sich willentlich zum Gefangenen gemacht. Konnte es so die Verantwortung auf die Befehlenden schieben und seinem Hass gegen Juden und andere Minderheiten freien Lauf lassen?

Onkel Karl sagte noch etwas anderes. Er sagte, dass die Perle im Inneren einer Muschel als Antwort auf eine Verwundung wächst, dass der Diamant nichts anderes ist als Kohle. Er entsteht unter ungeheuerlichem Druck. Konnte ich, der Versager, der verkehrte Mensch, durch Verwundungen, Druck, Verlust, Schmerzen zu so etwas wie einem Diamanten werden? Er sagte, sogar Sünden könnten genau das bewirken. Ich war sechzehn. Ich sehnte mich nach einer spürbaren Gotteserfahrung.
Ich hatte zwischen den Büchern der Bibliothek, in der ich schlief, das Lesen entdeckt. Ich las alles, was ich fand. Bücher sollten mich davor bewahren, jemals wieder als „unerfahren“ zu gelten.
Mein Vater hatte sich diesen Theologen zum Freund ausgesucht. Auch das mag mein Vertrauen in das, was er sagte, begründet haben. Und dieser Freund erfuhr Nähe Gottes in der Liturgie. Wenn ich Gott mit meinem ganzen Herzen suchte, könnte die Last der politischen Vergangenheit und meine persönliche Last, die durch Gottesferne entstanden waren, durch Gottesnähe aufgelöst werden?
An jedem Freitagabend gingen Tante Marete und ich gemeinsam zum Abendmahlsgottesdienst. An einem dieser Abende, es muss im frühen Herbst gewesen sein, gingen wir zu zweit zu Fuß nach Hause. Onkel Karl blieb in der Kirche. Tante Marete sah den Augenblick zu einer Gardinenpredigt gekommen. Alle meine Fehler, Versäumnisse und Vergehen der vergangenen Zeit in ihrem Haus bis zu diesem Augenblick führte sie mir vor Augen. Ich entsinne nicht, was es war. Vielleicht dachte sie, dass ich durch das Abendmahl besonders aufnahmefähig für die Korrektur war. Ich aber konnte nur eins denken: „Sie hätte mir vergeben müssen, eh sie zum Abendmahl ging.“ Sie hatte zusammen mit uns laut im „Vaterunser“ gesagt, „wie wir vergeben unse-

ren Schuldigern". Sie hatte mir nicht vergeben. Wenn sie das glaubte, was ihr Mann predigte, hätte sie mir vergeben müssen. Ein Gebäude stürzte ein. Ich folgerte: Wenn noch nicht einmal die Frau des Theologen der mich überzeugt, ins Leben umsetzt, was er sagt, kann diese Art der Frömmigkeit, kann diese Lehre, nicht die richtige sein. Zu glauben, wie meine Eltern es mir vorgelebt hatten, hieß das zu tun, was man predigt.
Eines Abends, es war Spätherbst und draußen schon finster, ging ich den Berg hinauf und fand dort die Tür zu einer katholischen Kirche offen. Ich trat ein. Der Altarraum war von flackernden Kerzen erleuchtet. Seitlich des Altars leuchtete die rote Öllampe zum Zeichen der Gegenwart der Eucharistie im Tabernakel. Die Kirche war menschenleer. Ich kniete mich in eine der Bänke. Wer sich dahin versteigt zu versuchen, Gottes Erfahrung zu beschreiben, muss kläglich scheitern. Unerwartet. Eindeutig. Unvergesslich. Von nun an ging ich oft abends nach den Vorträgen des evangelischen Dozenten den Berg hinauf zur katholischen Kirche. Bei diesen abendlichen Gängen dachte ich weiter nach. Wo war die richtige Lehre? War es die katholische Theologie? Oder eine andere? In diesem Moment war alles offen. Die evangelische Theologie war fragwürdig geworden. Gab es eine Theologie, die Menschen davor bewahrte, so furchtbar schuldig zu werden? Die mangelnde Bereitschaft, das Evangelium, wie es die Bergpredigt postuliert, in die Tat umzusetzen, hatte die Katastrophe möglich gemacht! Etwas Vergleichbares wie dieses auch von Christen verübte zum Himmel schreiende Unrecht durfte nicht noch einmal geschehen.

Gibt es noch Heilige?

Gab es noch Heilige? Und wenn es Heilige gab, war dann dort, wo ihr Licht am hellsten leuchtete, auch der schärfste Schatten, die tiefste Dunkelheit?

Mein nächtliches Erlebnis in der katholischen Kirche in Marburg begleitete mich.

Mutter war in Hannover bei einer Cousine, deren Ehe in Schwierigkeiten geraten war. Dort besuchte ich sie. Ruth war die älteste Enkeltochter meiner Großmutter, ich die jüngste. Ahnungslos war ich nach Hannover gefahren, um Mutter zu besuchen. Ruth war zum katholischen Glauben konvertiert. Beim Abendbrot fragte sie: „Möchtest du morgen mit zur Messe gehen?“ Ich sagte sofort „Ja“. Später behauptete sie, sie habe die Hannover-Messe, die Industriemesse, gemeint. Mutter versuchte mich umzustimmen. Seit Marburg hatte mich die Sehnsucht, Gottes Nähe zu erfahren, nicht verlassen. Ich ließ mich nicht davon abbringen, mit ihr zur Frühmesse zu gehen. Von dem Tag an entwickelte sich eine rege Freundschaft zwischen uns, die mich in höchste Höhen tragen und in Abgründe stürzen sollte. Ruth, so schien mir, war der erste Mensch, der mich in meinen Tiefen verstand. Meine Fragen waren ihr nicht neu, es waren ihre eigenen. Sie ging auf das ein, was mich umtrieb. Endlich hatte ich einen Menschen gefunden, mit dem ich über Gott reden konnte. Sie verharmloste das Evangelium nicht, nahm es bitterernst. Ich wollte wissen, warum sie katholisch geworden war. Was war mit der Marienverehrung, der Unfehlbarkeit des Papstes, dem Allerheiligsten, der Beichte, dem Leben im Kloster?

Mutter war entsetzt, als ich ihr sagte, ich wolle in die katholische Kirche konvertieren. Ich hatte mich erkundigt. Die Religionsmündigkeit hatte ich seit meinem zwölften Lebensjahr. Sie sagte, das sei Fahnenflucht. Der Gedanke an eine mögliche Konversion zur katholischen Kirche galt für meine Mutter als Verrat an der Arbeit und den Opfern der Vorfahren für den protestantischen Glauben. Was das Wort Fahnenflucht zu der Zeit bedeutete, ist heute kaum noch nachzuvollziehen. Mutter verlangte, dass ich bis zu meiner Volljährigkeit mit 21 Jahren wartete. Ich war siebzehn, das hieß mehr als drei Jahre Wartezeit. Getreu meinem Vorsatz, ihr keinen zusätzlichen Kummer zu machen, gehorchte ich.

Ich las über die Heiligen, was ich kriegen konnte. Sie wurden mir Vorbilder im Umgang mit Autoritäten. Sie hatten ihnen zugemutetes Unrecht als ihnen von Gott zugemutete Prüfung akzeptiert.

Walter Nigg schreibt in der Einleitung zu seinem Buch „Große Heilige“, dass allen Heiligen gemeinsam sei, dass sie über alles die Nähe Gottes suchten. Also suchte ich. Ich las Franz von Assisi. Er predigte, es ginge darum, in den Abgrund der Demut hinabzusteigen. Also bemühte ich mich um Demut Tante Marete gegenüber. Assisi wollte leben wie Jesus. Er widersetzte sich seinem Vater, der seinen Weg nicht guthieß und folgte damit dem Wort Jesu „Wer Vater und Mutter mehr liebt denn mich, der ist mein nicht wert (...)“[64]. Sollte ich mich meiner Mutter widersetzen und gegen ihren Willen katholisch werden? Assisi prangerte die an, die „nur durch Vorlesung und Verkündigung der Werke, die die Heiligen vollbrachten, Ehre und Lob zu empfangen wünschten“. Es bestätigte mich in meiner Forderung nach Übereinstimmung von Predigt und Leben. „Der Verzicht auf Gegenwehr ist alles andere als Schwäche.“ Ich konnte stark werden, wenn ich meinen Zorn runterschluckte. „Die wahre Freiheit, ist in der Armut zu finden.“ So weit ging Franziskus, dass er sich mit der Armut vermählte. Konsequenz bis zum Äußersten. Ich wollte, sobald ich konvertiert wäre, Nonne werden. Ich las Jeanne d'Arc und bewunderte sie grenzenlos, und Katharina von Genua: „Sie lechzte nach dem Absoluten und das Unbedingte war ihre geistige Heimat, sie verlangte das Letzte von sich, und nie gab sie sich mit dem Halben zufrieden." Das füllte mich mit Hoffnung auf ein Leben mit erhobenem Haupt. So wollte ich sein, radikal, eindeutig, furchtlos. „Die Heilige hat mit Hesekiel begriffen, dass Gott nicht den Tod des Sünders will, er will, dass er sich bekehre und lebe. Und ich las Theresia von Avila: „...dass Heiligkeit immer Erwählung ist, und zwar trotz starker eigener Wünsche reine Gotteserwählung." Auch das war mir bewusst, aber ich sehnte mich mit aller mir zur Verfügung stehenden Kraft nach einem Leben frei von dieser erdrückenden Last der persönlichen und ererbten Schuld. Hier sah ich meine Rettung. „In dem Gebet des Herzens, in welchem Gott im Geist verehrt wird, nähert sich der Mensch seiner tiefsten Bestimmung, der Anbetung des Allmächtigen." „Wenn wir traurig sind, so bedeutet das, dass wir uns nicht vollständig von allem gelöst haben"; „Der Sinn des Gebetes ist Taten hervorzubringen." Sätze, die mich mittig trafen.

Der Pfarrer von Ars, einer der größten Heiligen, tröstete und ermutigte mich. „Dieser Mann hat die Vorstellung, welche die moderne Zeit sich von einem bedeutenden Menschen gemacht hat, über den Haufen geworfen", stand da. Seine intellektuelle Begabung reichte nicht zum Lateinlernen und damit nicht zum Priesterberuf. Über ihn hieß es: „Er stand hart an der Grenze der Beschränktheit." Er sagte: „Wenn nun wir aber keine Heilige sind, so ist das ein großes Glück für uns; wir müssen es dann eben werden." Das war eine Möglichkeit! Auch für mich, deren Weg zum Abitur verbaut war, gab es eine Chance.

Ich las von Therese von Lisieux „Die kleine Heilige“ über ihren „kleinen Weg“. „Klein bleiben heißt, sein Nichts erkennen, alles von Gott erwarten und sich über seine Fehler nicht allzu sehr betrüben, denn kleine Kinder fallen oft.“
In diesen Schriften tat sich für mich die Tür zu einem Lebensweg auf. Noch hielt ich es für möglich, in ihre Fußstapfen zu treten.

Lala vor der Baracke in Bischofshagen

v. l. Hans-Werner, 2 Arbeiter,
Lala und Alfred Butenuth in Bischofshagen

Z e u g n i s !

Der Lehrling Werburg von Wedemeyer hat zwei Monate unter meiner Anleitung gearbeitet. Werburg zeigte sich bei den ihr übertragenen Handlanger- und Maurerarbeiten anstellig und fleißig.
Bei sonst bester Führung zeigte W. eine ungesunde Vorliebe für schwere Lasten und wagte es häufig, an den pädagogischen Fähigkeiten des Lehrgesellen zu zweifeln. Es steht aber zu erwarten, daß sich diese kleinen Mängel bei zunehmendem Alter bald ausgleichen werden.

Firma und Ausbilder sehen den tüchtigen Lehrling ungern scheiden und wünschen ihm für seinen weiteren Berufsweg guten Erfolg!

GOTT segne das ehrbare Handwerk!

Alfred Butenuth.

(Maurer.)

P.S.: „Wenn Du eine Wahrheit zu sagen hast, so sage sie lachend u. meine sie ernst!"

Zeugnis von Alfred Butenuth, Abschrift:

Der Lehrling Werburg von Wedemeyer hat zwei Monate unter meiner Anleitung gearbeitet. Werburg zeigte sich bei den ihr übertragenen Handlanger- und Maurerarbeiten anstellig und fleißig.

Bei sonst bester Führung zeigte W. eine ungesunde Vorliebe für schwere Lasten und wagte es häufig, an den pädagogischen Fähigkeiten des Lehrgesellen zu zweifeln. Es steht aber zu erwarten, daß sich diese kleinen Mängel bei zunehmendem Alter bald ausgleichen werden.

Firma und Ausbilder sehen den tüchtigen Lehrling ungern scheiden und Wünschen ihm für seinen weiteren Berufsweg guten Erfolg!

GOTT segne das ehrbare Handwerk!

Alfred Butenuth
(Maurer.)

P.S.: „Wenn Du eine Wahrheit zu sagen hast, so sage sie lachend u. meine sie ernst!"

Steuben [nicht lesbar]

Spes Stahlberg, genannt Tante Pessy, in späteren Jahren

Pfarrhaus der Evangelisch-Lutherischen Universitätskirche in Marburg, um 1945

Margarete, genannt Marete, und Karl-Bernhard Ritter

Juli 1949 – Juli 1950

Villigst

Ich war 17. Was sollte man mit mir anfangen? Mein Haushaltsjahr in Marburg war ruhmlos zu Ende gegangen, zur Oberstufe in der Oberschule war ich nicht zugelassen, und eine überzeugende Ausbildungsmöglichkeit war nicht in Sicht.

Meine große Schwester Ruth-Alice hatte seit Mai 1949 mit ihrem Mann in einem umgebauten Kornspeicher in Haus Villigst an der Ruhr ihre Bleibe gefunden. Sie hatte ihr fünftes Kind geboren und konnte Hilfe gebrauchen. In dem schlossähnlichen Herrenhaus nebenan begann gerade das Studienwerk der evangelischen Kirche seine Arbeit. Theologiestudenten lebten dort, während sie in der näheren Umgebung in der Industrie arbeiteten.

Auf dem Hof wimmelte es von interessanten Gesprächspartnern. Tagsüber putzte ich, hütete Kinder und vervollkommnete meine Tischtenniskünste mit den Studenten. Abends führte ich endlose theologische Gespräche mit jungen, am Glauben interessierten Männern. Erfreut erlebte ich, dass einige von ihnen meine Gesellschaft suchten.

Kann man Kommunismus und Christentum vereinen? Wir wussten es nicht. Für die einen war der Kommunismus ein Schreckgespenst, das uns alle fressen wollte, für die anderen eine Herausforderung, der wir uns stellen mussten. Meine beiden nächsten Freunde aus dieser Zeit hatten beschlossen, nach Abschluss ihres Studiums Pfarrer in der DDR zu werden. Das faszinierte mich. Sie sind tatsächlich beide später in den Osten gegangen. Einer der beiden verliebte sich in mich. Unsere langen abendlichen Wanderungen im nahegelegenen Wald weckten in der Familie Sorge um meine Unschuld. Meine Schwester war beunruhigt. Ihr Mann musste herhalten. Es war ihm peinlich. Er kam nicht drum herum. Seit ich in Marburg angefangen hatte, meiner Einsamkeit mit Zigaretten zu Leibe zu rücken, stand ich bei meiner Familie auf der Gefährdetenliste. Klaus lud mich zum Essen in ein Restaurant ein. Das war so ungewöhnlich und überhaupt noch nie dagewesen, dass ich hellwach wurde. Das Essen war vorüber, und immer noch kam er nicht zum Thema. Dann, als es sich nicht mehr vermeiden ließ, kam's heraus: „Mutter und deine große Schwester machen sich Sorge, weil du so lange abends mit Walter im Wald spazieren gehst." Ich fiel aus allen Wolken. Ich war buchstäblich sprachlos. Mein Vertrauen in meine Familie war bis dahin grenzenlos. Wie war es möglich, dass sie mir misstrauten? Was dachten sie von mir? Trauten sie mir wirklich nicht zu, dass ich mich anständig benahm? Wie wenig kannten sie mich! Und hätten sie mir das nicht selbst sagen können? Meine geliebte und bewunderte Familie wurde mir immer mehr ein Rätsel.

Da geschah das Unglaubliche. Meine Schwester Maria und ihr Mann Paul-Werner, die mittlerweile in den USA lebten, luden mich zu sich ein. Sie hatten nach ihrer Hochzeit nur ein Jahr in Amerika leben wollen, nun aber erwartete Maria ein Kind, und sie beschlossen zu bleiben. Amerika, die neue Welt, damals Ziel der Sehnsüchte von Ungezählten! Ein Jahr lang sollte ich bei Maria Kind und Haushalt versorgen. Ich hatte das große Los gezogen. Das wäre nun das dritte Jahr Haushaltsarbeit für mich. Aber im Austausch für meine Arbeit wollten sie mir die Überfahrt bezahlen. Mutter stimmte zu. So packte ich eines Tages mein Pappköfferchen, verabschiedete mich, ergriff den schweren Koffer mit den wenigen Stücken aus dem kostbaren Familienporzellan, das ich meinem Schwager mitbringen sollte, und lief zu Fuß zum Bahnhof. Niemand winkte. Im Hotel in Holland mochte man die Deutschen nicht. Keiner sah mich an, und gesprochen wurde nur das Notwendige. Zu nah war noch die Erinnerung an das, was wir ihnen angetan hatten, aber man nahm unser Geld. So schlief ich bis in die frühen Morgenstunden zum ersten Mal gänzlich allein in einem fremden Land.

Holland America Line: S.S. Edam – Sommer 1950

Der kleine Frachter S.S. Edam, das S.S. steht für Steamship, hätte für mich S.S. Eden heißen können. Im Morgendunkel waren die Hafenstraßen Rotterdams noch menschenleer. Ich schleppte meine schweren Koffer vorbei an spärlich beleuchteten, verlassen wirkenden Häusern und gelangte schließlich zum Hafen, in dem die S.S. Edam am Kai lag.

Der lederne Riemen einer hellbraunen Handtasche kreuzte wie bei einem französischen Grenadier meinen Busen. Die Tasche, fand ich, war „der letzte Schrei". Sie war meine erste und barg den Beweis meiner Existenz, eine 1945 ausgestellte Bescheinigung, die mir an Stelle der verlorengegangenen Geburtsurkunde bestätigte, dass ich tatsächlich die war, die ich war. Der sie ausstellende Beamte hatte mich mit ernsten Augen darauf hingewiesen, dass ich ohne dieses Papier überhaupt nicht existiere, sozusagen nie geboren worden sei, eine Vorstellung, die an mir haftete, wie eine Briefmarke am Couvert. Außerdem enthielt die Tasche einen grünen Pass mit dem Einreisevisum für die USA. Dieses gestattete mir das Betreten der „Neuen Welt" für die Dauer eines Jahres. Ich vermute, dass die unglaublich liebevollen, fürsorglichen amerikanischen Freunde meiner Schwester, Bob und Lucy Sayre, für mich gebürgt haben. Sie ebneten erst dem jungen Paar und dann mir die Wege, sorgten für Unterkunft, Einrichtung, Arbeit und schließlich Babyausstattung und wurden später auch meine Freunde. Ganz sicher konnte ich allerdings dennoch nicht sein, ob ich hereingelassen würde. Es war schon geschehen, dass eine Tücke der Einwanderungsbehörden einen Passagier nach Ellis Island und von dort im günstigeren Fall gleich wieder nach Hause verfrachtet hatte. Das geschah zum Beispiel, wenn die vorgeschriebene Pockenschutzimpfung nicht vorzuweisen war. In meiner Tasche befanden sich außerdem ein paar wenige D-Mark, meine gesamte ersparte Barschaft, ein Kamm, ein Taschentuch, eine Schachtel Zigaretten Ernte 23 und eine Schachtel Streichhölzer.

Ich war neu eingekleidet und fühlte mich gut angezogen. Das gab mir Sicherheit. Zu meinen Zöpfen trug ich eine weiße Bluse unter einem roten Strickpullunder. Den sandfarbenen Glockenrock aus Cord hatte die Dorfschneiderin genäht, in meinen Augen der letzte Schick, mit schmalem Bündchen um die Taille und Taft gefütterten Seitentaschen, in die ich lässig die Hände stecken konnte. An den Füßen prangten dunkelbraune „Haferlschuhe“, eine ungemein strapazierfähige, feste und schwere Art der Fußbekleidung, die einen soliden bäuerlichen Gang begünstigte, was mir durchaus entgegenkam, denn ich war stolz auf meine ländliche Herkunft. Dass ich dick war, fiel mir erst in Amerika auf. Nach den ersten drei Hungerjahren hatte es reichlich zu essen gegeben. In Villigst standen jeden Abend große Schüsseln mit Bratkartoffeln auf dem Tisch, und jeden Morgen gab es Haferflocken satt. Was wir mittags aßen, weiß ich nicht mehr. Ich vermute, dass es Gerichte wie dicke Bohnen, Linsen und Erbsen mit Kartoffeln oder „Himmel und Erde“, das heißt Äpfel und Kartoffeln, durcheinandergekocht und Mehlspeisen gab. Das waren alles Dickmacher, und die vorher vermisste

Möglichkeit, nun wieder ungebremst „reinhauen“ zu können, hatte, wie zu erwarten, das Resultat der Körperfülle gezeitigt. Der rote Pullunder spannte etwas über dem Busen. Anstelle eines Mantels trug ich in den kühlen Morgenstunden des Sommers 1950 weiterhin meine, dem amerikanischen Care-Paket entstammende herbstfarbene karierte Wolljacke. Außer einem Schwamm, einer Zahnbürste mit Clorodont Zahncreme, einer Haarbürste, etwas Unterwäsche, handgestrickten Socken und einem Nachthemd mit Rüschchen bestand mein Reisegepäck noch aus ein paar Büchern.

Dass einer der Koffer dennoch so schwer war, lag an dem wunderschönen rosa Meissener Drachenmuster-Porzellan der Mutter meines Schwagers, das ich ein paar Wochen zuvor aus Halle in der DDR abgeholt hatte. Dieses kostbare Geschirr sollte meine Reise finanzieren. Mit den Behörden abgestimmt war weder der Transport über die deutsch-deutsche Grenze gewesen, noch war jetzt ohne die entsprechenden Zollpapiere die Einfuhr in die USA erlaubt. Die Möglichkeit, tatsächlich auf Ellis Island zu stranden, schien mir deshalb nicht ganz ausgeschlossen. „Sag gar nichts“, hatte mein Schwager geschrieben, „Tu, als könntest du kein Englisch!“ Das brauchte ich nicht zu schauspielern. Meine 4 in Englisch dokumentierte mein absolutes Unverständnis dieser mir immer noch sehr fremden Sprache. Außer „yes“ und „no“ konnte ich kaum ein Wort. Vor allem aber verstand ich die amerikanische Aussprache nicht. „Ich komme und hol dich da raus“, schrieb er. Das beruhigte.

Während ich die Koffer trug, schweiften meine Gedanken zurück. Ich war mit dem Zug, unbehelligt von der Volkspolizei der DDR, nach Halle gefahren und hatte dort in der gepflegten, offenbar vom Krieg unberührten Wohnung des Theologieprofessors Julius Schniewind von seiner Frau das Meissner Porzellan entgegengenommen. Auf der Rückreise von Halle hatte die Polizei der DDR mich nachts im Hotel aufgesucht. Ich hatte absichtlich in Magdeburg meinen Zug verpasst. Ich wollte die Gelegenheit nutzen, mich vor meiner Amerikareise ein bisschen außerhalb der erlaubten Wege in der abgeschotteten DDR umzusehen. Das war natürlich verboten. Ich hatte mir ein Hotelzimmer genommen, „mein" Geschirr dort geparkt und war abends in die Stadt gefahren. In der Straßenbahn in Halle hatte mich die „hörbar" bedrückende, missmutig, misstrauisch wirkende Sprachlosigkeit der Menschen erschreckt, die dicht gedrängt und absolut schweigend ihrem Ziel entgegenfuhren. Nach langem Wandern durch fast menschenleere, öde, mit Schlaglöchern gesprenkelte Straßen betrat ich einen Gasthof, aus welchem Lärm auf die Straße schallte. In dem von Zigarettenrauch gefüllten und spärlich beleuchteten Raum drängten sich grölende, Bier trinkende, männliche Jugendliche. Ohne erkennbaren Grund überfiel mich plötzlich Angst. Ich lief zurück ins Hotel. Dieses hatte natürlich inzwischen die Polizei benachrichtigt. Um Mitternacht hämmerten sie dann mit ihren Fäusten an die Tür. Nur mit meinem dünnen Nachthemd bekleidet sprang ich aus dem Bett und öffnete ihnen die Tür. Sie taten mir nichts, waren wohl selbst überrascht von der naiven Harmlosigkeit meiner Überschreitung der staatshoheitlichen Vorschriften und vergaßen dabei, mein Gepäck zu kontrollieren. So war das Meissener Service heil aus der DDR gelangt.

Da lag das Schiff im Dunkel nun tatsächlich vor mir am Kai. Es war ein kleiner Frachter. Die Gangway führte auf das Achterdeck, Holzplanken, gesäumt von Seilen rechts und links. Am Ende stand der Kapitän, uns zu begrüßen. Einen Moment durchfuhr mich Angst, er könne mir den Zutritt plötzlich doch noch verwehren, mich zurückschicken in die Vorbestimmtheit meiner Vergangenheit. Er begrüßte mich freundlich und hieß mich an Bord willkommen. Meine Füße betraten die Planken des Schiffs. Wie durch ein Wunder hatte die dickflüssige Lava der Vernichtung mich vor sich her auf dieses Schiff geschoben und würde mich nun mit ihm ins weite Meer schubsen. Ich ahnte, ich würde meine Rettung bewusster und glücklicher feiern als jene, die dort drüben schon immer waren. Es war mir, als finge für mich ein neues Leben an. Als läge das geballte Gewicht des dunklen, gemarterten Europas wie abgeschnitten jenseits des Kais verschwindend hinter mir. Die leicht schwankenden Schiffsplanken, auf denen ich jetzt stand, waren spannendes Neuland. Die mehr ahn- als spürbare, sich bewegende Unsicherheit des Bodens wirkte wie Leichtigkeit, wie Absprung zum Fliegen, wie Loslösung von den Ketten der deutschen und meiner eigenen Vergangenheit. Aussicht auf Freiheit pur, so wie ein Pferd sich fühlen muss, wenn ihm sein Geschirr abgenommen und es auf die Koppel entlassen wird. Wie ungeahnte Möglichkeiten, wie aufregende, verheißungsvolle Zukunft. Hier schien ich mit dem letzten Schritt vom Land eine neue Person geworden. Nicht mehr die, für die ich vorher gehalten wurde. Nicht mehr eingesperrt in einer Schublade mit dem Etikett Tradition. Ich schien nun nicht mehr den mir übergeordneten Erwachsenen Rechenschaft schuldig, nicht mehr gebunden an unzählige undurchsichtige, über Generationen tradierte Regeln. Als ließe ich meine von Geburt an getragenen Hemmschuhe zurück. Hier musste ich nun nicht mehr Acht geben, ob ich mein Nest beschmutze, die Ehre meiner Vorfahren verletze, meine Geschwister, Eltern und den Stand beschäme. Hier kannte mich niemand, wusste niemand, woher ich kam, niemand konnte mich einordnen. Hier war ich einfach nur ich.

Dies war ganz anders als damals, nach der Flucht, als ich mich verloren gefühlt hatte und nicht mehr wusste, wer ich war, weil ich bis dahin einen festen Platz in dem Gefüge meiner Familie und des Heimatdorfes gehabt hatte, der nun verloren gegangen war. Inzwischen war ich mir der ungeschriebenen Gesetze und aufgeklebten Etikette bewusst geworden, deren Befolgung oder Nichtbefolgung über mein Ansehen entschieden.
Ich stellte mir vor und war gespannt darauf, wie es sein würde, wenn Menschen nur mich sähen. Wie Menschen mir begegnen würden, wenn ich einfach nur ich war. Es überlief mich ein Freudenschauer bei der Erwartung kommender, grenzenlos erscheinender Freiheit. Was vor mir lag, schien mir wie ein weißes unbeschriebenes Blatt mit unbegrenzten Möglichkeiten, darauf zu schreiben. Welch ein Glück, neu anfangen zu dürfen!
Ein Matrose zeigte mir meine Kombüse. Zwei Kojen übereinander, ein kleiner Tisch, ein Stuhl, ein Bullauge direkt hinaus aufs Meer. „Wenn das Wasser das Bullauge überspült und ihr ins Meer seht wie in ein Aquarium, ist Seegang", sagte der Matrose. Irgendein Behältnis für Kleider, winzig alles, nicht mehr, als wir brauchten. Das Waschbecken und WC irgendwo draußen am engen niedrigen Flur, an dessen Decke Rohre und Kabel liefen, die Wärme abgaben. Das Gepäck wurde unter Deck gebracht, die Passagiere zum Frühstück gerufen. Wir aßen umschichtig. Im kleinen Speisesaal auf dem Deck lag auf meinem Platz, der mit weißem Tischtuch und gefalteter Serviette gedeckt war und Ausblick aufs Meer bot, eine halbe Pampelmuse. Diese Pampelmuse war das erste einer Reihe von Wundern, die mich erwarteten. Wir waren etwa zwanzig Passagiere, die Hälfte von uns verschwand im Bauch des Schiffes und kam elf Tage lang nicht ein einziges Mal wieder ans Tageslicht. So lange währte die Fahrt. Sie lagen wohl von Anfang bis Ende der Reise see-

krank in ihren Kojen. Die S.S. Edam war ein kleines Frachtschiff mit Vorderdeck und Achterdeck. In der Mitte war die Brücke, darunter stieg man über eine etwa kniehohe Barriere, die bei Seegang das über das Deck laufende Wasser abhalten sollte, in einen Durchgang. Rechts des Flures lagen der Speisesaal und ein winzig kleiner Aufenthaltsraum. Dort drängten wir uns tagsüber bei schlechtem Wetter, und das hieß meistens; denn der Wind draußen war kalt, und dort war es warm. Die Luft war vom Qualm der Raucher neblig und geschwängert vom Alkohol aus den Lungen der Passagier. Es gab etwa sechs Tische. An den dunkel getäfelten Wänden ringsum lief eine Bank, darüber hingen Schiffsbilder. Wir spielten Karten. Aus tiefhängenden, grünen Lampenschirmen fielen Kegel matten Lichts auf die Tischplatten. Wenn wir auf Grund der rutschenden Gläser nicht schon wussten, wie hoch der Seegang war, konnten wir durch vier kleine Bullaugen beobachten, was das Meer machte. Der für den Speisesaal zuständige Matrose klärte uns denn auch gleich auf, wo luv und wo lee sei und dass man, wenn einem das Essen hochkäme, tunlichst besser nach lee ginge, um es loszuwerden. Auch lernten wir am ersten Morgen schon von ihm, wo backbord und wo steuerbord sei und dass ein voller Magen und frische Luft der Seekrankheit entgegenwirkten. Das Schiff legte ab. Wir verließen Holland und stachen in See, dann sahen wir in der Ferne die hellen Felsen von Dover! Letzte Erinnerung an den Krieg. Es war ruhiges Wetter. Das Meer tat, als sei es harmlos. Es lud ein, darauf zu wandern. Ich fing an, das Meer in meine Seele aufzunehmen. Es schien sie auszuweiten.

Am Abend saßen wir mit den Matrosen auf dem Vorderdeck unter Ladekränen zwischen großen Bretterkisten auf armdicken, in Kreisen gelegten Tauen, gegen den Wind dicht aneinandergedrückt. Wir waren achtzehn Jahre alt und verliebten uns schnell. Zwei Matrosen spielten Schifferklavier und sangen dazu und verbreiteten mit ihrer stimmungsgeladenen, melancholischen Musik und ihren vom Wind gegerbten, tief faltigen und dunkel gebräunten Seefahrergesichtern den Zauber einer schon für untergegangen gehaltenen Seefahrervergangenheit. Wir lauschten den Klängen ihrer Lieder, begleitet vom Rauschen und Klatschen des Meeres an die Bordwand und genossen das Leben. Dann schliefen wir, sittsam getrennt in Backbord- und Steuerbordkajüten, wohl gewiegt und voller Erwartung der Faszination der Neuen Welt ruhig und uns in unserem Kahn sicher fühlend in unseren Kojen.

Dann kam der Sturm. Der Wind trieb, heulte, pfiff und jaulte Ohren betäubend, er zog, schob und zerrte an dir, er kühlte dich bis aufs Mark, dass du zitterst, um dich zu wärmen. Aber was für Worte sind dem Meer angemessen? Gibt es sie? Muss der Versuch, Meer zu beschreiben, nicht so kläglich scheitern, wie der Versuch, Gott zu erklären? Vielleicht kann das Bild von Wüste oder Firmament eine Idee der Weite der Elemente wachrufen. Doch das Meer ist unvergleichlich.
In der meine Furcht erregenden Tiefe seiner Farben durchdrang das Meer mein Bewusstsein mit Ehrerbietung. Ohne dass ich das Wasser mit meinen Händen berührte, tranken meine Sinne leidenschaftlich die Vielfältigkeit seiner Zeichnungen und Bewegungen. Wir suchten die Herausforderung, standen in der Spitze des Bugs, wurden emporgetragen hinauf bis über die Mitte zwischen Horizont und Zenit, verharrten dort einen Moment und sanken und sanken und sanken und tauchten tief ins Tal der Welle, bis uns die Massen des Wassers gnädig auffingen, wie die Erde, den Vogel empfängt. Sie bargen das Schiff. Dankbar spürten meine Glieder, dass das Wasser uns trug. Rings

um das Schiff bewegten sich gewaltige grüngraue Berge, so als schwämme das Schiff in einer riesigen Schüssel aus Wassermassen. Dann richtete der Bug sich wieder auf, steuerte mutig, Wasser schneidend auf die kommende, schillernd graue Wand aus Wassermassen zu. Und dann ergriff die heranstürzende Welle den Bug, das Schiff zitterte zögernd, erhob sich elegant, ließ sich dann sanft emportragen bis auf den Kamm, verharrte dort einen Moment, klatschte vornüber und glitt hinab und verweilte wiederum einen Moment abwartend im Tal.

Eine Wolke aus weißer Gischt überschüttete uns, als sich der Bug in die nächste heranstürzende Welle bohrte. Das durchsichtig gewordene Wasser lief an uns herab, dann über die Planken und suchte sich flink Schlitze in der Reling. Hier an der Spitze des Schiffes wurde uns nicht übel. Wir tanzten mit dem Meer. Wir hielten mit beiden Händen das Rohr der Reling umfasst, mühten uns, den Schwung des Schiffes mit unseren Körpern aufzunehmen. Ich erlaubte allen meinen Sinnen, mit dem Schiff über den heranrollenden Wellenkamm hinaus in den Himmel zu steigen, und kostete, wenn wir in die Tiefe tauchten, das Grauen aus, das diese unbändige Kraft in mir auslöste. Ich versuchte, dem Schrecken des Gedankens standzuhalten, was wäre, wenn das Schiff es nicht auf sich nähme, die schwere Arbeit zu leisten, sich ächzend und knarrend wieder zu erheben, um auf die nächste Welle zu klettern. Der Sturm schob unsere Körper seitwärts. Ich hatte gedacht, der Wind sei eins mit der Welle, das ist er nicht. Der Wind riss und zerrte an uns von der Seite. Die Welle rollte und türmte sich uns entgegen, wollte uns überschütten und verschlingen. Das Schiff ließ das nicht zu. Wie von unsichtbarer Hand getragen, erhob es sich wieder und wieder, drückte gegen unsere Fußsohlen, stieg auf, als wolle es die tiefhängenden Wolken berühren und aus dem Wasser zum Himmel emporsteigen. Der Wind wollte uns seitlich über Bord schieben. Das Meer wollte das nicht, es wollte uns tragen, jedenfalls solange das Schiff mitmachte. Und sollte das Schiff aufgeben, dann würde das Meer es verschlingen, in die Tiefe ziehen und in der Finsternis bergen. Es würde über sein Grab dort unten hinwegrollen, so als sei nichts gewesen. Unentwegt spielten und kämpften der Wind und das Meer miteinander. Sie maßen ihre Kräfte. Ließ der Wind ganz plötzlich nach, fing das Schiff an zu schlingern. Setzte er wieder ein, wurde seine Statik geprüft. Wie ein Tuch, das von zwei Frauen gewrungen wird, wurde es in der Längsachse gewunden. Auf den mächtigen rollenden Wellen bildeten sich kleine Wellchen kreuz und quer, jede gekrönt mit ihrer eigenen kleinen Gischtfahne. Als versuchten sie, das Durcheinander zu verstärken und die großen Wellen zu kitzeln. Die Finsternis der Tiefe und das bleigraue Licht der Wolken stritten sich in unzählbaren Variationen um die Farbe des Wassers.

Wir standen aneinandergedrängt und fröstelten. Unwillig, uns von dem Schauspiel des Kampfes der Elemente zu lösen, ritten wir eine Welle nach der anderen hinauf und hinunter, bis es Nacht wurde. Die Gischt schneeweiß und die Tiefe des Meeres ruß-schwarz flößten uns fast unerträgliche Furcht ein. Wir verließen das unauslotbare Ungeheuer Meer und hangelten uns zum Mittschiff an gespannten Seilen, wateten durch Wasser, hielten unsere Füße ab vom Rutschen, stemmten uns schräg gegen den Wind und tauchten in die wohlige Wärme und das laue Licht des verrauchten Raumes. Der Kapitän war auf der Brücke. Der Sturm würde vorübergehen, nichts würde uns geschehen, und wenn das Schiff heute Nacht unterginge, dieser Sturm war für uns Leben im Höchstmaß.

Schloss Villigst mit dem ausgebauten Kornspeicher vorne links

Studierende im Innenhof des Schlosses in Villigst

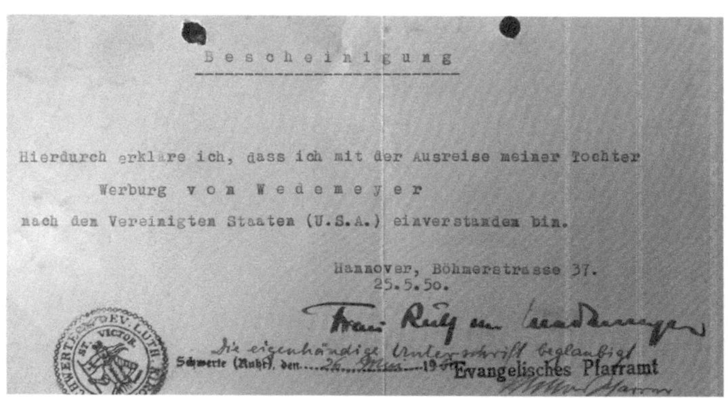

Bescheinigung

Hierdurch erkläre ich, dass ich mit der Ausreise meiner Tochter

Werburg von Wedemeyer

nach den Vereinigten Staaten (U.S.A.) einverstanden bin.

Hannover, Böhmerstrasse 37.
25.5.50.

Frau Ruth von [illegible]

Die eigenhändige Unterschrift beglaubigt

Schwerte (Ruhr), den 26. Mai 19.. Evangelisches Pfarramt

[illegible] Pfarrer

Zustimmung der Mutter zu Lalas Ausreise nach Amerika

Lala in Amerika, 1950

S. S. Edam, Holland-Amerika Lijn,
Baujahr 1921, für 22 Passagiere

When your heart
wanders or is troubled
bring it back gently
to its place
ad set it softly
into the presence of God

And even if you
have done nothing
all your life
except this, to bring
back your heart
into God's presence,
even though it ran away
again and again
after you brought it back,
then, I think, your life
has been fulfilled

St. Franz von Sales
(1557–1622)

Dank

Wo soll ich anfangen und wo aufhören mit meinem Dank? Ich weiß es nicht.
Die Zeit, in der dieses Buch in seiner jetzigen Form entstand, war sehr lang. Viele Gespräche haben mir geholfen, die Ereignisse und Menschen der Nachkriegszeit zu verstehen und unsere gemeinsame Geschichte in eine verständliche Form zu bringen.
Was für ein Geschenk, dass wir – wenige von vielen – fliehen konnten und nicht, wie der Rest des kleinen Dorfes, der Rache des russischen Heeres ausgeliefert waren!
Was für ein Geschenk, dass wir liebevoll bei Verwandten aufgenommen und von ihnen versorgt wurden!
Was für ein Glück, dass weise Politiker Voraussetzungen für geflüchtete und ausgebombte Menschen – es war ja ein Drittel der Bevölkerung Deutschlands – schufen, die die Schwachen schützten und ihnen Perspektiven für die Zukunft öffneten. Grundgesetz, Lastenausgleich, Marshallplan sind ja nur die bekanntesten Namen von vielen klugen politischen Entscheidungen jener Jahre!
Welches Glück für mich waren all die einzelnen Menschen, die sich in dieser Zeit liebevoll um mich gekümmert und mich gefördert haben!
Hier beschränke ich mich auf die Namen derer, die letztlich dieses Buch zur Veröffentlichung gebracht haben.
Zuerst ist da meine Tochter Anne.
Sie hat mich vor Jahren darin bestärkt, mir das unfertige Manuskript nochmals vorzunehmen und letztlich völlig neu zu schreiben. Ihre professionelle Begleitung, ihre vielfältigen Ideen, ihr Engagement und die intensiven Gespräche haben die Veröffentlichung möglich gemacht. Ich danke ihr sehr!

Meine Enkeltochter Vanessa von Moltke übernahm derweil den Dienst des kritischen Blicks der folgenden Generation und überarbeitete das Manuskript aus ihrer Sicht.
Meine Kinder und Enkel haben beteuert, sie wünschten sich das Buch und haben mir damit Mut gemacht, im hohen Alter noch zu schreiben. Auch ihnen danke ich dafür sehr!
Meine Tochter Maria von Lenthe hat den Umschlag für eine frühe Familienausgabe gestaltet. Mein Sohn Hans-Henning Doerr hat die späteren Fotos erstellt. Annette Reschke und Bettina Abarbanell standen uns mit wertvollem Rat für editorische Fragen zur Seite.
Liebe Verwandte und Freunde gruben in ihren Fotoalben und Archiven nach den spärlichen Fotos der Kriegs- und Nachkriegszeit. Ich danke Heidi, Dagmar und Hans-Georg von Wedemeyer, Christopher und Paul Weller, Andreas Ranft, Christian von Zabeltitz, Cornelia und Alexander Spring, Gottfried von Bismarck und meiner Tochter Johanna von Hammerstein. Agnes Eroglu vom Evangelischen Studienwerk in Villigst und Robin Butte vom Stadtarchiv in Herford haben sich Zeit genommen, mir Fotos und Unterlagen herauszusuchen und zur Verfügung zu stellen. Ihnen allen danke ich von Herzen!
Frau Döpke hat mir die handgezeichnete Skizze der Fluchtroute geschenkt, und Christopher Weller ist diese mit mir zusammen im Auto nachgefahren.
Die Wahl des Verlags war ein Glücksfall.
Mit viel Gespür und Offenheit hat Dr. Schug den Prozess der Veröffentlichung begleitet und mir durch seine ermutigende Unterstützung die letzten Schritte zur Vollendung des Manuskripts sehr erleichtert. Auch ihm danke ich dafür sehr!

Mein besonderer Dank gilt Christiane und Carl-Mauritz von Laer in Oberbehme, die durch ihre großzügige Unterstützung und Ermutigung meine Sorge, ich könnte jemanden mit meiner Erzählung bekümmern, liebevoll aufhoben.

Es ist schon fast mutig geworden, Gott zu danken, denken dann doch viele Menschen, man sei noch nicht recht aufgeklärt. Wie aber könnte es sein, dem nicht zu danken, der mein Gegenüber, mein täglicher Begleiter und Schutz in all den Jahren gewesen ist und dem ich mehr als alles andere verdanke, den Ursprung meines Lebens.

Zeitgeschichtlicher Rahmen und Chronik

Lala = Werburg Doerr

1945

12. Januar ▸ **Sowjetische Offensive von der Weichsel bis zur Oder**

19. Januar ▸ 9. Geburtstag Peter
28. Januar ▸ Abfahrt aus Pätzig
29. Januar ▸ Überquerung der Oder
24. Februar ▸ Ankunft in Oberbehme

2. April ▸ **Amerikanische Soldaten erreichen Oberbehme**
16. April ▸ **Sowjetische Offensive gegen Berlin**

19. April ▸ 47. Geburtstag von Ruth von Wedemeyer
20. April ▸ 21. Geburtstag von Maria von Wedemeyer
April ▸ Carl von Laer übernimmt auf Bitten des Landratsamts dessen Führung

30. April ▸ **Selbstmord Hitlers**
8. Mai ▸ **Kapitulation Deutschlands**

13. Mai ▸ 13. Geburtstag von Lala

15. Mai ▸ **Briten besetzen Herford**

1. Juni ▸ Mutter und Ina gehen nach Bethel/ von Bodelschwinghsche Anstalten
8. August ▸ Ruth von Wedemeyer und Alfred Döpke bekommen je 24 Morgen Land zur Bewirtschaftung auf einem ehemaligen Truppenübungsplatz in der Nähe von Bischofshagen

16. September	▸ Ruth von Wedemeyer reist zurück nach Hinterpommern
2. Oktober	▸ Tod von Friederike von Laer
22. Oktober	▸ Rückkehr von Ruth von Wedemeyer aus Klein-Krössin
6. November	▸ 16. Geburtstag von Ina
Herbst	▸ **Bodenreform in der sowjetischen Besatzungszone (1945/46) und damit Enteignung der Gutsbesitzer, die Anhänger des nationalsozialistischen Regimes oder Kriegsverbrecher gewesen waren oder über 100 Hektar Grundbesitz verfügt hatten. (Pätzig hatte ca. 1500 ha)**

1946

26. April	▸ Carl von Laer stirbt
Juni	▸ Lala kommt in die 5. Klasse der Königin-Mathilde Schule/Mädchen-Oberschule in Herford
	▸ Ruth und Ina geben Gärtnerlehre auf
	▸ Ina zieht zu Langmaacks nach Hamburg und geht dort aufs Lyzeum

1947

30. März	▸ Konfirmation von Lala in der ev.-luth. Jakobikirche in Herford
Frühjahr	▸ Lala kommt nach Hohenwehrda
Sommer	▸ Lala kurz zurück in Oberbehme und Arbeiten in Bischofshagen

1948

Frühjahr ▸ Abschluss in Hohenwehrda mit *Eingeschränkter Mittlerer Reife*
Mai ▸ Beginn des Haushaltsjahres von Lala in Marburg
Sommer ▸ Hans-Werner Tischlerlehre, Maria Studium, Christine nach Sigtuna in Schweden zur Schule, Peter zu einem Pastor, Ruth arbeitet im Altenheim
11. September ▸ Ruth von Wedemeyer gibt Bischofshagen auf
20. Oktober ▸ Lala absolviert die Landarbeitsprüfung

1949

Juni ▸ Ende des Haushaltsjahres von Lala in Marburg
Juli ▸ Ruth von Wedemeyer tritt Stelle in Münster an
Herbst ▸ Ruth gibt Bischofshagen an Herrn Döpke ab
▸ Lala nach Villigst

1950

Sommer ▸ Überfahrt nach New York

Endnoten

1 Werburg Doerr

2 Schon Wochen vor Ostern wurden Zweige geschnitten und oben auf einem warmen Kachelofen ins Wasser gestellt. Am Ostersonntagmorgen schlichen wir Kinder dann an das Bett unserer Eltern, riefen laut „Stiep, stiep, Osterei, gibst du mir kein Osterei, hau' ich dir dein Bett entzwei!" und schlugen mit den ausgetriebenen Zweigen auf die Federbetten. Die zarten Blätter der Zweige stoben in alle Richtungen. Meine Eltern jammerten gekonnt und erlösten uns und sich, indem sie jedem ein buntes Hühnerei zusteckten. Die Tradition des Stiepens gibt es noch heute in der Familie.

3 Ob Pastor Reck möglicherweise die kritische Sicht auf die Pharisäer gemeint haben könnte, bleibt offen. Sie wurden u.a. als spitzfindig, besserwisserisch oder hochmütig verurteilt.

4 Rupfen ist ein grobes Gewebe aus Jute für Säcke, Wand- oder eben auch Lautsprecherbespannung.

5 Hans von Wedemeyer fiel am 22. August 1942 nach dem Übergang über den Don, Trauerfeier in Pätzig wahrscheinlich am 30. August 1942. Maximilian von Wedemeyer fiel zwei Monate später am 26. Oktober 1942, Trauerfeier am 8. Nov. 1942.

6 Im Original anders. Mein Vater hatte den Text des Soldatenliedes aus dem Ersten Weltkrieg leicht geändert.

7 Die Schwester meines Vaters war Friederike von Laer (geb. von Wedemeyer, 7.8.1884–3.10.1945). Sie hatte Carl von Laer (16.3.1873–26.4.1946) geheiratet und lebte in Oberbehme in Westfalen auf dem Gut, das uns nach unserer Flucht aufgenommen hat. Ihren Brief gab mir Tante Marline Reschke zum Lesen, und ich habe ihn am 29.5.1949 in Marburg in mein Tagebuch abgeschrieben. So blieb er erhalten.

8 Mit ‚Ruthchen' ist Ruth von Wedemeyer gemeint. Zum Zeitpunkt der Beerdigung war sie immerhin schon 44 Jahre alt und Mutter von sieben Kindern.

9 Ruth-Alice, Lalas älteste Schwester, war mit Klaus von Bismarck verheiratet.

10 Im Original nicht lesbar.

11 Im Original nicht lesbar.

12 Im Original nicht lesbar.

13 Lukas 2, 49 nach der Übersetzung Martin Luthers.

14 Aus dem Kirchenlied „Jesu, deine Passion" von Sigmund von Birken (1633). J. S. Bach komponierte zu diesem Lied den Schlusschoral der Kantate BWV 159 ‚Sehet, wir gehn hinauf gen Jerusalem'.

15 Kirchenlied von Paul Gerhard (1607–1676). J. S. Bach verwendete den Text einzelner Strophen in der Matthäuspassion und einer Kantate. Die Melodie des Kirchenliedes taucht im Weihnachtsoratorium zu Paul Gerhards Text ‚Wie soll ich Dich empfangen' auf.

16 Klaus und Lala heirateten 1956. Sie bekamen sechs Kinder. Klaus starb 1991 im Alter von 63 Jahren.

17 Der Satz stammt aus dem Gedicht ‚Der gute Kamerad' von Ludwig Uhland aus dem Jahr 1815. Carl Zuckmayer verwendete diese Zeile als Titel für seine 1966 erschienene Autobiographie.

18 Brief von Ruth Wedemeyer an Paula Bonhoeffer, Privatarchiv

19 Erster Teil des Berichts vom 15. Februar 1945, den Ruth von Wedemeyer 25 Jahre später überarbeitet hat. Der zweite Teil folgt weiter unten.

20 Anna Sonntag, genannt Donti, war die Kinderfrau; Irma Jandrig, genannt Jandi, die Sekretärin; Alfred Döpke der Verwalter; Frau Höhnlein, genannt Hönsche, die Köchin; Wilhelm Buderus, genannt Wimmelchen, der Diener; Lampri und Putz waren Pferde.

21 Donti floh 1945 zu ihrer Schwester nach Berlin und starb dort vier Jahre später.

22 Maria erfährt erst im Juni von Dietrichs Ermordung am 9. April 1945.

23 Zweiter Teil des überarbeiteten Berichts vom 15. Februar 1945.

24 Der schwerste Luftangriff auf Hannover erfolgte in der Nacht vom 8. auf den 9. Oktober 1943. Bei Kriegsende waren 90 Prozent des Zentrums von Hannover zerstört.

25 Am 14. März 1945 bombardierten die Briten Löhne. Der Luftangriff dauerte knapp 15 Minuten und legte den Bahnhof und den Umkreis in Schutt und Asche. Mehr als 130 Menschen starben. Luftangriffe auf Herford am 6., 8., 9. und 26. November 1944. Alliierter Luftangriff auf Herford am 27. Januar 1945. Am 3.3.1945 erstmals Brandbomben – Angriffe gehen bis zum 31.3.1945 weiter. 3. April ist der letzte Kriegstag im Raum Herford. Quelle: https://www.zellentrakt.de/downloads/materialien/Begleitbroschuere_Mit_dem_Fuehrer_zum_Sieg.pdf

26 Laut dem 1969 aufgelösten Bundesministerium für Vertriebene mussten ca. 14 Millionen Menschen ab Ende 1944 ihre Heimat im Osten verlassen; 2,1 Millionen von ihnen kamen um oder galten als vermisst. Die Volkszählung in Nordrhein-Westfalen im Oktober 1946 gab 842.331 Flüchtlinge an.

27 Der sogenannte „Nerobefehl" Hitlers vom 19. März 1945, sah vor, die komplette Infrastruktur Deutschlands zu zerstören, und zeigte, dass es bis zum bitteren Ende keinen Weg in Richtung Verhandlung oder Kapitulation geben sollte. Der Historiker Gisbert Strotdrees schreibt über die Situation in Westfalen: „Mancherorts aber konnten sich die herrschenden Nazis schon nicht mehr durchsetzen. Berühmt ist etwa die kampflose Übergabe der Städte Ahlen und Beckum; diese Städte hatten es dem ebenso mutigen wie besonnenen Handeln des Oberfeldarztes Dr. Rosenbaum zu verdanken, der NS-Kreisleitung bzw. lokale Wehrmachtsführung zum Einlenken hatte bringen können. Solch besonnenes Engagement wie das des Dr. Rosenbaum aber war durchaus nicht ungefährlich. Der Brackweder Bürgermeister Bitter etwa, der das Wegräumen der ohnehin sinnlosen Panzersperren befohlen hatte, wurde auf Anweisung des Kreisleiters erschossen. Ähnlich in Lemgo: Dort wurde der Bürgermeister Gräfer von einem Standgericht zum Tode verurteilt und sofort hingerichtet, weil er mit den anrückenden US-Truppen Kontakt aufgenommen und über die Übergabe der Stadt verhandelt hatte." Zit.n.: https://www.wochenblatt.com/landleben/nachrichten/panzer-in-der-osterzeit-das-kriegsende-in-den-doerfern-westfalens-12053149.html.

28 „Die Reichshauptstadt wird bis zum letzten Mann und bis zur letzten Patrone verteidigt." Dieser Satz findet sich im „Grundsätzliche(n) Befehl für die Vorbereitungen zur Verteidigung der Reichshauptstadt" vom 9. März 1945. Unter dem Begriff „Politik der verbrannten Erde" ging dieses skrupellose Vorgehen, das sowohl in diesem als auch in dem Befehl vom 19. März 1945 angeordnet wurde, in die Geschichte ein.

29 Das mittlerweile bekannte Phänomen, dass tatsächlich zu Kriegszeiten mehr Jungen geboren werden, wird in der Wissenschaft als „Returning Soldier"-Effekt bezeichnet. Statt 105 Jungen auf 100 Mädchen sind es im Ersten und Zweiten Weltkrieg 108 Jungen auf 100 Mädchen. Es gibt verschiedene Theorien hierzu, keine kann jedoch bisher als gesichert gelten.

30 Am 2. April 1945 rollten amerikanische Panzer durch Oberbehme.

31 Nach dem Zweiten Weltkrieg wurde Carl von Laer von der britischen Besatzungsmacht wegen seiner belegten politischen Distanz zum NS-Regime als Landrat des Kreises Herford eingesetzt.

32 Franz-Just (1886–1945) und Erika von Wedemeyer (geb. von Schuckmann) (1892–1973).

33 Ruth von Wedemeyer, In des Teufels Gasthaus, Moers 1997.

34 Elternhaus von Ruth von Wedemeyer in Kieckow, heute Kikowo, im Kreis Belgrad im damaligen Hinterpommern.

35 „Von den Einheimischen wurden die Flüchtlinge und Vertriebenen in der Regel mit Misstrauen und Ablehnung empfangen, Diskriminierungen („Polacken", „Flüchtlingsschweine" o.ä.) waren an der Tagesordnung. In der Rückschau ist daher nicht zu unrecht von einem „deutschen Rassismus gegen deutsche Vertriebene" (Kossert) gesprochen worden, der Kinder und Jugendliche ebenso traf wie Erwachsene. Dies war besonders auf dem Land der Fall, wo die Vertriebenen als unerwünschte Eindringlinge angesehen wurden, die die überkommene soziale Ordnung störten.", zit.n.: https://www.politische-bildung.nrw.de/fileadmin/imperia/md/content/pdf-publikationen/28.pdf, S. 30. „Natürlich hat es neben aller Ablehnung auch zahlreiche Beispiele individueller Gastfreundschaft und Hilfsbereitschaft gegeben. Es überwog aber eine negative Einstellung der Einheimischen gegenüber den Fremden. Diese traf sich mit der Enttäuschung der neuen Bewohner über die Ausgrenzung und mit dem Gefühl, nicht willkommen zu sein und als Menschen zweiter Klasse behandelt zu werden, was das gegenseitige Verständnis nicht förderte. Die materielle Not und das Gefühl der Ausgrenzung und sozialen Deklassierung prägte das Flüchtlingsdasein noch für viele Jahre. Die Hoffnung auf Rückkehr in die Heimat war daher zumindest in der Anfangszeit für viele ein Rettungsanker in einer als feindlich empfunden Umwelt.", ebd., S. 31.

36 Die amerikanische Militärregierung in Deutschland führte direkt nach dem Krieg anhand verschiedener Plakate der deutschen Bevölkerung vor Augen, was für Gräueltaten in den vergangenen Jahren in ihrem Land verübt worden waren. Möglicherweise lag eines dieser Plakate auf dem Küchentisch in Oberbehme.

37 Alexander und Margarete Mitscherlich, Die Unfähigkeit zu trauern, München 1967, S. 83.

38 Deele ist der niederdeutsche Ausdruck für Diele, in diesem Fall der in der Regel große Raum hinter dem Eingangstor eines Bauernhauses.

39 Das Gut Kieckow war das Elternhaus meiner Mutter. Dort hatte sie bis zu ihrer Hochzeit 1918 die Wirtschaftsbücher geführt. Ihr Bruder Hans Jürgen von Kleist-Retzow hatte als ältester Sohn von Ruth (geb. von Zedlitz und Trützschler) und Jürgen von Kleist-Retzow, meinen Großeltern, das Gut Kieckow übernommen. Ruth von Kleist-Retzow lebte, nachdem ihr ältester Sohn aus dem Krieg 1918 zurückgekommen war, auf einem kleinen Gutshof im benachbarten Klein Krössin. Hans Jürgen von wurde in der Familie Haji genannt. Die Güter Kieckow und Klein Krössin verlor er durch den Krieg. Er lebte mit seiner Frau Maria (geb. von Diest) bis in die 1960er-Jahre in Bremen und Wiesbaden. Maria (genannt Tante Mieze) starb 1965, Haji 1969. Onkel Haji wurde in seinem Leben vier Mal verhaftet und gefangen gehalten, 1938 für eine Woche, vom 21. Juli 1944 für mehrere Monate, von Dezember 1944 bis Februar 1945 in Moabit, Mitte März 1945 bis zum 10. Februar 1947 wurde er von den Russen verschleppt und lebte in Haft- und Straflagern unter schlimmsten Bedingungen.

40 „Warte, warte nur ein Weilchen, bald kommt das Glück auch zu dir." ist der Anfang eines Liedes aus der Operette ‚Marietta' von Walter Kollo, 1923. Daraus wurde dann der abgewandelte Text über den Serienmörder Fritz Haarmann, der wegen 24-fachen Mordes 1924 zum Tode verurteilt worden war.

41 Parey war das elterliche Gut meiner späteren Schwiegermutter Henni Doerr. Die Mutter von Annema war über ihre mütterliche Linie, die Familie von Ditfurth, mit ihrer Familie verwandt. So kam es, dass sie bei ihren Verwandten in Parey Zuflucht fanden.

42 Ruth von Wedemeyer, In des Teufels Gasthaus, Moers 2. Auflage 1999, S. 173.

43 Ruth von Wedemeyer, In des Teufels Gasthaus, Moers 2. Auflage 1999, S. 173 ff.

44 Matthäus 5, 3-11. Bei uns wurde immer die Lutherbibel benutzt.

45 Die Vorräte, die den Krieg überstanden hatten, waren 1946 aufgebraucht. Die wichtigsten landwirtschaftlichen Flächen lagen östlich der Oder und Neiße. In den Besatzungszonen gab es viel zu wenig Lebensmittel für die durch die Flüchtlinge erheblich angewachsene Bevölkerung. 1946 und 1947 waren die Sommer sehr trocken und die Winter hart, das führte zu erheblichen Ernteeinbußen. Die durch die Lebensmittelmarken rationierte Zuteilung reichte kaum zum Überleben.

46 Wörtlich übersetzt: „Beschämt sei, wer schlecht darüber denkt." Im deutschen Sprachgebrauch wird dieser Satz eher mit „Ein Schelm (oder Schuft), wer Böses dabei denkt" übersetzt.

47 Aus dem Engl. pal = Freund/Freundin, Kumpel.

48 Der Auszug aus einem Brief einer der älteren Tanten zeigt die Einschätzung über das Verhalten der jungen Generation bei einem der Feste in Oberbehme: „Die Jugend hat sich z.T. unerzogen und leider traditionslos benommen, nicht häßlich, aber ohne die uns erwünschte Form, so daß Zabel meinte, es müßten ‚Lehrfeste' gegeben werden, die der Jugend den rechten Stil beibrächten." Anne von Klitzing in einem Brief vom 11.9.1949.

49 Anfang Februar 1946 kam es zu einem Jahrhunderthochwasser im Gebiet von Herford. Es hatte wochenlang geregnet, dazu kamen notdürftig geflickte Deiche, die durch die Bombenangriffe im März 1945 an einigen Stellen zerstört worden waren, und nun den Wassermassen nicht mehr standhalten konnten. Die Werre, ein kleiner Nebenfluss der Weser, der östlich an Oberbehme von Süden durch Herford hindurchkommend Richtung Bad Oeynhausen fließt, trat über die Ufer und verursachte nur ein Jahr nach Kriegsende für viele Menschen katastrophale Schäden. Vermutlich war der Bahndamm durch dieses Hochwasser wenige Monate zuvor beschädigt worden.

50 Friedrich von Bodelschwingh hatte es geschafft, in den Bodelschwinghschen Anstalten in Bethel, die er leitete, „ihre" Epileptiker vor der Vernichtung zu bewahren.

51 „Fräulein" Neumann, so nannte man unverheiratete Frauen noch bis in die 1970er-Jahre (erst 1972 verfügte das Bundesinnenministerium, dass die Anrede „Frau" für alle erwachsenen weiblichen Personen zu verwenden sei) lebte bei meiner Schwester Ruth-Alice, bis alle Kinder dort aus dem Haus waren.

52 Der Hausherr Carl von Laer schreibt im September in einem Brief an Clara von Rotenhan vom 9.9.1945: „Sorge macht nur die Heizung. Wir hätten genug Holz, wenn wir nicht so viel abgeben müssten." Vermutlich war auch Carl von Laer von den reparationsbedingten Holzeinschlägen betroffen.

53 Zwischen den Dörfern Bischofshagen und Falkendiek, im Bramschebachtal, lag seit 1935 der größte Übungsplatz der Herforder Wehrmachtsgarnison.

54 Mutter finanzierte das Internat aus ihrer Witwenrente. Zusätzlich bekam sie für uns Kinder Waisengeld.

55 Um 1900 von Freiherr Wilhelm von Kleydorff als Wohn- und Jagdschloss erbaut, wurde das Schloss Hohenwehrda nach seinem Tod verkauft und zu einer Schule umgebaut. Im April 1941 wurde das Internat mit der ersten Schulleiterin Dr. Elisabeth Kutzer eröffnet. 1947 kam zu der reinen Oberstufe die Mittelstufe hinzu. Die erste Reifeprüfung wurde im Jahr 1944 abgenommen. Hohenwehrda ist auch heute noch eine Hermann-Lietz-Schule, die ganzheitlich und an der Pädagogik Pestalozzis ausgerichtet ist. Im Ersten Weltkrieg diente Lietz zwei Jahre als Kriegsfreiwilliger, bevor er 1917 an Anämie erkrankte und 1919 in Haubinda starb.

56 Ina Seidel (1885–1975) stand dem Nationalsozialismus nahe, setzte sich aber nach 1945 selbstkritisch mit ihrer Nähe zum Nationalsozialismus auseinander. Am problematischsten ist wohl ihr Gedicht „Lichtdom" zu Hitlers 50. Geburtstag: „Hier stehn wir alle einig um den Einen, und dieser Eine ist des Volkes Herz." „Lennacker. Das Buch einer Heimkehr" erschien 1938. Seidel beschreibt darin in zwölf Kapiteln anhand der Lebensgeschichte der zwölf Pastoren der Familie Lennacker von der Reformationszeit bis ins 20. Jahrhundert Kirchengeschichte. Man könnte es als Geschichtenbuch verstehen, aus dem ein junger Mensch Hinweise für den Umgang mit der Kirche in der Zukunft zu erhalten hoffte.

57 Hohelied (Altes Testament) Kapitel 4, Vers 5 und Kapitel 7, Vers 7.

58 Es waren Freunde von Alice (genannt Pums) Haidinger, einer Freundin unserer Familie.

59 Im „Zeugnis über die Landarbeitsprüfung" steht: „Der Lehrling Werburg von Wedemeyer (...) hat sich am 20.10.1948 in Quernheim der Landarbeitsprüfung unterzogen und das Gesamtergebnis gut erzielt. Auf Grund dieser Prüfung ist er berechtigt, sich als Landarbeitsgehilfe zu bezeichnen."

60 Konrad Wedemeyer der Ältere wurde 1564 von Herzog Erich II. mit dem Gut Eldagsen belehnt. Nach dem Dreißigjährigen Krieg wurde der Besitz in das Obergut und das Untergut geteilt. 1836 erwarb ein Nachkomme vom Untergut unter anderen Gütern das Schloss Schönrade in der Neumark, das von da an zum Hauptsitz der Untergut-Linie wurde. Mein Vater wurde dort geboren.

61 Margarete Ritter, geb. Hachtmann.

62 Franz von Papen wurde 1879 in Westfalen geboren, gehörte der Zentrumspartei und dort dem rechten, monarchistischen Flügel der Partei an. Im Juni 1932 wurde er für nur ein halbes Jahr Reichskanzler

unter dem damaligen Reichspräsidenten Paul von Hindenburg. Nach der sog. „Machtergreifung" Hitlers am 30. Januar 1933 wurde er Vizekanzler. Nach dem Röhm-Putsch im Juli 1934 trat er zurück und wurde Gesandter in Wien und 1939 Botschafter in Ankara. 1946 wurde er in einem Entnazifizierungsverfahren zu acht Jahren Arbeitslager verurteilt, aus dem er 1949 vorzeitig entlassen wurde. Er zog sich ins Privatleben zurück und starb 1969. Im Juni 1916 wurde Hans von Wedemeyer zu Franz von Papen als dessen Ordonnanzoffizier berufen. Aus der gemeinsamen Zeit entstand eine Freundschaft, die dazu führte, dass Hans vom 17. November 1932 bis Ende Mai 1933 seinem Freund beratend zur Seite stand. Papen war außerdem Patenonkel von Hans-Werner, dem zweitältesten Sohn von Ruth und Hans von Wedemeyer. Ruth von Wedemeyer schreibt in ihrem Buch „In des Teufels Gasthaus", dass Hans „mit Zähigkeit, Papen davon zu überzeugen (versuchte), dass dieser die Gefährlichkeit des Nationalsozialismus noch nicht in vollem Umfang erkannt habe."

63 Der Satz stammt aus dem Reiterlied von Friedrich Schiller:
„Wohl auf, Kameraden, aufs Pferd, aufs Pferd!
Ins Feld, in die Freiheit gezogen!
Im Felde, da ist der Mann noch was wert,
Da wird das Herz noch gewogen.
Da tritt kein anderer für ihn ein,
Auf sich selber steht er da ganz allein."

64 Matthäus 10, 37.

Abbildungsverzeichnis

204 o. Ruth von Wedemeyer, ca. 1940
Privatbesitz der Familie von Wedemeyer
u. uth von Wedemeyer, ca. 1960,
Privatbesitz der Familie von Wedemeyer
205 o. Gruppenbild im Innenhof von Oberbehme,
Privatbesitz der Familie von Bismarck
m. Veranda des rechten Flügels in Oberbehme,
Privatbesitz der Familie von Laer
u. Ruth von Kleist-Retzow mit Ruth von Wedemeyer,
Privatbesitz der Familie von Wedemeyer
206 u. Luftaufnahme Gut Oberbehme,
Privatbesitz der Familie von Laer
220 Grabstein von Carl von Laer, fotografiert von Anne von Moltke
221/235 Von Volker Kilgus – Wurde von einem Fotografen aufgenommen., CC BY 2.5, https://commons.wikimedia.org/w/index.php?curid=99357633
(Gebäude im Vordergrund retuschiert)
236 Pfarrhaus in Marburg, Privatbesitz der Familie Ritter
262 o. Lala in Bischofshagen, Privatbesitz der Familie von Bismarck
u. Lala und Alfred Butenuth,
Privatbesitz der Familie von Bismarck
263 Zeugnis von Alfred Butenuth, Privatbesitz Werburg Doerr
264 o.l. Spes Stahlberg, Privatbesitz Werburg Doerr
o.r. Pfarrhaus Marburg, Privatbesitz der Familie Ritter
u. Marete und Karl-Bernhard Ritter,
Privatbesitz der Familie Ritter
265 Innenhof in Villigst, Besitz des Evangelischen Studienwerks Villigst
278 o. Schloss Villigst, Besitz des Evangelischen Studienwerks Villigst
u. Innenhof in Villigst, Besitz des Evangelischen Studienwerks Villigst
279 o. Zustimmung der Mutter, Privatbesitz Werburg Doerr
m. Lala in Amerika, Privatbesitz Werburg Doerr
u. S.S. Edam, Postkarte im Privatbesitz Werburg Doerr
U1/U4: Privatbesitz Werburg Doerr
Klappe: Die Karte wurde erstellt mit OpenStreetMap contributors und die Kartografie gemäß CC BY-SA lizenziert. Die Daten sind unter der Open-Database-Lizenz verfügbar.
© OpenStreetMap-Mitwirkende (www.openstreetmap.org)